KAWAII
SÜẞE HÄKELFIGUREN

40 Häkelanleitungen
für niedliche Amigurumi

Melissa Bradley

CV

INHALT

Fröhliches Häkeln!

Die in diesem Buch verwendeten Techniken werden auf den hinteren Seiten erklärt.

Einleitung

Wie bei so vielen gehen meine ersten Erinnerungen an diese schöne Textilkunst auf die Häkelarbeiten meiner Großmutter zurück. Lange Jahre habe ich viele wunderbare gehäkelte Geschenke von ihr bekommen, aber leider wohnten wir zu weit voneinander entfernt, als dass sie es mir hätte zeigen können. Daher habe ich eines Tages (damals war ich ein Teenager) beschlossen, es mir selbst beizubringen. Ich ging in den örtlichen Handarbeitsladen und kaufte mir ein Buch, von dem ich glaubte, dass ich damit innerhalb einer halben Stunde häkeln lernen könnte! Davon war ich überzeugt! Ich kaufte das Buch, ein Knäuel Wolle, eine Häkelnadel und los ging's! Man kann sich vorstellen, dass es nicht so gut klappte, wie ich mir das erhofft hatte, aber mit etwas Ausdauer entstand mein erster Waschlappen. Und schon war ich „häkelsüchtig"!

Nachdem meine Tochter geboren war, entwarf ich eigene Anleitungen. Als Mutter war ich viel zu Hause und war glücklich damit. Aber mit einem 15 Monate alten Kind und einem Neugeborenen sehnte ich mich nach Kreativität, und so wurde Häkeln zu meiner Therapie. Während das Baby schlief, häkelte ich Hüte, Decken und entwarf Schühchen, die ich süß fand und von denen ich glaubte, dass sie ihm gefallen würden. Meine Kinder haben mich bei meinen Häkelideen wirklich inspiriert.

Nach ein paar Jahren entstand meine Liebe zu den (süßen) Kawaii-Häkelfiguren, als ich an einem Sommermorgen mit meinen Kindern auf einem örtlichen Bauernmarkt war. Nachdem ich die leckeren frischen Produkte eingeräumt hatte, sah ich, dass meine Kinder mit ihrem Spielzeug einen eigenen Bauernmarkt eingerichtet hatten. Sie spielten stundenlang fröhlich damit, bauten alles auf, stellten aber fest, dass sie nicht alles hatten, was sie brauchten. Natürlich listeten sie mir dann all das fehlende Obst, Gemüse und die Backwaren auf. Wenn meine Kinder mich bitten, etwas für sie zu machen, kann ich unmöglich nein sagen. Und so holte ich mein geliebtes Garn wieder hervor und begann eifrig zu entwerfen und zu häkeln, so schnell es meine Finger zuließen.

Ich kannte schon die Kawaii-Gesichter, die überall in Geschäften, sozialen Netzwerken und den Comics meiner Kinder präsent waren. Diese niedlichen Gesichter bringen mich immer zum Lächeln, daher dachte ich, warum nicht auch dem Apfel, den ich gerade häkelte, ein Gesicht geben? Vielleicht mögen ihn meine Kinder dann noch lieber – und wirklich, so war es!

Scheinbar alltägliche Gegenstände in gehäkelte Kawaiis umzusetzen wurde zu meiner Leidenschaft. Ich hoffe, dass diese Figuren Sie zum Lächeln bringen und dass dieses Buch Sie zu Ihrer eigenen Häkel-Laufbahn ermutigt. Mögen wir alle eine Liebe zum Häkeln, zur Farbe und zu niedlichen Dingen entdecken!

Schwierigkeitsgrade

Der Schwierigkeitsgrad wird für jedes Projekt mit einem der drei Gesichter hier unten angegeben. Wenn Sie Anfängerin sind, starten Sie mit einem Projekt für Anfänger oder einem einfachen Projekt. Wenn Sie eine größere Herausforderung suchen, nehmen Sie sich ein mittelschweres Projekt vor.

Anfäger

Einfach

Mittelschwer

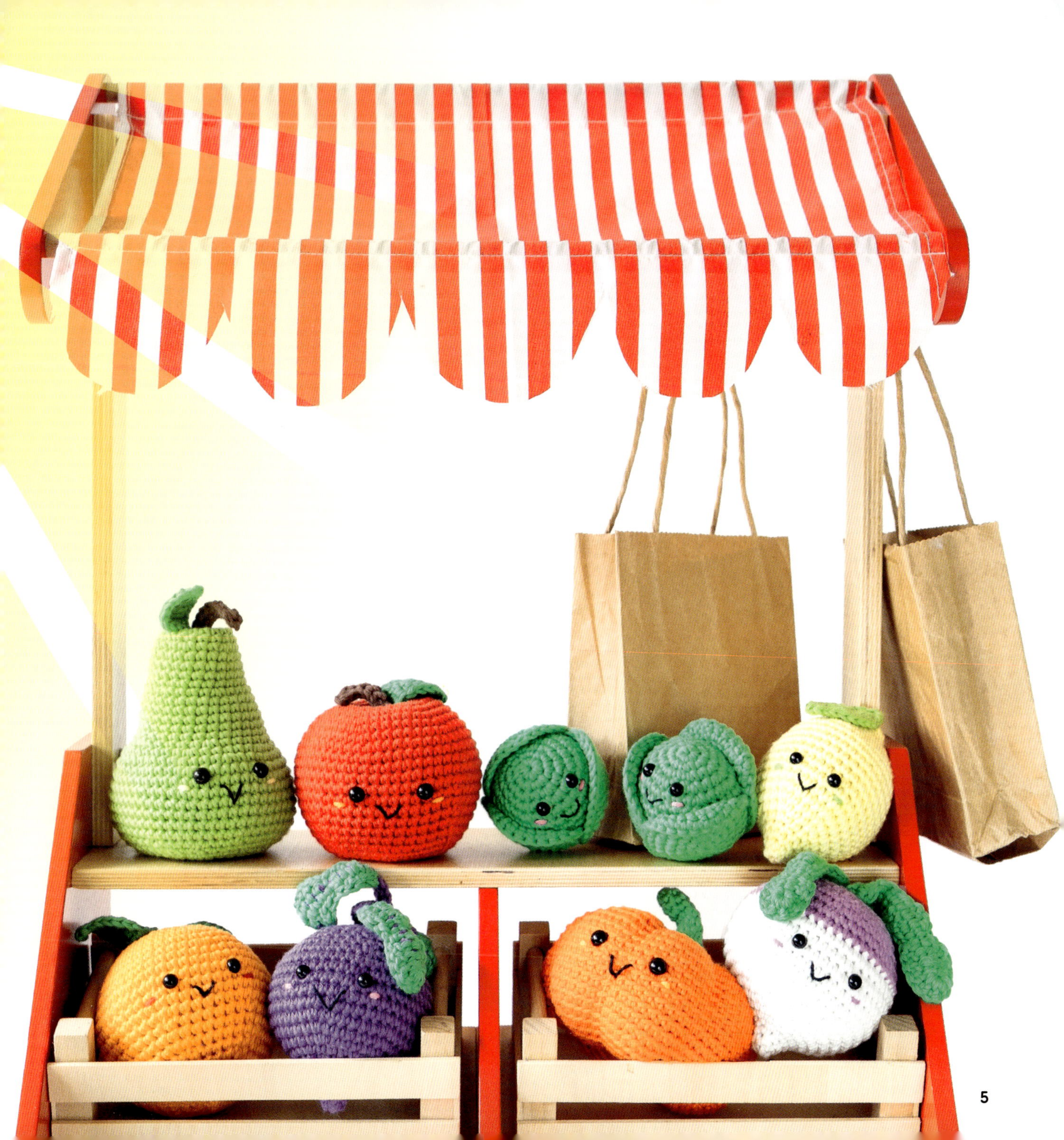

MATERIAL UND WERKZEUG

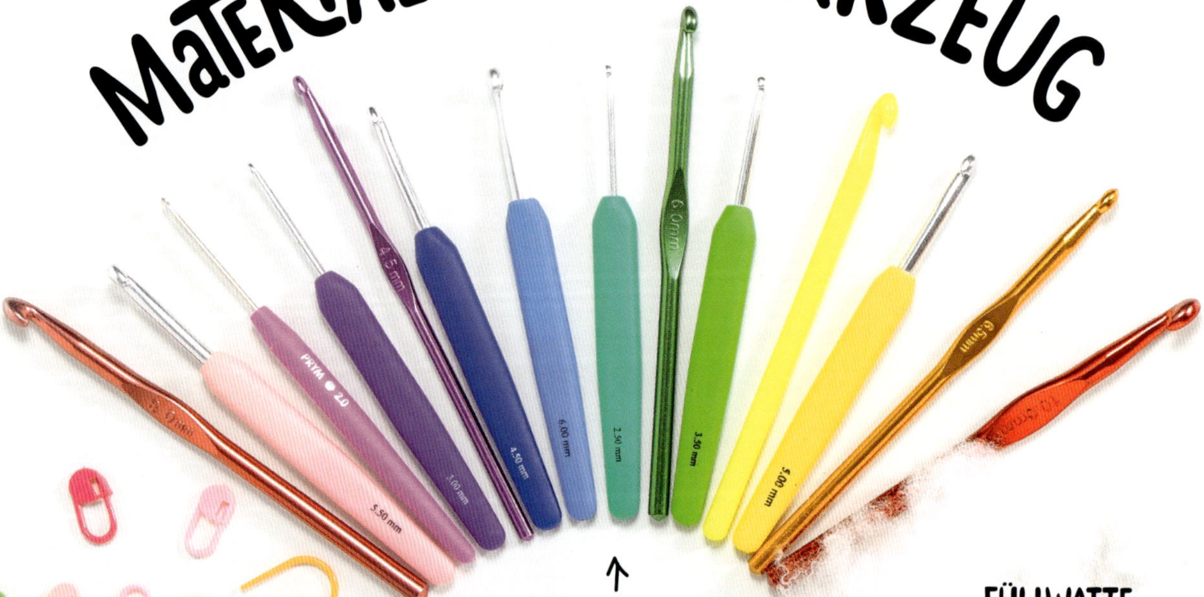

HÄKELNADEL

In Größe 3,25 mm und 2,75 mm.

FÜLLWATTE

Ich verwende Füllwatte aus Polyester, weil man damit die Amigurumi sehr gut in die richtige Form bringen kann.

MASCHENMARKIERER

Damit markiere ich immer die letzte Masche einer Runde. Man kann auch kontrastfarbenes Garn, eine Sicherheitsnadel oder Büroklammer nehmen.

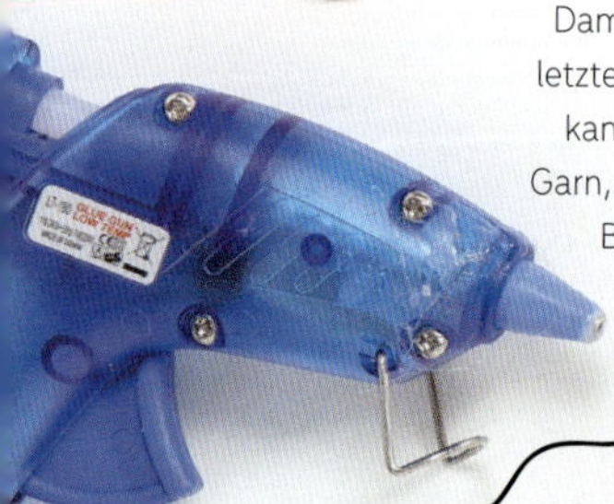

CHENILLEDRAHT

(PFEIFENPUTZER)

Er wird als Strohhalm für den Becher benötigt, weil man ihn prima in Form biegen kann.

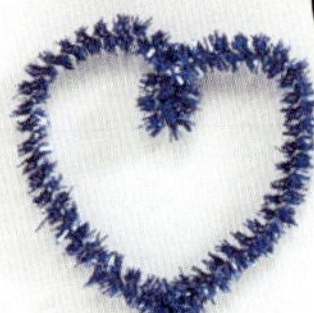

HEIẞKLEBEPISTOLE

Meine Geheimwaffe! Häkelpuristen sagen wahrscheinlich „Kleber, auf keinen Fall!". Aber ich finde, dass es letztendlich damit schneller und leichter geht, kleine Teile auf den Figuren anzubringen. Natürlich kann man stattdessen auch immer Nadel und Faden verwenden.

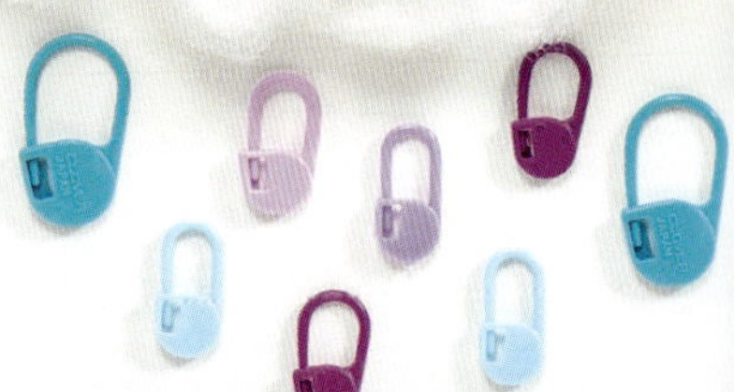

SICHERHEITSAUGEN

Am häufigsten verwende ich schwarze mit 5–9 mm Durchmesser. Alternativ kann man die Augen mit schwarzem Garn aufsticken (siehe Kapitel Ausarbeiten: Sicherheitsaugen anbringen).

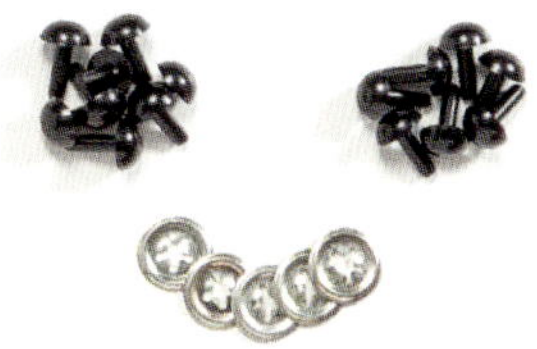

SCHERE

Ich habe eine ganze Sammlung davon. Am besten sind spitze, scharfe!

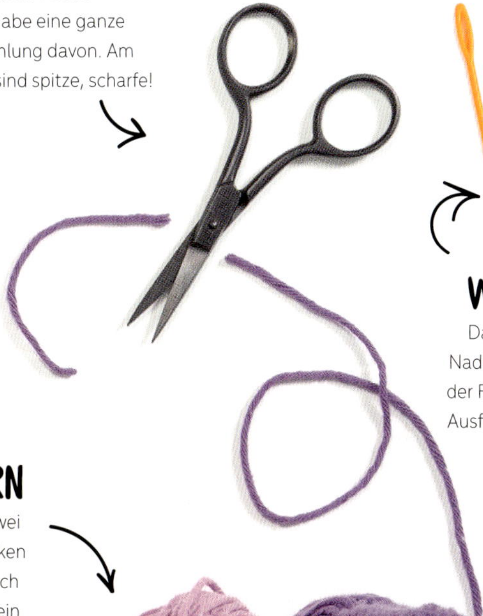

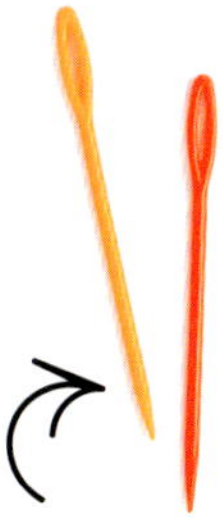

WOLLNADEL

Das ist eine stumpfe Nadel, die zum Vernähen der Fadenenden und zum Ausformen benötigt wird.

STECKNADELN

Zum Feststecken von Teilen. Ich nehmen gerne T-Nadeln, weil sie in den Amigurumi nicht verloren gehen.

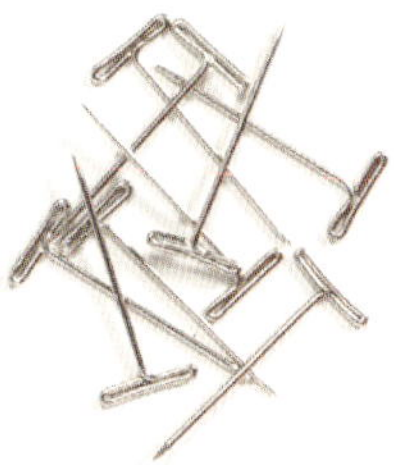

BAUMWOLLGARN

In diesem Buch werden zwei unterschiedliche Garnstärken verwendet, manchmal auch für ein Projekt. Und zwar ein dickeres, vierfädiges und ein dünneres, dreifädiges Garn.

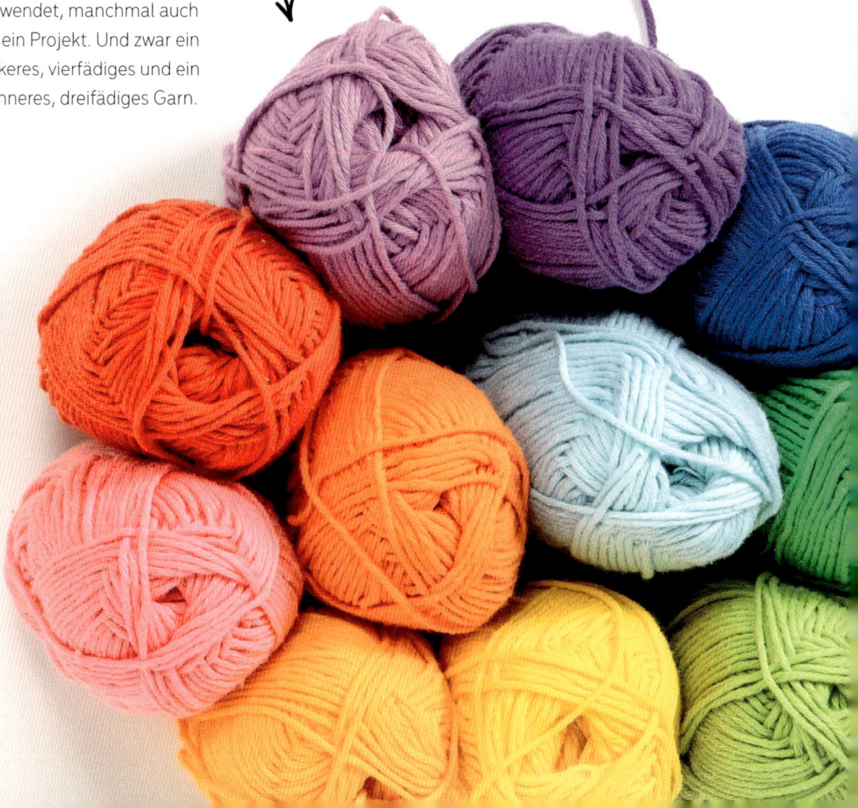

HOLZSTÄBCHEN

Damit kann man sehr gut die Füllwatte in jede noch so kleine Ecke stecken. Außerdem kann man sie auch zum Ausstopfen nehmen, wenn etwas Festeres benötigt wird, wie etwa beim Würstchen im Schlafrock.

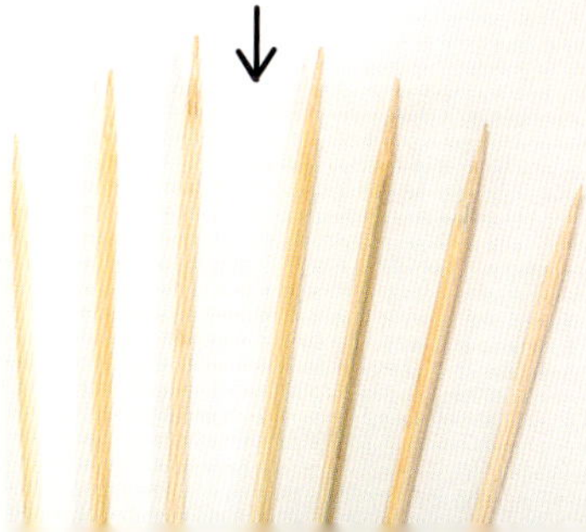

FARBTHEORIE

Farbe beeinflusst uns auf so vielfältige Weise! Ich habe immer schon Farbe gemocht, aber meine Faszination dafür begann, als ich auf dem College einen Kurs in Farbtheorie belegte. Es hat mir die Augen geöffnet, als ich gelernt habe, wie uns Farben berühren, und seitdem achte ich mehr darauf, wie manche Farben mich beeinflussen.

Aus verschiedenen Gründen werden wir alle von anderen Farben angesprochen, weil das sehr persönlich ist und darin Erinnerungen, Erfahrungen und Einflüsse zusammenfließen. Daher spielt Farbe eine wichtige Rolle in unserem Leben und sie ist eine Quelle vieler Anregungen!

Wenn man eine Farbe für ein Häkelprojekt auswählt, ist mein bester Rat, darauf zu achten, welche Farben einen faszinieren. Das kann während des üblichen Tagesablaufs geschehen, indem Sie einfach schauen, was Ihre Aufmerksamkeit erregt. Sammeln Sie dann diese Farben mit Fotos oder Stoff- oder Farbmustern etc. So fängt man an zu entdecken, welche Farben einen am meisten anziehen.

Wenn Sie eine bestimmte Farbe mögen, aber nicht ganz sicher sind, wie Sie sie in einem Farbschema einsetzen sollen, überlegen Sie, wo Sie den Ton in der Natur finden und bilden Sie das nach. Die Natur hilft uns immer weiter! Es ist gut möglich, dass die Farben, die Sie faszinieren, automatisch auch zusammenpassen. Aber wenn es Ihnen wie mir geht und Ihnen viele Farben gefallen, oder wenn Sie einfach Spaß und kreative Herausforderung suchen, indem Sie mit einer Farbe arbeiten, die Sie ursprünglich nicht so anspricht, dann kann ein Grundwissen über die Farbtheorie sehr hilfreich sein.

FARBKREIS

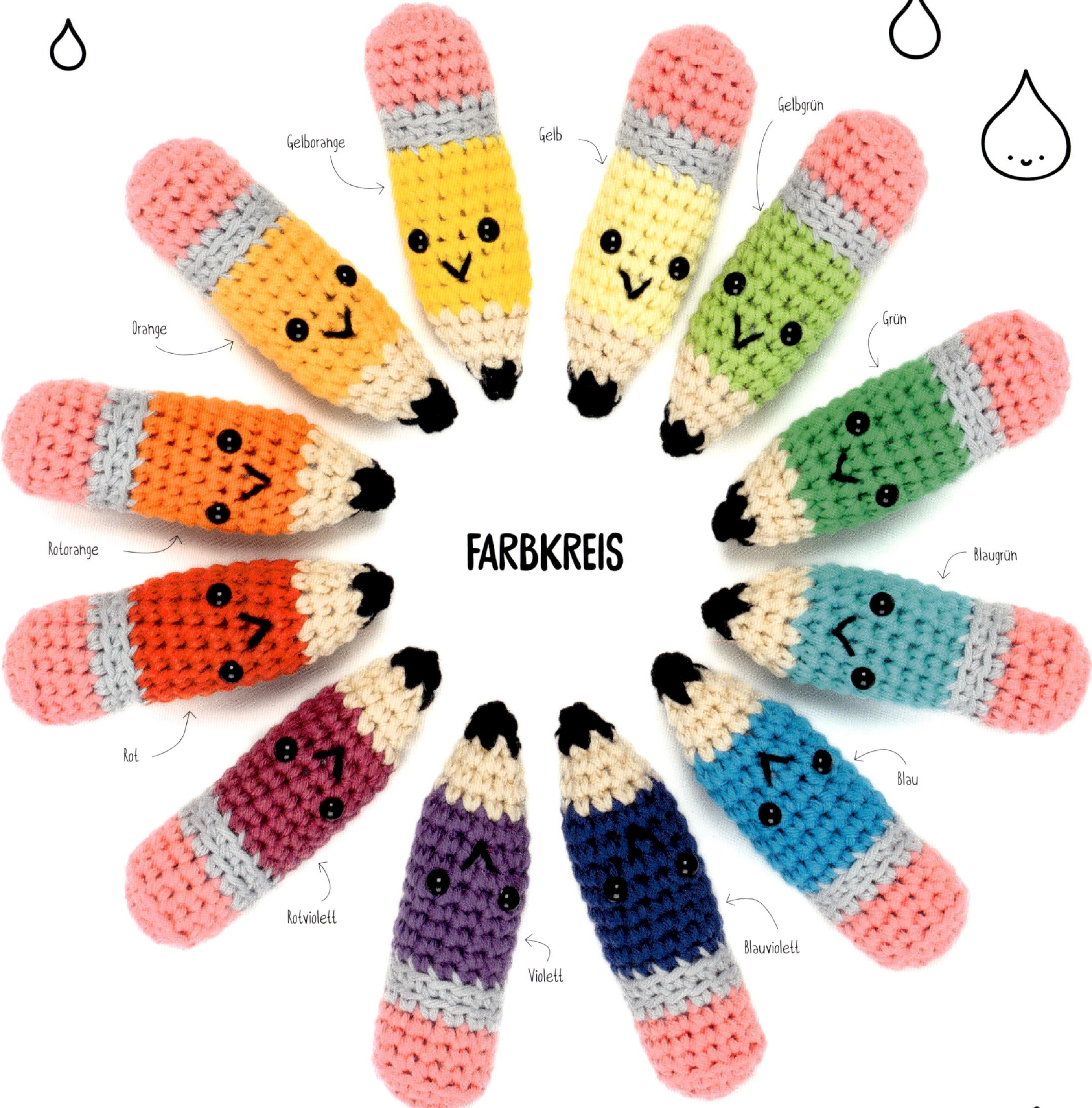
Gelborange
Gelb
Gelbgrün
Orange
Grün
Rotorange
Blaugrün
Rot
Blau
Rotviolett
Violett
Blauviolett

FARBBEZEICHNUNGEN

PRIMÄRFARBEN

Der Farbkreis basiert auf drei Primärfarben, die nicht aus anderen Farben gemischt werden können. Das sind Rot, Gelb und Blau.

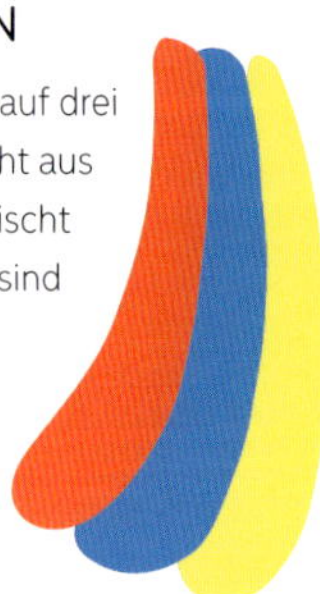

SEKUNDÄRFARBEN

Dazu gehören Orange, Grün und Violett. Sie entstehen, indem zwei Primärfarben miteinander vermischt werden.

Rot + Gelb = Orange;

Gelb + Blau = Grün;

Blaut + Rot = Violett.

TERTIÄRFARBEN

Diese entstehen, indem eine Primär- und eine Sekundärfarbe miteinander gemischt werden. Dazu gehören Blaugrün, Gelbgrün, Gelborange, Rotorange, Rotviolett und Blauviolett.

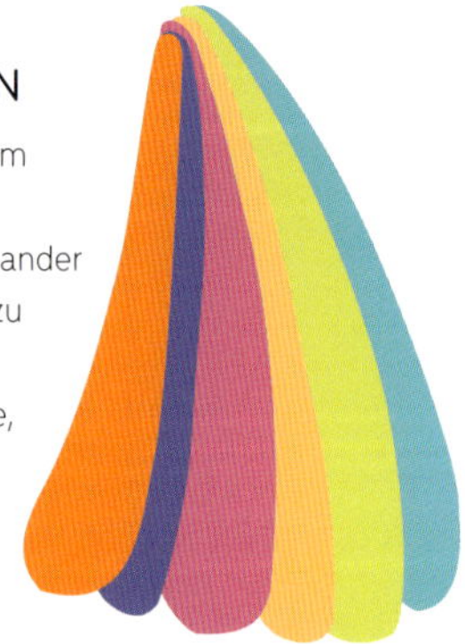

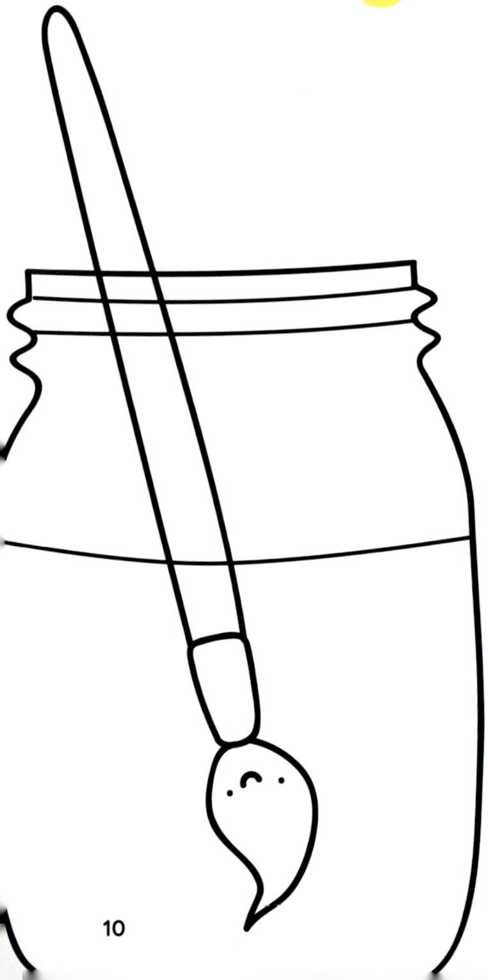

KOMPLEMENTÄRFARBEN

So werden zwei im Farbkreis direkt gegenüberliegende Farben genannt.

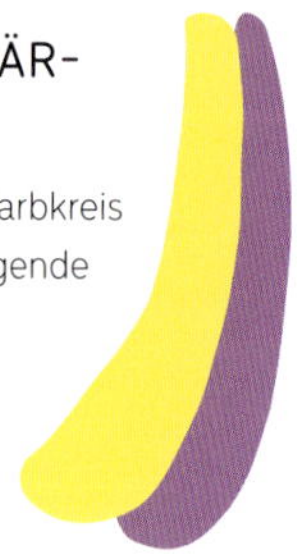

SPLIT-KOMPLEMENTÄRFARBEN

Dieses Farbschema besteht aus einer beliebigen Farbe des Farbkreises und aus den beiden, die neben deren Komplementärfarben liegen.

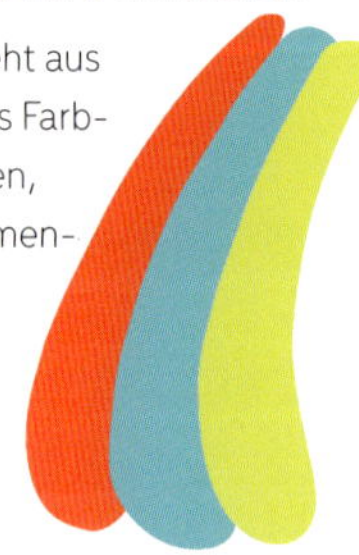

ANALOGFARBEN

Dieses Farbschema besteht aus zwei bis vier Farben, die im Farbkreis nebeneinanderliegen.

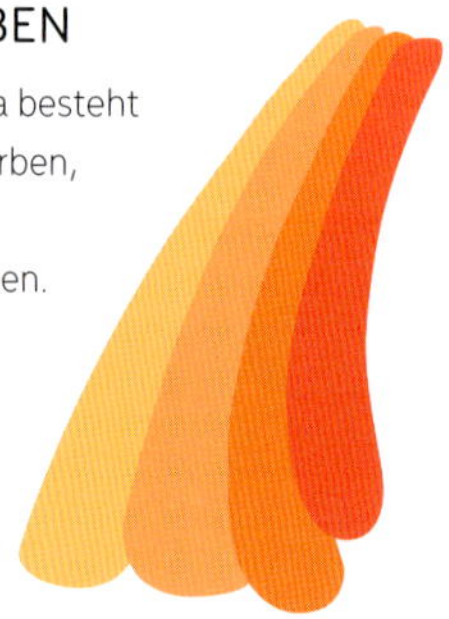

TRIADISCHE FARBEN

Darunter versteht man drei im Farbkreis gleichmäßig verteilte Farben.

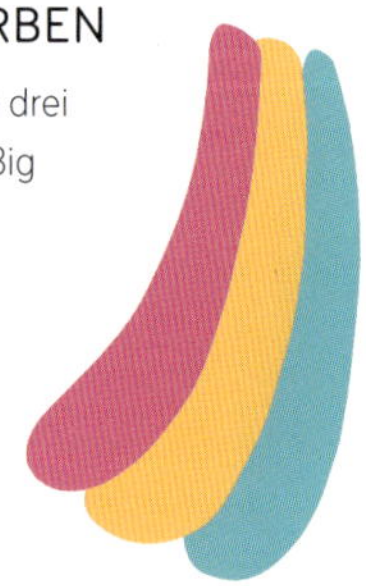

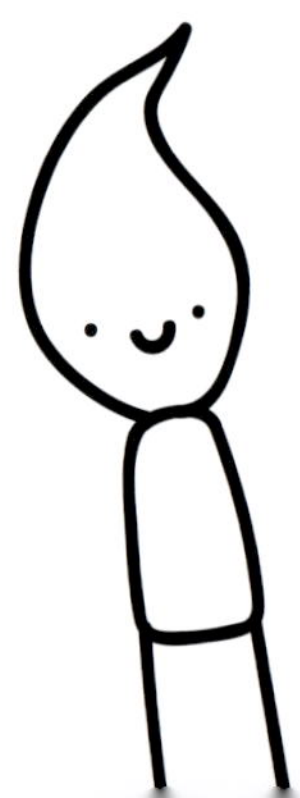

TETRADISCHE ODER DOPPELTE KOMPLEMENTÄRFARBEN

Dieses Farbschema besteht aus vier Farben, und zwar aus zwei Farben und deren Komplementärfarben.

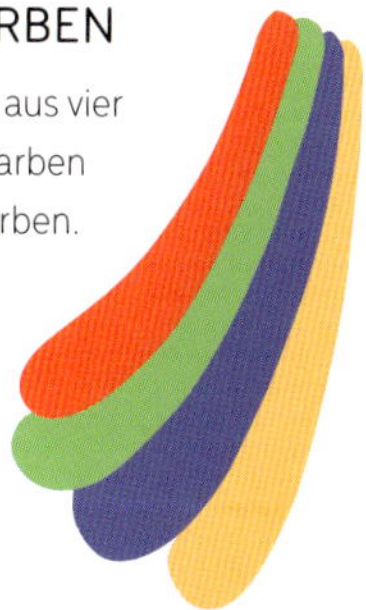

MONOCHROMATISCHE FARBEN

Bei diesem Farbschema wird eine Farbe mit Weiß, Schwarz oder Grau gemischt, sodass man verschiedene Töne, Abstufungen sowie Schattierungen davon erhält.

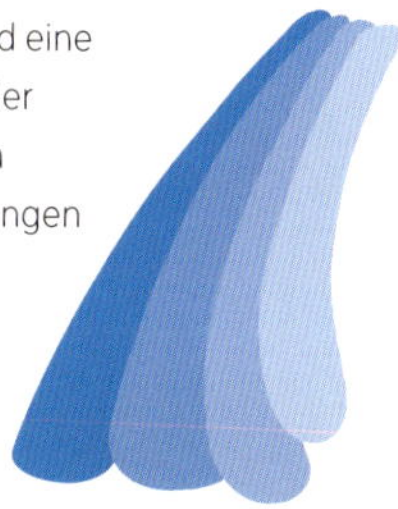

NEUTRALE FARBEN

Können mit allen anderen Farben gemischt oder kombiniert werden, um deren Wirkung oder Intensität zu verstärken. Schwarz, Weiß, Braun und Grau werden als neutrale Farben bezeichnet.

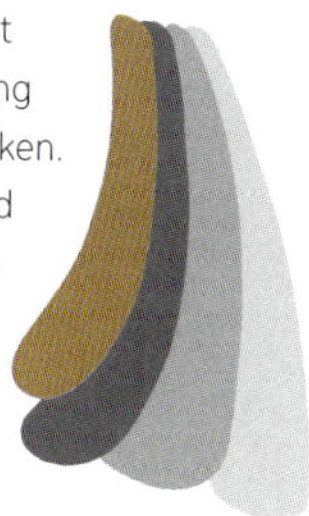

WEITERE FACHBEGRIFFE

TON
Farbmerkmal.

SÄTTIGUNG
Intensität eines Farbtons.

WERT
Grad der Helligkeit eines Farbtons.

SCHATTIERUNG
Entsteht durch das Beimischen von Schwarz zu einer Farbe.

AUFHELLUNG
Durch das Beimischen von Weiß wird ein Farbton aufgehellt.

TÖNUNG
Durch das Beimischen von Grau wird ein Farbton abgetönt.

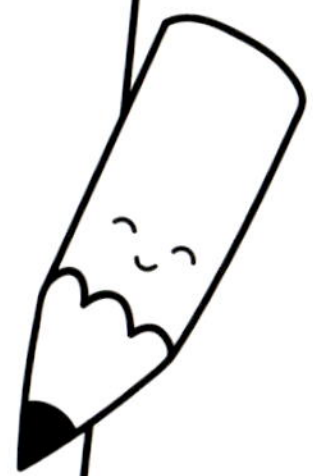

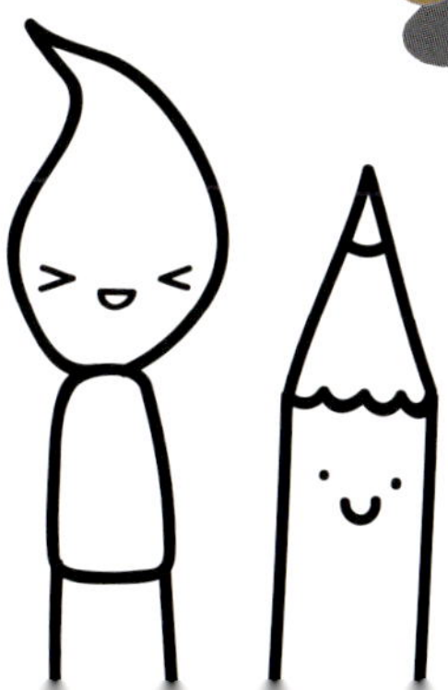

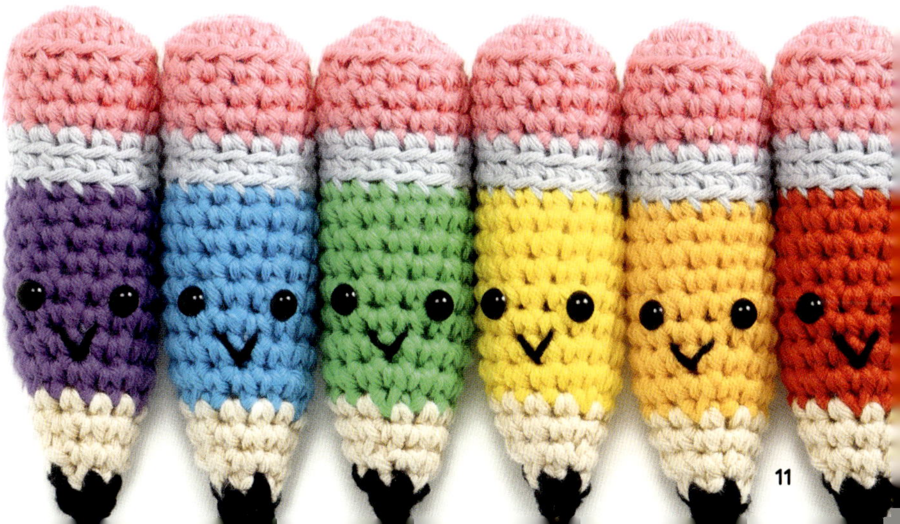

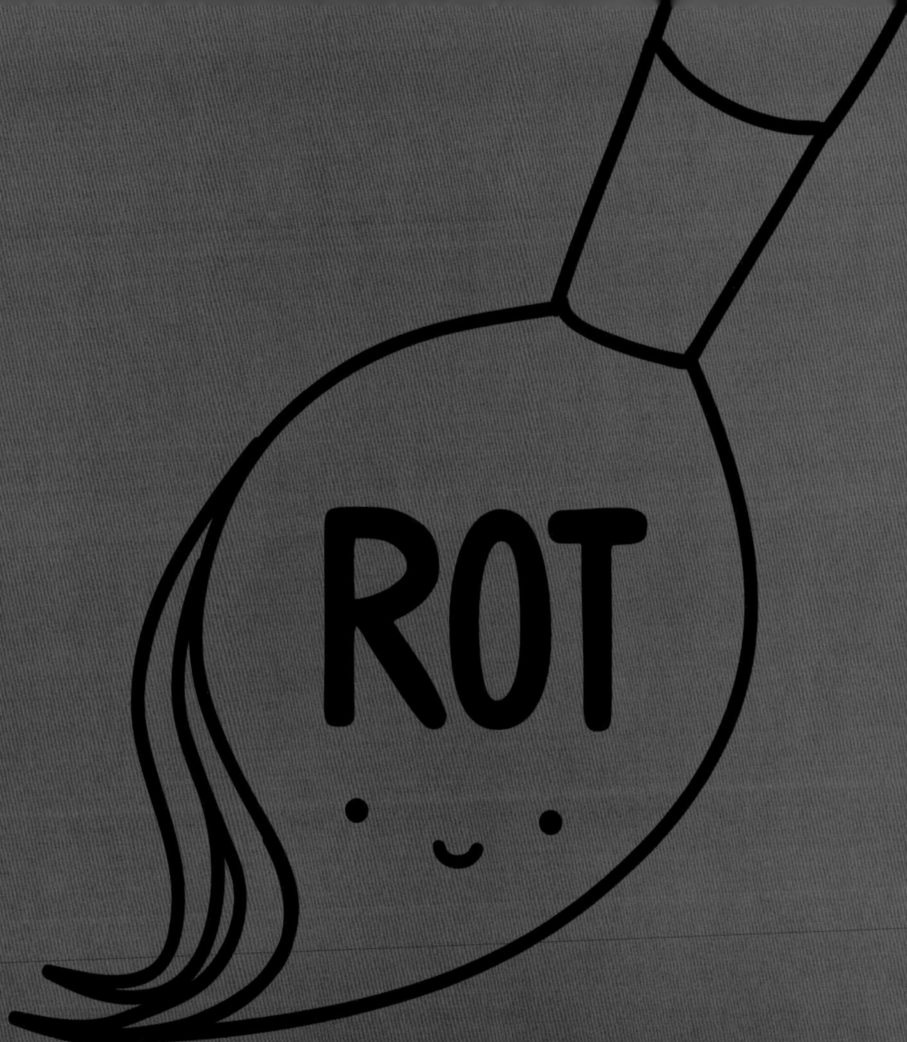

Rot ist die Farbe der Energie und Erregung! Sie ist lebhaft, kraftvoll und voller Leidenschaft. Rot ist willensstark und kann uns Selbstvertrauen geben. Die Farbe Rot kann auch den Appetit anregen und wird mit Glück und Wohlstand in Verbindung gebracht.

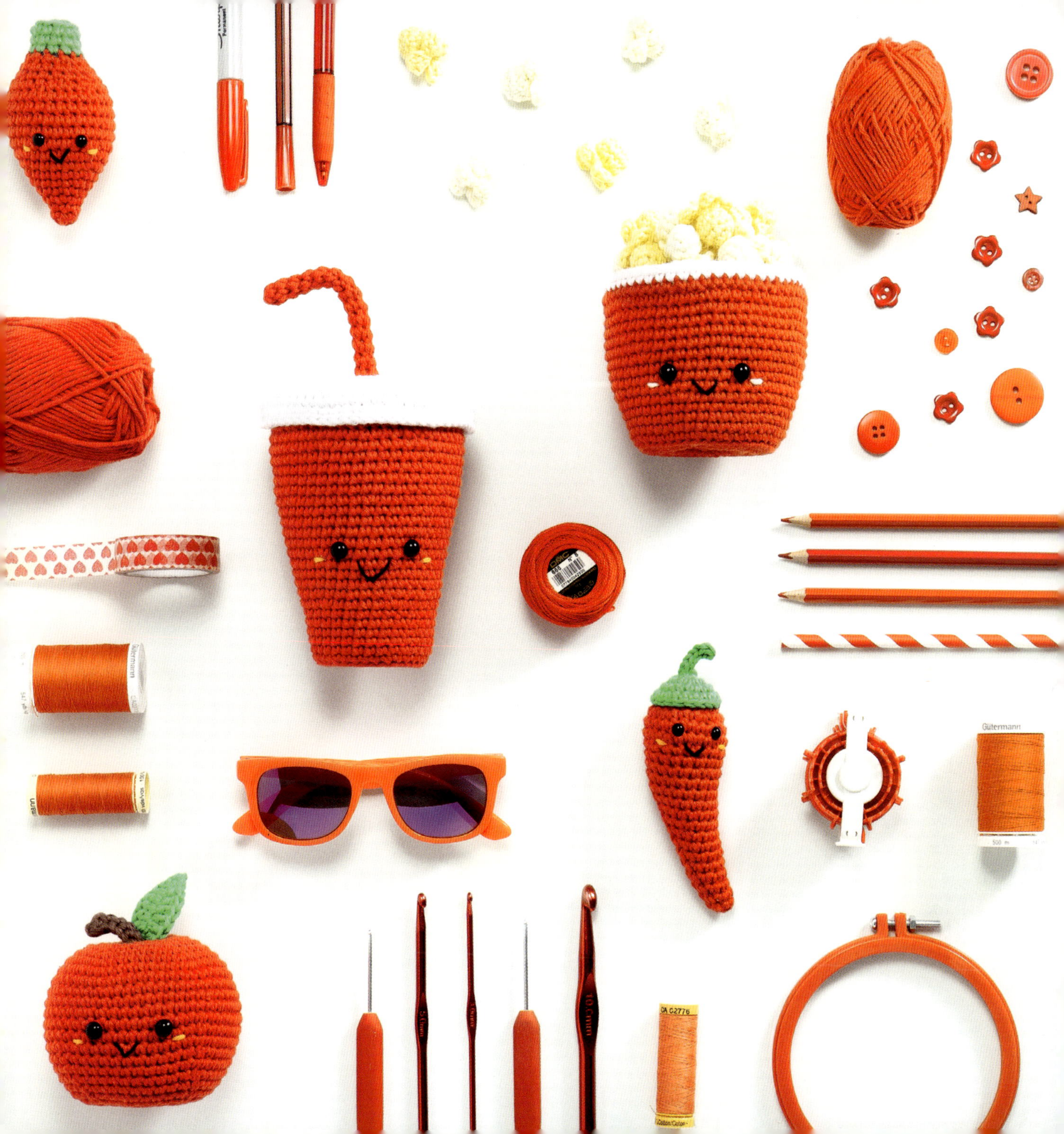
Gütermann
500 m
CA G2776

APFEL

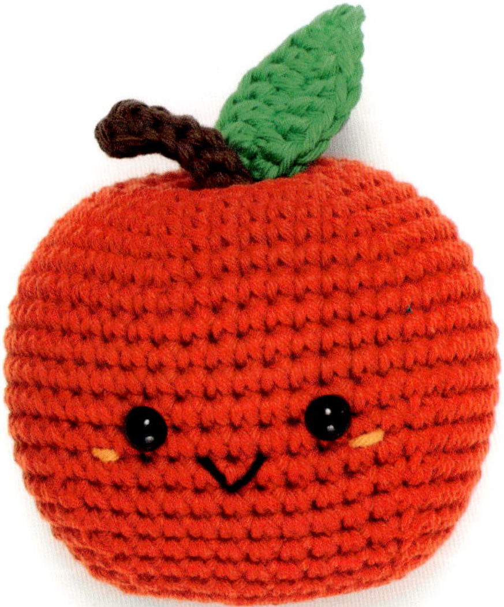

Material

- Häkelnadel 3,25 mm
- 100 % Baumwollgarn, LL 85 m/50 g: je 50 g in Rot, Braun und Grün
- Sicherheitsaugen, 8 mm Ø
- Garnreste in Orange und Schwarz
- Füllwatte
- Wollnadel
- Maschenmarkierer

Fertige Größe

9 cm hoch, 9 cm breit

Maschenprobe

5 fM und 6 R = 2,5 cm

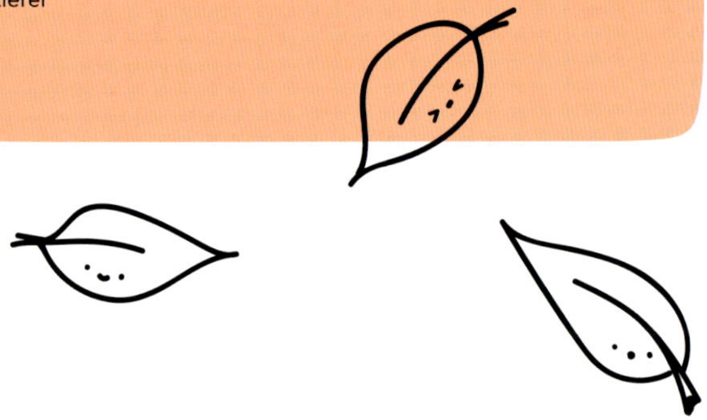

APFEL

1. Rd: in Rot, 8 fM in einen magischen Ring [8]

2. Rd: fM in jede M [8]

3. Rd: (1 fM, 2 fM in die nächste M) 4x [12]

4. Rd: fM in jede M [12]

5. Rd: (1 fM, 2 fM in die nächste M) 6x [18]

6. Rd: (2 fM, 2 fM in die nächste M) 6x [24]

7. Rd: (3 fM, 2 fM in die nächste M) 6x [30]

8. Rd: (4 fM, 2 fM in die nächste M) 6x [36]

9. Rd: (5 fM, 2 fM in die nächste M) 6x [42]

10. Rd: (6 fM, 2 fM in die nächste M) 6x [48]

11. Rd: (7 fM, 2 fM in die nächste M) 6x [54]

12.–16. Rd: fM in jede M [54]

17. Rd: (25 fM, 2 fM zus) 2x [52]

18. Rd: fM in jede M [52]

19. Rd: (11 fM, 2 fM zus) 4x [48]

20. Rd: fM in jede M [48]

21. Rd: (10 fM, 2 fM zus) 4x [44]

22. Rd: (9 fM, 2 fM zus) 4x [40]

23. Rd: (8 fM, 2 fM zus) 4x [36]

Stiel und Blatt oben am Apfel befestigen. Zwischen der **16. und 17. Rd** mit einem Abstand von 5 M die Sicherheitsaugen anbringen. Mit dem Ausstopfen beginnen.

24. Rd: (4 fM, 2 fM zus) 6x [30]

25. Rd: (3 fM, 2 fM zus) 6x [24]

26. Rd: (2 fM, 2 fM zus) 6x [18]

27. Rd: fM in jede M [18]

28. Rd: (2 fM zus) 9x [9]

Fertig ausstopfen. Arbeit beenden und den Faden lang abschneiden.

Mit einer Wollnadel den Endfaden durch die vMg vernähen.

Mit dem Ausformen beginnen und dafür die Nadel von der unteren Mitte zur oberen Mitte führen. Knapp neben der oberen Mitte einstechen und unten ebenfalls knapp neben der Mitte ausstechen. Den Faden anziehen, sodass oben auf dem Apfel eine Vertiefung entsteht.

Die Nadel unten in der Mitte einstechen und nach oben in die Mitte führen. Den Faden anziehen, sodass unten ebenfalls eine Vertiefung entsteht. Faden verwahren und abschneiden.

In **Schwarz** und **Orange** den Mund und die Wangen aufsticken (siehe: Ausarbeiten, Gesicht aufsticken).

BLATT

10 Lm in **Grün**.

1. Rd: Km in die 2. Lm von der Nadel, 1 fM, 1 hStb, 4 Stb, 1 hStb, 3 fM in die letzte Lm, auf der andere Seite der Lm-Kette arbeiten, 1 hStb, 4 Stb, 1 hStb, 1 fM, 1 Km, Km in die anfangs ausgelassene Lm.

Unsichtbares Ende arbeiten (siehe Beenden: Unsichtbares Ende) und alle Fadenenden vernähen. Oben am Apfel anbringen.

STIEL

9 Lm in **Braun**, mit doppeltem Faden arbeiten.

1. R: in das hintere Maschenglied einstechen (siehe Besondere Maschenarten: Hinteres Maschenglied), fM in die 2. Lm von der Nadel, 7 Km.

Arbeit beenden und Fadenenden vernähen. Stiel oben am Apfel anbringen.

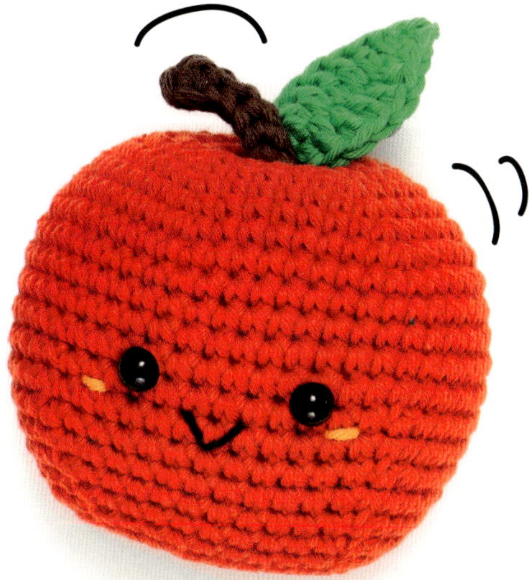

Häkelmuster Blatt

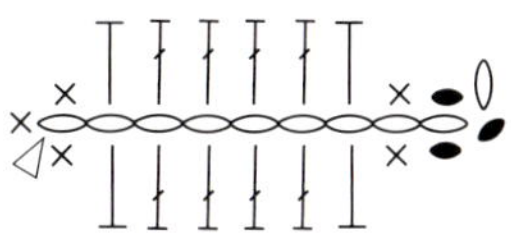

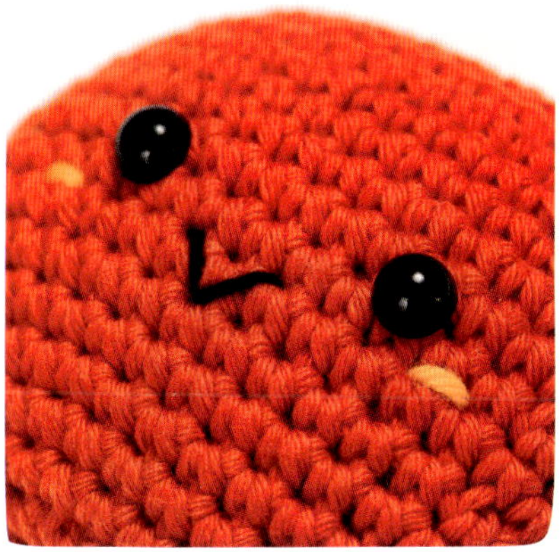

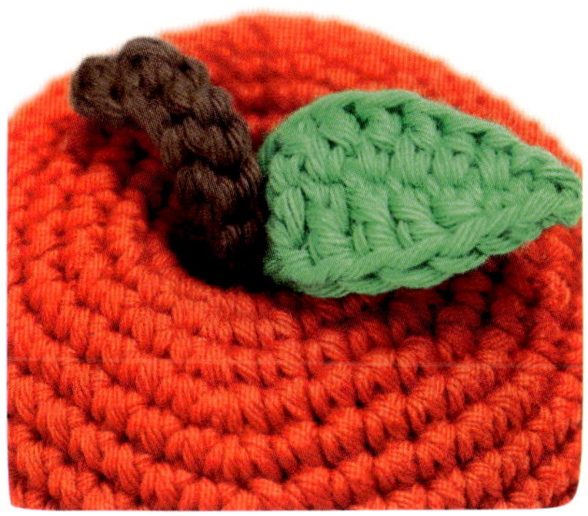

AN APPLE A DAY ...

Häkeln Sie Ihren Lieblingsapfel, einen leuchtenden Granny Smith, einen süßen Gala, einen hübschen Pink Lady oder einen Red Delicious.

BUNTES LÄMPCHEN

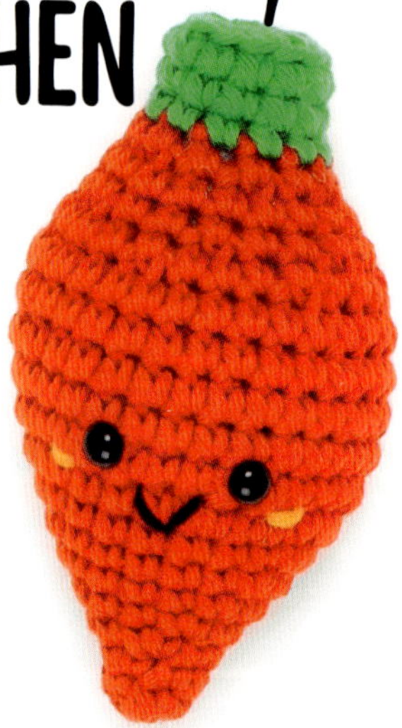

Material

- Häkelnadel 3,25 mm
- 100 % Baumwollgarn, LL 85 m/50 g: je 50 g in Rot und Grün
- Sicherheitsaugen, 6 mm Ø
- Garnreste in Orange und Schwarz
- Füllwatte
- Wollnadel
- Maschenmarkierer

Fertige Größe

10 cm hoch, 5 cm breit

Maschenprobe

5 fM und 6 R = 2,5 cm

BUNTES LÄMPCHEN

1. Rd: in **Rot** 6 fM in einen magischen Ring [6]

2. Rd: fM in jede M [6]

3. Rd: (1 fM, 2 fM in die nächste M) 3x [9]

4. Rd: (2 fM, 2 fM in die nächste M) 3x [12]

5. Rd: (3 fM, 2 fM in die nächste M) 3x [15]

6. Rd: (4 fM, 2 fM in die nächste M) 3x [18]

7. Rd: (5 fM, 2 fM in die nächste M) 3x [21]

8. Rd: (6 fM, 2 fM in die nächste M) 3x [24]

9. Rd: (3 fM, 2 fM in die nächste M) 6x [30]

10.–14. Rd: fM in jede M [30]

Zwischen der **9. und 10. Rd** mit einem Abstand von 3 M die Sicherheitsaugen anbringen. Mit dem Ausstopfen beginnen.

15. Rd: (3 fM, 2 fM zus) 6x [24]

16. Rd: (2 fM, 2 fM zus) 6x [18]

17. Rd: fM in jede M [18]

18. Rd: (1 fM, 2 fM zus) 6x [12]

19. Rd: zu **Grün** wechseln, fM in jede M [12]

20. und 21. Rd: fM in jede M [12]

22. Rd: in hMg arbeiten, (2 fM zus) 6x [6]

Fertig ausstopfen. Den Faden lang abschneiden.

Mit einer Wollnadel den Endfaden durch die vMg vernähen und die Öffnung schließen.

In **Schwarz** und **Orange** den Mund und die Wangen aufsticken (siehe: Ausarbeiten, Gesicht aufsticken).

PEPERONI

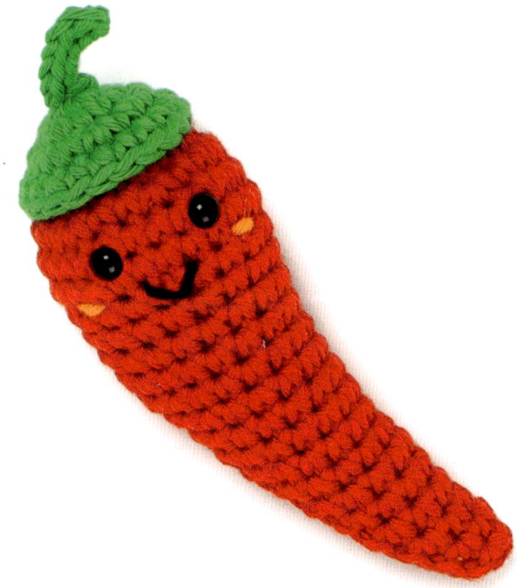

Material

- Häkelnadel 3,25 mm
- 100 % Baumwollgarn, LL 85 m/50 g: je 50 g in Rot und Grün
- Sicherheitsaugen, 6 mm Ø
- Garnreste in Orange und Schwarz
- Füllwatte
- Wollnadel
- Maschenmarkierer

Fertige Größe

13 cm hoch, 4 cm breit

Maschenprobe

5 fM und 6 R = 2,5 cm

PEPERONI

1. Rd: in **Rot** 6 fM in einen magischen Ring [6]

2. Rd: 2 fM in jede M [12]

3. Rd: fM in jede M [12]

4. Rd: (1 fM, 2 fM in die nächste M) 6x [18]

5. Rd: (2 fM, 2 fM in die nächste M) 6x [24]

6. und 7. Rd: fM in jede M [24]

8. Rd: (2 fM, 2 fM zus) 6x [18]

9.–11. Rd: fM in jede M [18]

Zwischen der **6. und 7. Rd** mit einem Abstand von 3 M die Sicherheitsaugen anbringen. Mit dem Ausstopfen beginnen.

12. Rd: 4 fM, 2 fM zus, 12 fM [17]

13. Rd: 4 fM, 2 fM zus, 11 fM [16]

14. Rd: 4 fM, 2 fM zus, 10 fM [15]

15. Rd: 4 fM, 2 fM zus, 9 fM [14]

16. Rd: 4 fM, 2 fM zus, 8 fM [13]

17. Rd: 4 fM, 2 fM zus, 7 fM [12]

18. Rd: 4 fM, 2 fM zus, 6 fM [11]

19. Rd: 4 fM, 2 fM zus, 5 fM [10]

20. Rd: 4 fM, 2 fM zus, 4 fM [9]

21. Rd: 4 fM, 2 fM zus, 3 fM [8]

22. Rd: 4 fM, 2 fM zus, 2 fM [7]

23. Rd: 4 fM, 2 fM zus, 1 fM [6]

Fertig ausstopfen. Den Faden lang abschneiden.

Mit einer Wollnadel den Endfaden durch die vMg vernähen und die Öffnung schließen. Fäden vernähen.

In **Schwarz** und **Orange** den Mund und die Wangen aufsticken (siehe: Ausarbeiten, Gesicht aufsticken).

KÄPPCHEN

1. Rd: in **Grün** 6 fM in einen magischen Ring [6]

2. Rd: 2 fM in jede M [12]

3. Rd: (1 fM, 2 fM in die nächste M) 6x [18]

4. Rd: fM in jede M [18]

Unsichtbares Ende arbeiten (siehe Beenden: Unsichtbares Ende) und alle Fadenenden vernähen. Oben an der Peperoni anbringen.

STIEL

7 Lm in **Grün**.

1. R: in das hintere Maschenglied einstechen (siehe Besondere Maschenarten: Hinteres Maschenglied), fM in die 2. Lm von der Nadel, 5 Km [6]

Arbeit beenden und den Faden lang abschneiden. Stiel oben am Käppchen anbringen und das Fadenende vernähen.

POPCORN

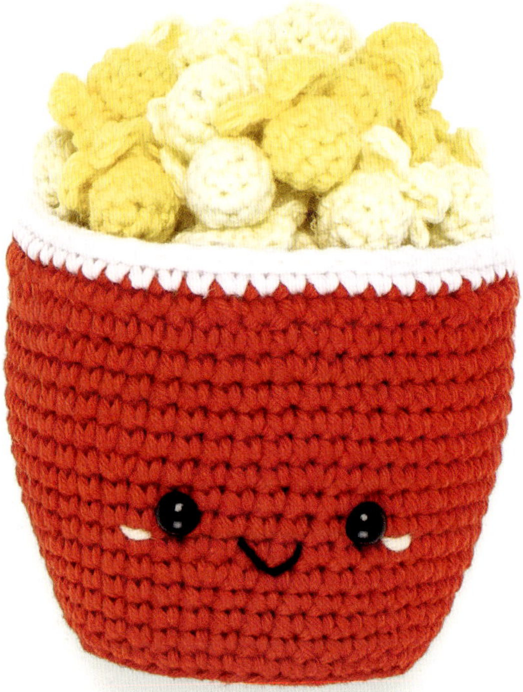

Material

- 2 Häkelnadeln, 2,75 mm und 3,25 mm
- 100 % Baumwollgarn, LL 85 m/50 g: je 50 g in Rot, Weiß und Cremeweiß
- 100 % Baumwollgarn, LL 125 m/50 g: je 50 g in Cremeweiß und Gelb
- Sicherheitsaugen, 8 mm Ø
- Garnreste in Weiß und Schwarz
- Füllwatte
- Wollnadel
- Maschenmarkierer

Fertige Größe

13 cm hoch, 10 cm breit

Maschenprobe

5 fM und 6 R = 2,5 cm (dickeres Garn)

6 fM und 7 R = 2,5 cm (dünneres Garn)

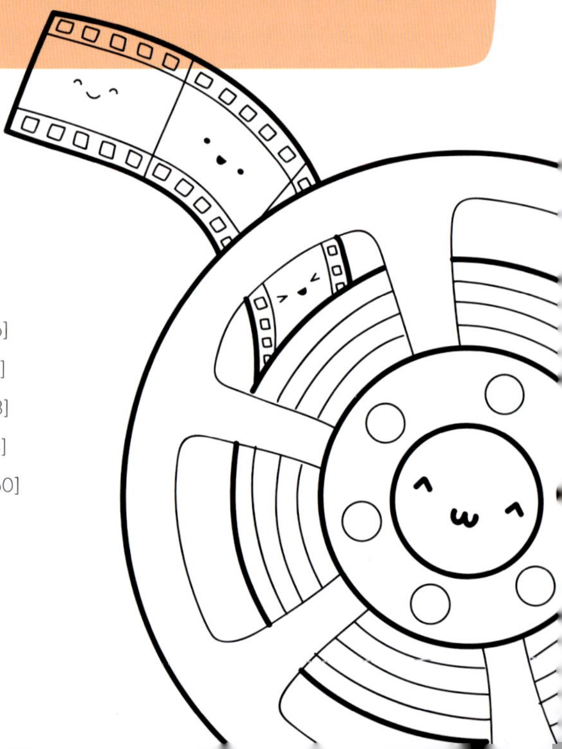

OBERER BECHERTEIL

1. Rd: mit der Häkelnadel **3,25 mm** und in **Cremeweiß** (dickes Garn)
6 fM in einen magischen Ring [6

2. Rd: 2 fM in jede M [12]

3. Rd: (1 fM, 2 fM in die nächste M) 6x [18]

4. Rd: (2 fM, 2 fM in die nächste M) 6x [24]

5. Rd: (3 fM, 2 fM in die nächste M) 6x [30]

6. Rd: (4 fM, 2 fM in die nächste M) 6x [36]

7. Rd: (5 fM, 2 fM in die nächste M) 6x [42]

8. Rd: (6 fM, 2 fM in die nächste M) 6x [48]

9. Rd: (7 fM, 2 fM in die nächste M) 6x [54]

10. Rd: (8 fM, 2 fM in die nächste M) 6x [60]

Unsichtbares Ende arbeiten (siehe Beenden: Unsichtbares Ende) und alle Fadenenden vernähen.

POPCORN-BECHER

1. Rd: mit Häkelnadel **3,25 mm** in **Rot** (dickes Garn) 6 fM in einen magischen Ring [6]

2. Rd: 2 fM in jede M [12]

3. Rd: (1 fM, 2 fM in die nächste M) 6x [18]

4. Rd: (2 fM, 2 fM in die nächste M) 6x [24]

5. Rd: (3 fM, 2 fM in die nächste M) 6x [30]

6. Rd: (4 fM, 2 fM in die nächste M) 6x [36]

7. Rd: (5 fM, 2 fM in die nächste M) 6x [42]

8. Rd: in hMg arbeiten, fM in jede M [42]

9.–11. Rd: Rd: fM in jede M [42]

12. Rd: (6 fM, 2 fM in die nächste M) 6x [48]

13.–15. Rd: fM in jede M [48]

16. Rd: (7 fM, 2 fM in die nächste M) 6x [54]

17.–19. Rd: fM in jede M [54]

Zwischen der **14. und 15. Rd** mit einem Abstand von 5 M die Sicherheitsaugen anbringen. Mit dem Ausstopfen beginnen.

20. Rd: (8 fM, 2 fM in die nächste M) 6x [60]

21. Rd: den oberen Teil in den Becher legen und die M der **19. Rd** des Bechers an denen der **10. Rd** des oberen Teils ausrichten. In **Rot** fM jeweils durch beide Schlaufen häkeln und die Teile verbinden (siehe Ausarbeiten: Zwei Teile zusammenhäkeln), mit Km in die 1. fM verbinden [60]

22. Rd: 1 Lm, (8 fM, 2 fM zus) 6x, mit Km in die 1. fM verbinden [54]

23. Rd: zu **Weiß** (dickes Garn) wechseln, 1 Lm, fM in jede M, mit Km in die 1. fM verbinden [54]

24. Rd: Km in jede M [54]

Unsichtbares Ende arbeiten und alle Fadenenden vernähen. Mund und Wangen in Schwarz und Weiß aufsticken (siehe Ausarbeiten: Gesicht aufsticken).

POPCORN

1. Rd: mit Häkelnadel **2,75 mm** in **Cremeweiß** (dünnes Garn) 5 fM in einen magischen Ring [5]

2. Rd: 2 fM in jede M [10]

3. Rd: (1 fM, 2 fM in die nächste M) 5x [15]

4. Rd: (2 fM zus, 1 fM) 5x [10]

5. Rd: (2 fM zus) 5x [5]

6. Rd: in vMg arbeiten, (1 Km + 2 Lm + Noppe 3 Stb [siehe Besondere Maschenarten: Noppe aus 3 Stäbchen] + 2 Lm + Km in dieselbe M) 4x, Km in die letzte M..

Ausstopfen, Faden lang abschneiden. Mit einer Wollnadel durch hMg der **5. Rd** vernähen und so die Öffnung schließen. Enden vernähen..

Insgesamt 21 Popcornstücke anfertigen, 14 in **Cremeweiß** und 7 in **Gelb** (dünnes Garn). Oben auf dem Becher anbringen.

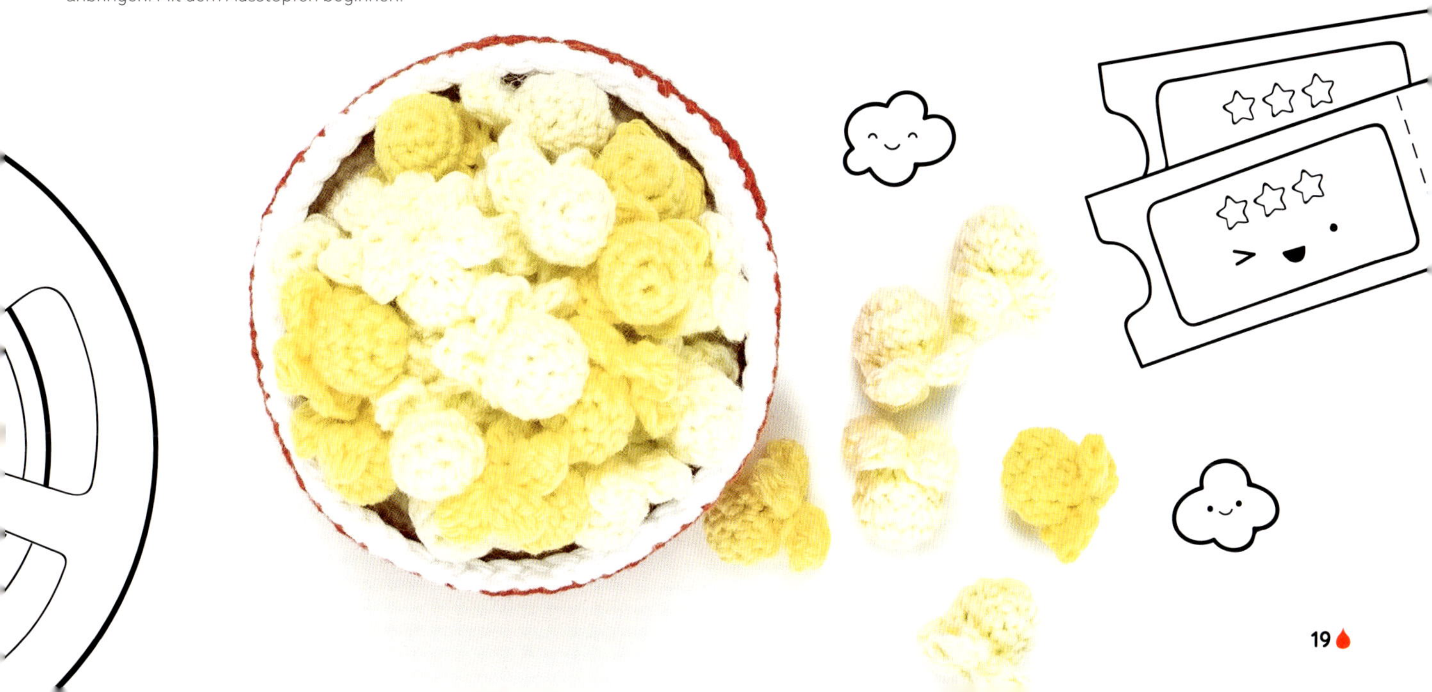

TRINKBECHER

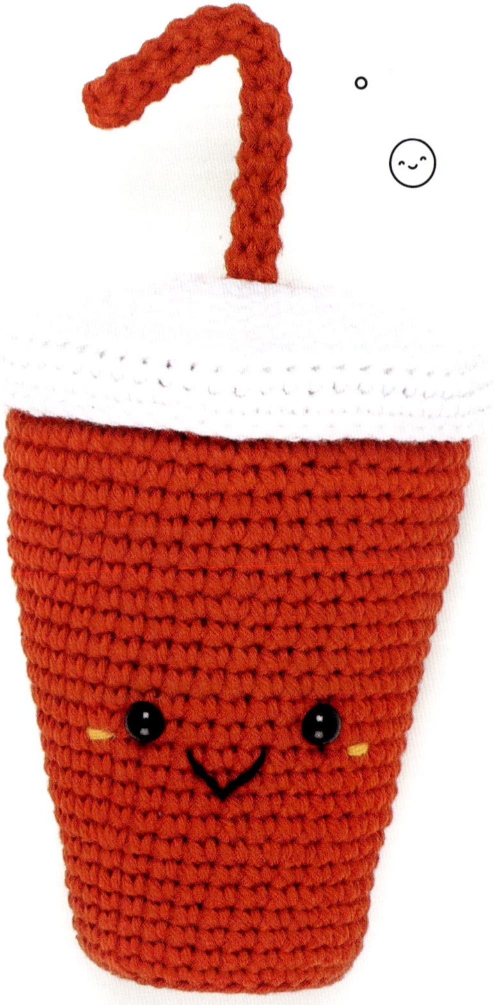

Material

- Häkelnadel 3,25 mm
- 100 % Baumwollgarn, LL 85 m/50 g: je 50 g in Rot, Braun und Weiß
- Sicherheitsaugen, 8 mm Ø
- Garnreste in Orange und Schwarz
- Füllwatte
- Chenilledraht (Pfeifenputzer)
- Wollnadel
- Maschenmarkierer

Fertige Größe

18 cm hoch, 10 cm breit

Maschenprobe

5 fM und 6 R = 2,5 cm

BECHER

1. Rd: in **Rot** 6 fM in einen magischen Ring [6]

2. Rd: 2 fM in jede M [12]

3. Rd: (1 fM, 2 fM in die nächste M) 6x [18]

4. Rd: (2 fM, 2 fM in die nächste M) 6x [24]

5. Rd: (3 fM, 2 fM in die nächste M) 6x [30]

6. Rd: in hMg arbeiten, fM in jede M [30]

7.–11. Rd: fM in jede M [30]

12. Rd: (4 fM, 2 fM in die nächste M) 6x [36]

13.–16. Rd: fM in jede M [36]

17. Rd: (5 fM, 2 fM in die nächste M) 6x [42]

18.–21. Rd: fM in jede M [42]

22. Rd: (6 fM, 2 fM in die nächste M) 6x [48]

23.–26. Rd: fM in jede M [48]

Zwischen der **16. und 17. Rd** mit einem Abstand von 5 M die Sicherheitsaugen anbringen. Mit dem Ausstopfen beginnen.

27. Rd: (7 fM, 2 fM in die nächste M) 6x [54]

28. Rd: fM in jede M [54]

Den Faden nicht abschneiden. Den Becher fertig ausstopfen. Nun das Getränk häkeln, bevor die **29. Rd** gearbeitet wird.

29. Rd: Getränk in den Becher legen und die M der **28. Rd** des Bechers und der **9. Rd** des Getränks aneinander ausrichten. Mit dem Faden, mit dem der Becher gehäkelt wurde, fM in jede M, dabei jeweils in beide Maschenglieder einstechen und diese so verbinden (siehe Ausarbeiten: Zwei Teile zusammenhäkeln) [54]

30. Rd: 1 Lm, (7 fM, 2 fM zus) 6x, mit Km in die 1. M verbinden [48]

31. Rd: Km in jede M [48]

Unsichtbares Ende arbeiten (siehe Beenden: Unsichtbares Ende) und alle Fadenenden vernähen. Mund und Wangen in **Schwarz** und **Orange** aufsticken (siehe Ausarbeiten: Gesicht aufsticken).

Mit dem Ausformen beginnen und dafür die Nadel von der unteren Mitte zur oberen Mitte führen. Wieder nach unten führen und knapp neben der Mitte ausstechen. Dann unten in der Mitte einstechen und wieder nach oben in die Mitte führen. Den Faden anziehen, sodass unten am Becher eine Vertiefung entsteht. Faden verwahren und abschneiden.

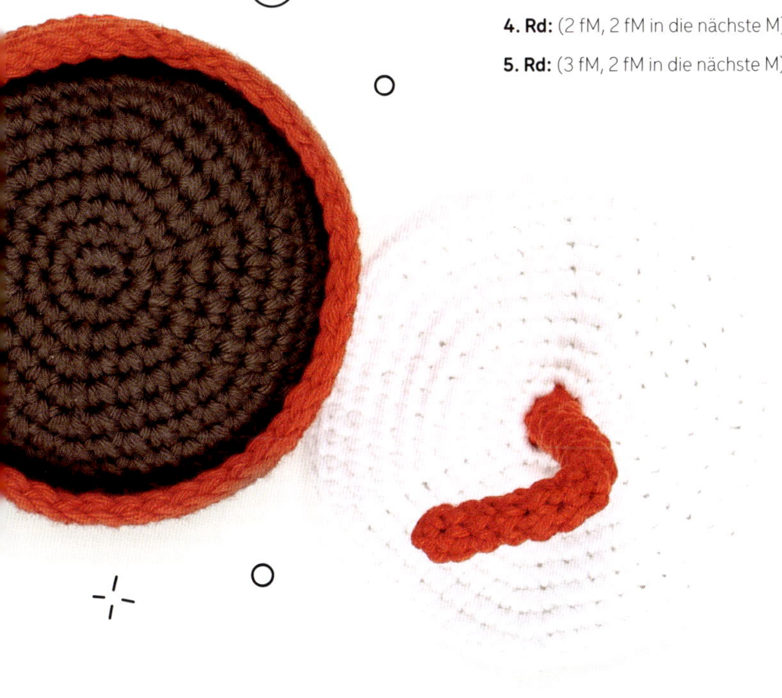

GETRÄNK

1. Rd: in **Braun** 6 fM in einen magischen Ring [6]

2. Rd: 2 fM in jede M [12]

3. Rd: (1 fM, 2 fM in die nächste M) 6x [18]

4. Rd: (2 fM, 2 fM in die nächste M) 6x [24]

5. Rd: (3 fM, 2 fM in die nächste M) 6x [30]

6. Rd: (4 fM, 2 fM in die nächste M) 6x [36]

7. Rd: (5 fM, 2 fM in die nächste M) 6x [42]

8. Rd: (6 fM, 2 fM in die nächste M) 6x [48]

9. Rd: (7 fM, 2 fM in die nächste M) 6x [54]

Ein unsichtbares Ende arbeiten und Fadenende vernähen.

DECKEL

1. Rd: in **Weiß** 6 fM in einen magischen Ring [6]

2. Rd: 2 fM in jede M [12]

3. Rd: (1 fM, 2 fM in die nächste M) 6x [18]

4. Rd: (2 fM, 2 fM in die nächste M) 6x [24]

5. Rd: (3 fM, 2 fM in die nächste M) 6x [30]

6. Rd: (4 fM, 2 fM in die nächste M) 6x [36]

7. Rd: (5 fM, 2 fM in die nächste M) 6x [42]

8. Rd: (6 fM, 2 fM in die nächste M) 6x [48]

9. Rd: (7 fM, 2 fM in die nächste M) 6x [54]

10. Rd: (8 fM, 2 fM in die nächste M) 6x [60]

11. Rd: in hMg arbeiten, fM in jede M [60]

12. Rd: fM in jede M [60]

13. Rd: Km in jede M [60]

Ein unsichtbares Ende arbeiten und Fadenende vernähen.

STROHHALM

1. Rd: in **Rot** 5 fM in einen magischen Ring [5]

2.-14. Rd: fM in jede M [5]

Einen Chenilledraht hineinschieben und zur Form eines Strohhalms biegen. Faden lang abschneiden und in eine Wollnadel einfädeln. Durch die vMg nähen und so die Öffnung schließen. Den Strohhalm durch die hMg mittig oben am Deckel anbringen.

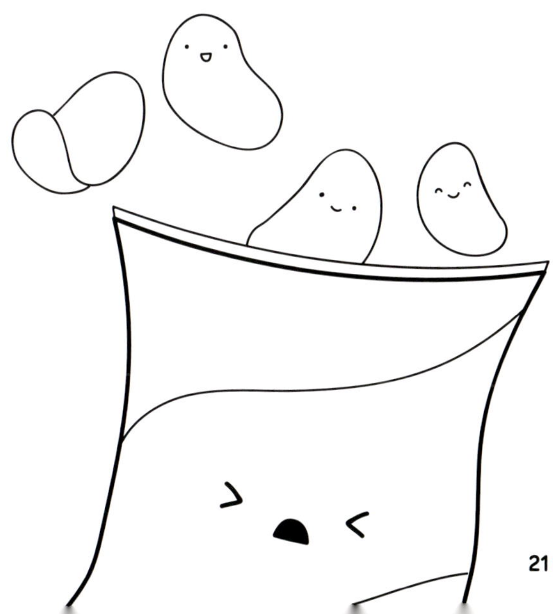

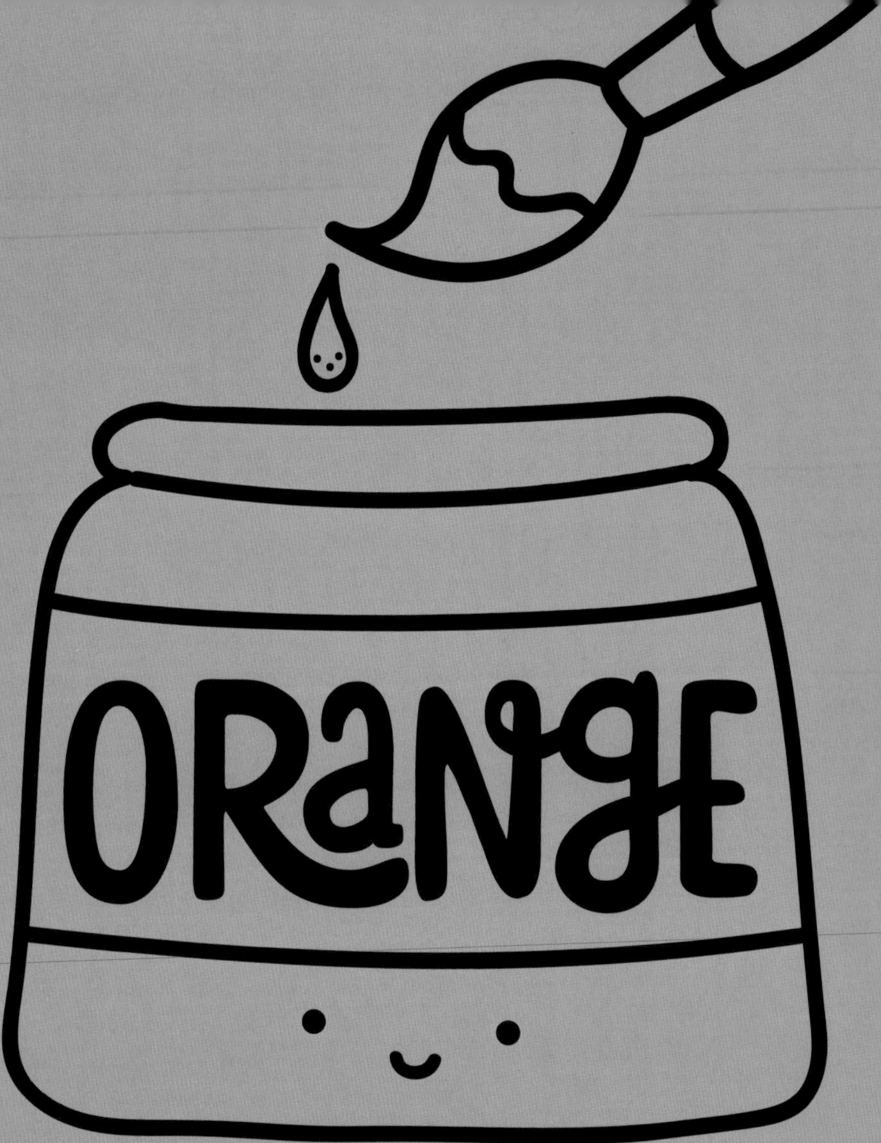

Orange ist intellektuell und voller Abenteuer. Man assoziiert es mit Wärme, Gesundheit, Optimismus und Energie. Orange kann in schwierigen Zeiten emotionale Stärke vermitteln und uns motivieren, auf die Sonnenseite des Lebens zu blicken.

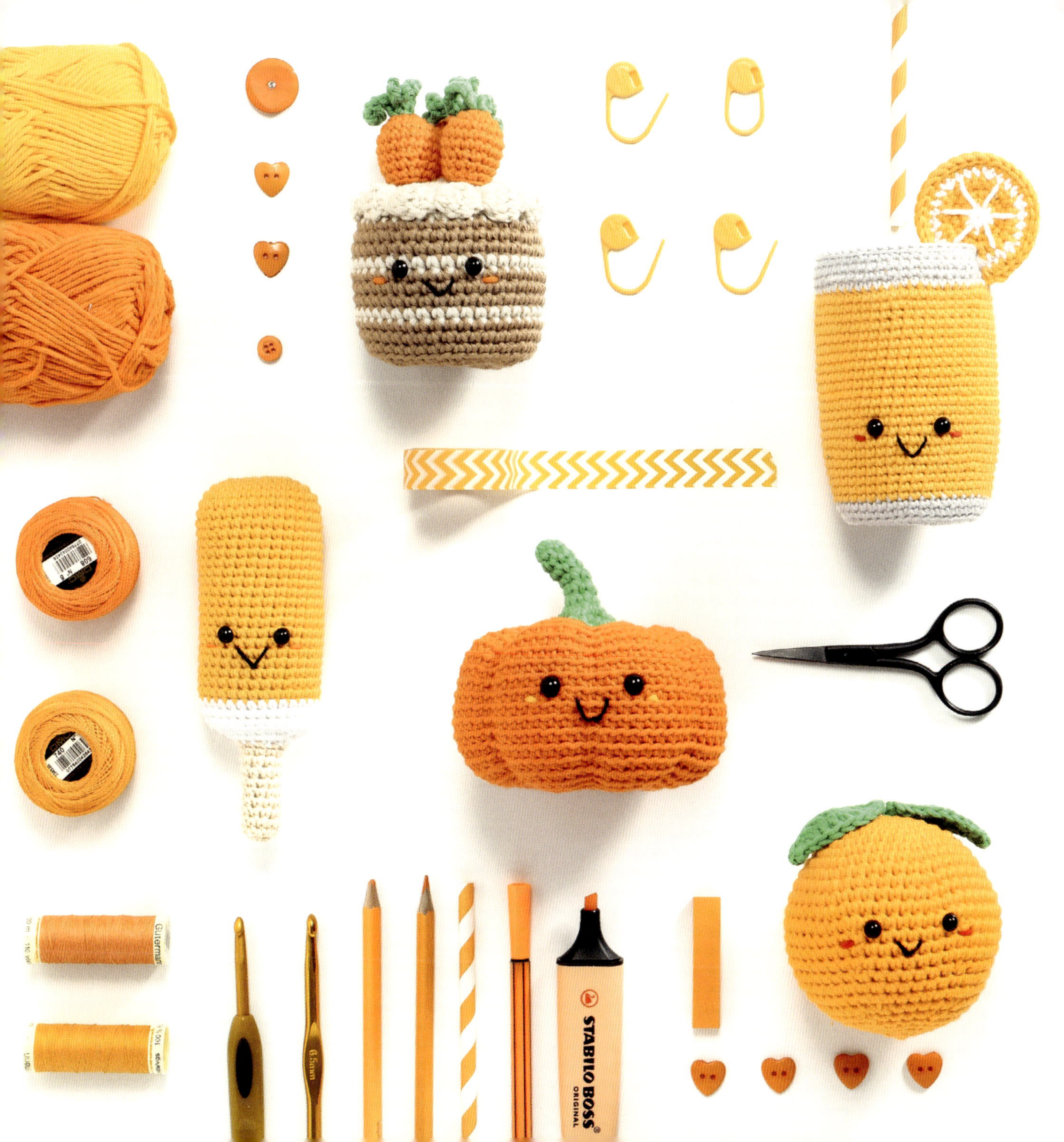

KAROTTENKUCHEN

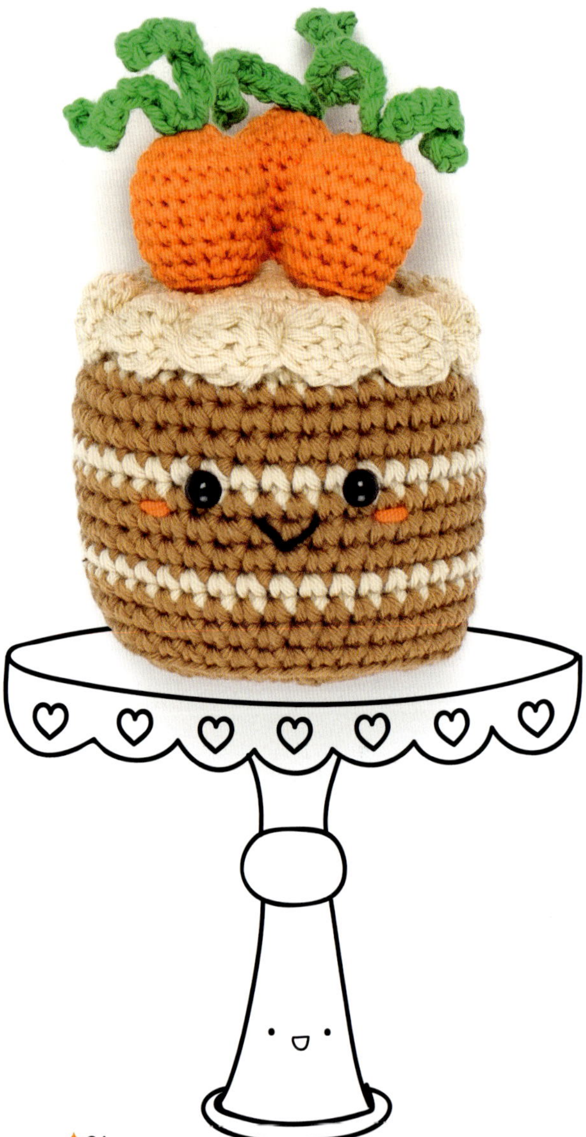

Material

- 2 Häkelnadeln, 2,75 mm und 3,25 mm
- 100 % Baumwollgarn, LL 85 m/50 g: je 50 g in Braun und Cremeweiß
- 100 % Baumwollgarn, LL 125 m/50 g: je 50 g in Grün und Orange
- Sicherheitsaugen, 7 mm Ø
- Garnreste in Orange und Schwarz
- Füllwatte
- Wollnadel
- Maschenmarkierer

Fertige Größe

11,5 cm hoch, 7,5 cm breit

Maschenprobe

5 fM und 6 R = 2,5 cm (dickeres Garn)

6 fM und 7 R = 2,5 cm (dünneres Garn)

KUCHEN

An der Oberseite des Kuchens beginnen:

1. Rd: mit Häkelnadel **3,25 mm** in **Cremeweiß** (dickes Garn) 6 fM in einen magischen Ring [6]

2. Rd: 2 fM in jede M [12]

3. Rd: (1 fM, 2 fM in die nächste M) 6x [18]

4. Rd: (2 fM, 2 fM in die nächste M) 6x [24]

5. Rd: (3 fM, 2 fM in die nächste M) 6x [30]

6. Rd: (4 fM, 2 fM in die nächste M) 6x [36]

7. Rd: (5 fM, 2 fM in die nächste M) 6x [42]

8. Rd: in hMg arbeiten, fM in jede M [42]

9. Rd: in **Braun** (dickes Garn) weiterarbeiten, fM in jede M [42]

10. und 11. Rd: fM in jede M [42]

12. Rd: zu **Cremeweiß** wechseln, fM in jede M [42]

13. Rd: zu **Braun** wechseln, fM in jede M [42]

14. und 15. Rd: fM in jede M [42]

16. Rd: zu **Cremeweiß** wechseln, fM in jede M [42]

17. Rd: zu **Braun** wechseln, fM in jede M [42]

18. und 19. Rd: fM in jede M [42]

Zwischen der **12. Rd und 13. Rd** mit einem Abstand von 4 M die Sicherheitsaugen anbringen. Mit dem Ausstopfen beginnen.

20. Rd: in hMg arbeiten, (5 fM, 2 fM zus) 6x [36]

21. Rd: (4 fM, 2 fM zus) 6x [30]

22. Rd: (3 fM, 2 fM zus) 6x [24]

23. Rd: (2 fM, 2 fM zus) 6x [18]

24. Rd: (1 fM, 2 fM zus) 6x [12]

25. Rd: (fM, 2 fM zus) 6x [6]

Fertig ausstopfen. Den Faden lang abschneiden. Mit einer Wollnadel den Endfaden durch die vMg vernähen und die Öffnung schließen.

Mit dem Ausformen beginnen und dafür die Nadel von der unteren Mitte zur oberen Mitte führen. Wieder nach unten führen und knapp neben der Mitte ausstechen. Dann unten in der Mitte einstechen und wieder nach oben in die Mitte führen. Den Faden anziehen, sodass unten auf dem Kuchen eine Vertiefung entsteht. Faden verwahren und abschneiden.

Am oberen Streifen in **Cremeweiß** den Mund und die Wangen in **Schwarz** und **Orange** aufsticken (siehe Ausarbeiten: Gesicht aufsticken).

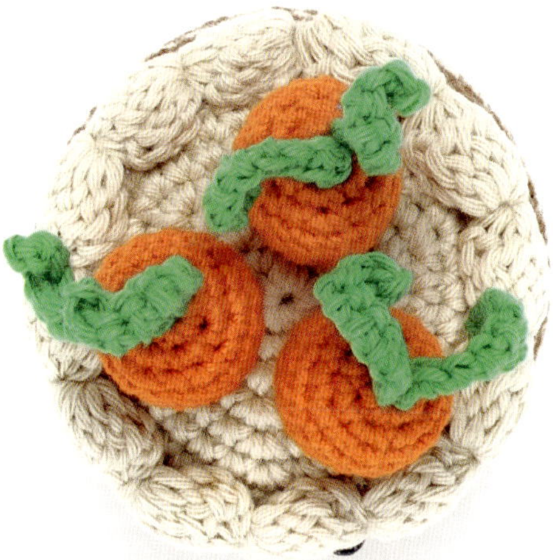

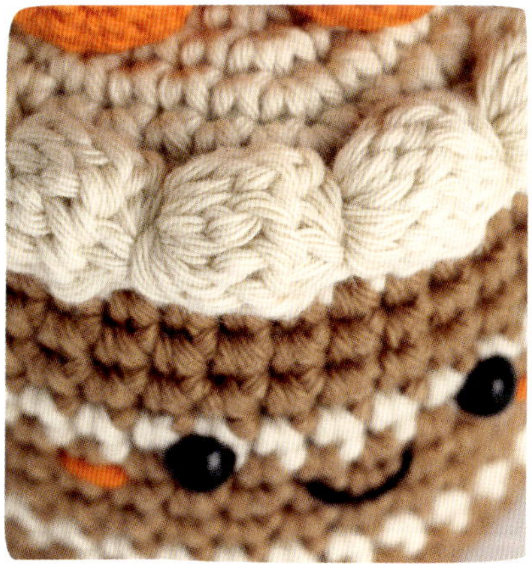

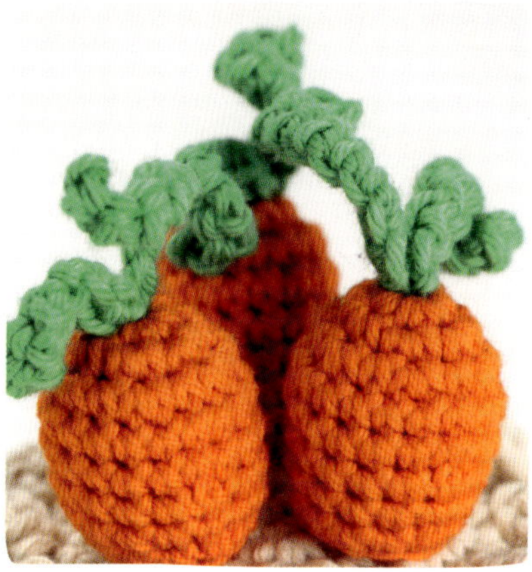

GUSS

1. R: mit Häkelnadel **3,25 mm** in **Cremeweiß** (4 Lm, Noppe 5 Stb [siehe Besondere Maschenarten: Noppe aus 5 Stäbchen] in die 4. Lm von der Nadel) 12x, 1 Lm [12 Noppen]

Arbeit beenden und Fadenenden vernähen. Guss am oberen Kuchenrand rundum annähen.

KAROTTENGRÜN (6X HÄKELN)

Mit Häkelnadel **2,75 mm** in **Grün** (dünnes Garn) 10 Lm.

1. R: fM in die 2. Lm von der Nadel, 8 fM [9]

Arbeit beenden und Fadenenden vernähen. An jede Karotte zwei grüne Stängel nähen.

KAROTTE (3X HÄKELN)

1. Rd: mit Häkelnadel **2,75 mm** in **Orange** (dünnes Garn) 6 fM in einen magischen Ring [6]

2. Rd: 2 fM in jede M [12]

3. Rd: (1 fM, 2 fM in die nächste M) 6x [18]

4. und 5. Rd: fM in jede M [18]

6. Rd: (4 fM, 2 fM zus) 3x [15]

7. Rd: fM in jede M [15]

8. Rd: (3 fM, 2 fM zus) 3x [12]

9. Rd: fM in jede M [12]

10. Rd: in hMg arbeiten, (2 fM zus) 6x [6]

Ausstopfen. Den Faden lang abschneiden. Mit einer Wollnadel den Endfaden durch die vMg vernähen und die Öffnung schließen.

Die Karotten oben auf dem Kuchen anbringen.

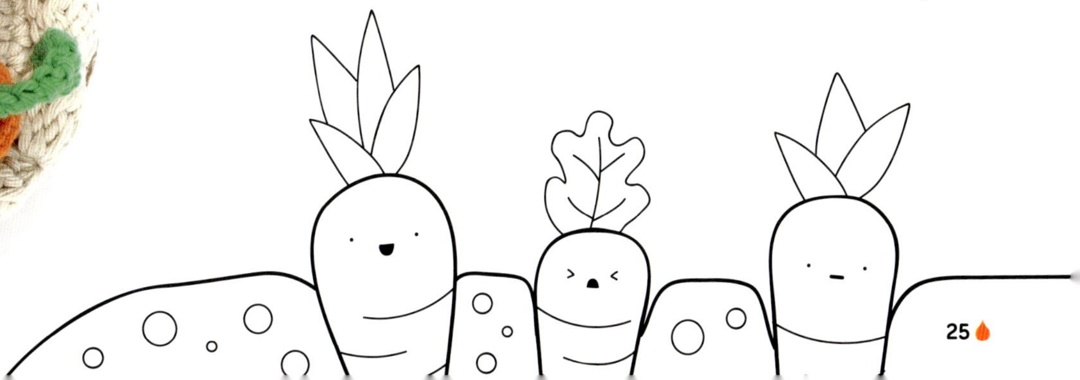

EiS AM STiEL

Material

- Häkelnadel 2,75 mm
- 100 % Baumwollgarn, LL 125 m/50 g: je 50 g in Orange, Weiß und Hellbraun
- Sicherheitsaugen, 7 mm Ø
- Garnreste in Dunkelorange und Schwarz
- Füllwatte
- Wollnadel
- Maschenmarkierer

Fertige Größe

14 cm hoch, 5 cm breit

Maschenprobe

6 fM und 7 R = 2,5 cm

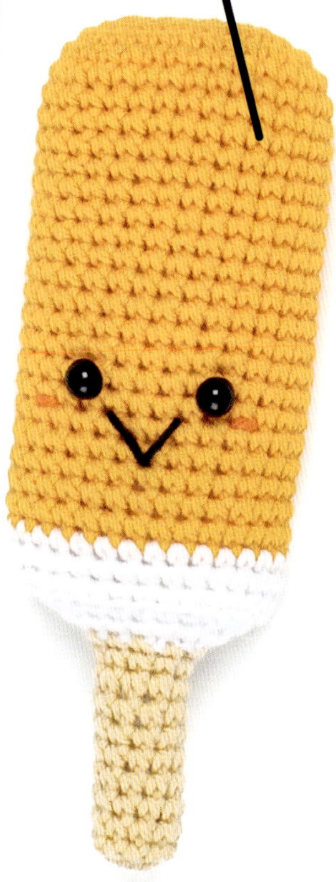

EIS AM STIEL

In **Orange** 7 Lm.

1. Rd: 2 fM in die 2. Lm von der Nadel, 4 fM, 4 fM in die letzte M, auf der anderen Seite der Lm-Kette 4 fM, 2 fM in die letzte M [16]

2. Rd: 2 fM in die nächsten beiden M, 5 fM, 2 fM in die nächsten 3 M, 5 fM, 2 fM in die letzte M [22]

3. Rd: 2 fM in die nächsten 3 M, 7 fM, 2 fM in die nächsten 4 M, 7 fM, 2 fM in die letzte M [30]

4.–24. Rd: fM in jede M [30]

25. Rd: zu **Weiß** wechseln, fM in jede M [30]

26. und 27. Rd: fM in jede M [30]

Zwischen der **18. und 19. Rd** mit einem Abstand von 4 M die Sicherheitsaugen anbringen. Mit dem Ausstopfen beginnen.

28. Rd: in hMg arbeiten, (2 fM zus) 4x, 7 fM, (2 fM zus) 4x, 7 fM [22]

29. Rd: (2 fM zus) 3x, 5 fM, (2 fM zus) 3x, 5 fM [16]

30. Rd: zu **Hellbraun** wechseln, (2 fM zus) 2x, 2 fM, (2 fM zus) 3x, 2 fM, 2 fM zus [10]

31.–39. Rd: fM in jede M [10]

Fertig ausstopfen. Den Faden lang abschneiden. Mit einer Wollnadel den Endfaden durch die vMg vernähen und die Öffnung schließen. Den Mund und die Wangen in **Schwarz** und **Dunkelorange** aufsticken (siehe Ausarbeiten: Gesicht aufsticken).

ORANGE

Material

- Häkelnadel 3,25 mm
- 100 % Baumwollgarn, LL 85 m/50 g: je 50 g in Orange und Grün
- Sicherheitsaugen, 7 mm Ø
- Garnreste in Rot und Schwarz
- Füllwatte
- Wollnadel
- Maschenmarkierer

Fertige Größe

9 cm hoch, 9 cm breit

Maschenprobe

5 fM und 6 R = 2,5 cm

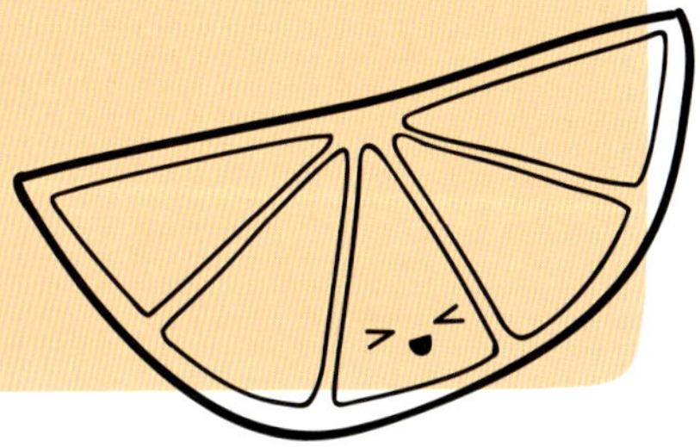

ORANGE

1. Rd: in **Grün** 6 fM in einen magischen Ring [6]

2. Rd: zu **Orange** wechseln, 2 fM in jede M [12]

3. Rd: (1 fM, 2 fM in die nächste M) 6x [18]

4. Rd: (2 fM, 2 fM in die nächste M) 6x [24]

5. Rd: (3 fM, 2 fM in die nächste M) 6x [30]

6. Rd: (4 fM, 2 fM in die nächste M) 6x [36]

7. Rd: fM in jede M [36]

8. Rd: (5 fM, 2 fM in die nächste M) 6x [42]

9. Rd: fM in jede M [42]

10. Rd: (6 fM, 2 fM in die nächste M) 6x [48]

11. Rd: fM in jede M [48]

12. Rd: (7 fM, 2 fM in die nächste M) 6x [54]

13. Rd: fM in jede M [54]

14. Rd: (7 fM, 2 fM zus) 6x [48]

15. und 16. Rd: fM in jede M [48]

17. Rd: (6 fM, 2 fM zus) 6x [42]

18. und 19. Rd: fM in jede M [42]

Zwischen der **13. und 14. Rd** mit einem Abstand von 5 M die Sicherheitsaugen anbringen. Mit dem Ausstopfen beginnen

20. Rd: (5 fM, 2 fM zus) 6x [36]

21. Rd: (4 fM, 2 fM zus) 6x [30]

22. Rd: (3 fM, 2 fM zus) 6x [24]

23. Rd: (2 fM, 2 fM zus) 6x [18]

24. Rd: (1 fM, 2 fM zus) 6x [12]

25. Rd: (2 fM zus) 6x [6]

Fertig ausstopfen. Den Faden lang abschneiden. Mit einer Wollnadel den Endfaden durch die vMg vernähen und die Öffnung schließen. Den Mund und die Wangen in **Schwarz** und **Rot** aufsticken (siehe Ausarbeiten: Gesicht aufsticken).

BLATT (2X HÄKELN)

In **Grün** 10 Lm.

1. Rd: Km in die 2. Lm von der Nadel, 1 fM, 1 hStb, 4 Stb, 1 hStb, 3 fM in die letzte Lm, auf der anderen Seite der Lm-Kette arbeiten, 1 hStb, 4 Stb, 1 hStb, 1 fM, 1 Km, Km in die anfangs ausgelassene Lm.

Unsichtbares Ende arbeiten (siehe Beenden: Unsichtbares Ende) und alle Fadenenden vernähen. Oben an der Orange anbringen.

Häkelmuster Blatt

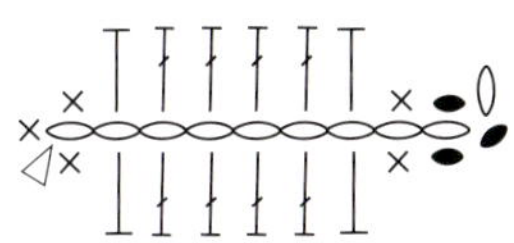

ORANGENSAFT

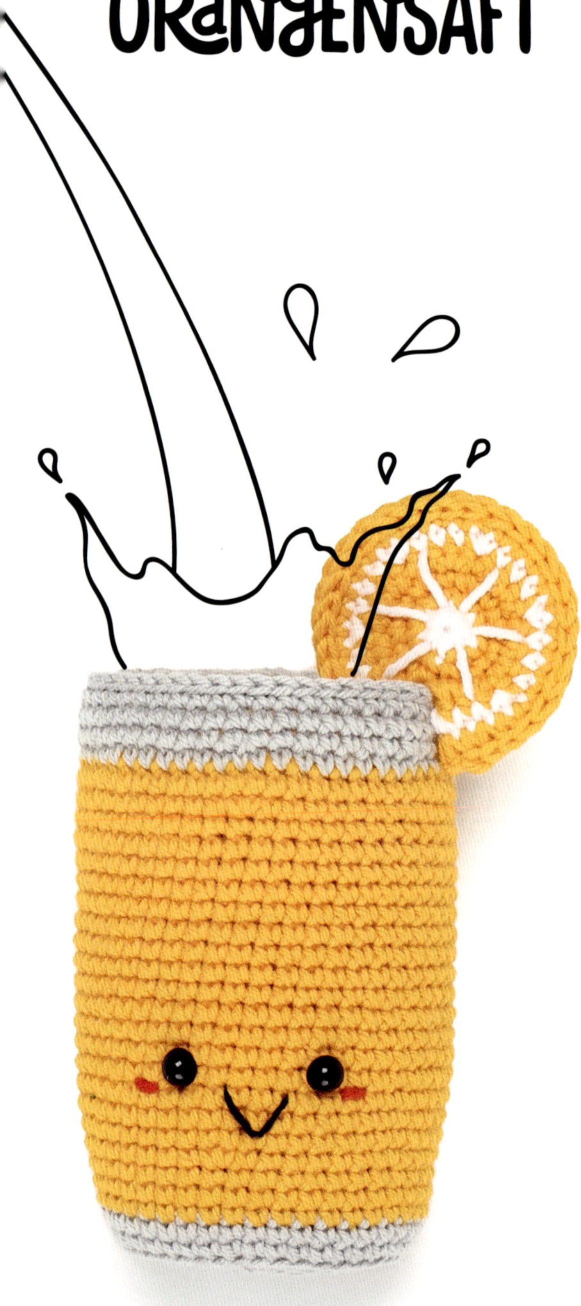

Material

- Häkelnadel 2,75 mm
- 100 % Baumwollgarn, LL 125 m/50 g: je 50 g in Orange, Grau und Weiß
- Sicherheitsaugen, 7 mm Ø
- Garnreste in Rot und Schwarz
- Füllwatte
- Wollnadel
- Maschenmarkierer

Fertige Größe

14 cm hoch, 7,5 cm breit

Maschenprobe

6 fM und 7 R = 2,5 cm

GLAS

1. Rd: in **Grau** 6 fM in einen magischen Ring [6]

2. Rd: 2 fM in jede M [12]

3. Rd: (1 fM, 2 fM in die nächste M) 6x [18]

4. Rd: (2 fM, 2 fM in die nächste M) 6x [24]

5. Rd: (3 fM, 2 fM in die nächste M) 6x [30]

6. Rd: (4 fM, 2 fM in die nächste M) 6x [36]

7. Rd: (5 fM, 2 fM in die nächste M) 6x [42]

8. Rd: in hMg arbeiten, fM in jede M [42]

9. Rd: fM in jede M [42]

10. Rd: zu **Orange** wechseln, fM in jede M [42]

11.-13. Rd: fM in jede M [42]

14. Rd: (6 fM, 2 fM in die nächste M) 6x [48]

15.-29. Rd: fM in jede M [48]

Zwischen der **17. und 18. Rd** mit einem Abstand von 5 M die Sicherheitsaugen anbringen. Mit dem Ausstopfen beginnen.

30. Rd: (7 fM, 2 fM in die nächste M) 6x [54]

31. Rd: fM in jede M [54]

Unsichtbares Ende arbeiten (siehe Beenden: Unsichtbares Ende) und alle Fadenenden vernähen. Vor der **32. Rd**. den Saft häkeln. Fertig ausstopfen.

32. Rd: Den Saft in das Glas legen und die Maschen der **31. Rd** des Glases und der **9. Rd** des Saftes aneinander ausrichten. In **Grau** fM in jede M, dabei jeweils in beide Maschenglieder einstechen und beide Teile miteinander verbinden (siehe Ausarbeiten: Zwei Teile zusammenhäkeln) [54]

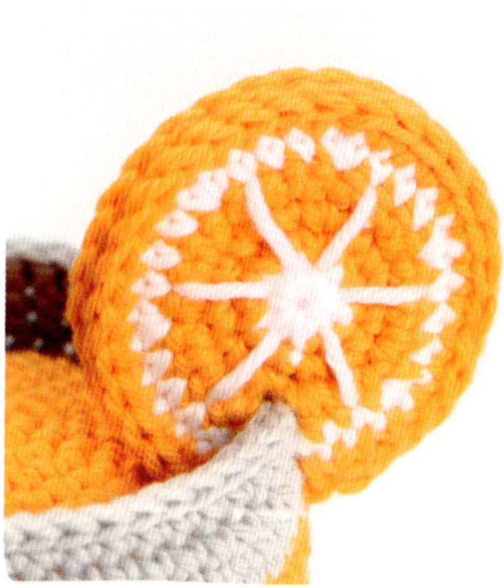

SAFT

1. Rd: in **Orange** 6 fM in einen magischen Ring [6]

2. Rd: 2 fM in jede M [12]

3. Rd: (1 fM, 2 fM in die nächste M) 6x [18]

4. Rd: (2 fM, 2 fM in die nächste M) 6x [24]

5. Rd: (3 fM, 2 fM in die nächste M) 6x [30]

6. Rd: (4 fM, 2 fM in die nächste M) 6x [36]

7. Rd: (4 fM, 2 fM in die nächste M) 6x [36]

8. Rd: (6 fM, 2 fM in die nächste M) 6x [48]

9. Rd: (7 fM, 2 fM in die nächste M) 6x [54]

Ein unsichtbares Ende arbeiten und das Fadenende vernähen.

ORANGENSCHEIBE (2X HÄKELN)

1. Rd: in **Weiß** 6 fM in einen magischen Ring [6]

2. Rd: zu **Orange** wechseln, 2 fM in jede M [12]

Jetzt am Ende jeder Reihe die Arbeit wenden, sodass ein „Einschnitt" in der Orangenscheibe entsteht, damit man sie auf das Glas stecken kann.

3. R: 1 Lm, (1 fM, 2 fM in die nächste M) 6x, wenden [18]

4. R: 1 Lm, (2 fM, 2 fM in die nächste M) 6x, wenden [24]

5. R: zu **Weiß** wechseln, 1 Lm, (3 fM, 2 fM in die nächste M) 6x, wenden [30]

6. R: zu **Orange** wechseln, 1 Lm, fM in jede M [30]

Unsichtbares Ende arbeiten und Fadenende vernähen. Mit einer Wollnadel in **Weiß** mit Spannstichen 6 Fruchtsegment-Trennlinien aufsticken. Eine zweite Orangenscheibe häkeln, aber den Faden nach der 6. R nicht abschneiden.

Die Orangenscheiben mit den rechten Seiten nach außen aufeinanderlegen.
Mit dem **orangefarbenen** Endfaden der zweiten Scheibe beide Scheiben mit Km verbinden.
Die Orangenscheibe am Glasrand anbringen.

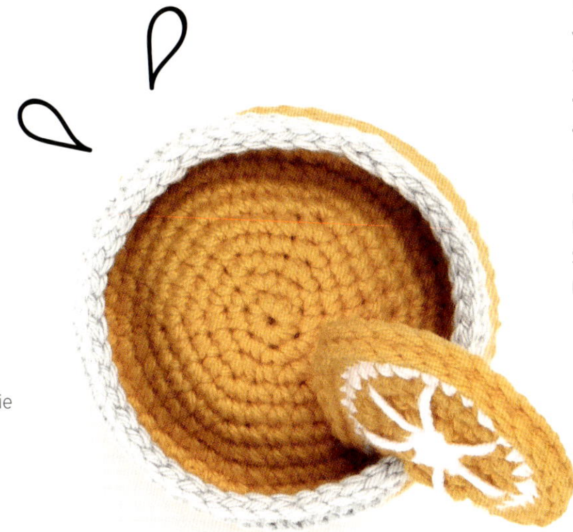

33. Rd: 1 Lm, (7 fM, 2 fM zus) 6x, mit Km mit der 1. M verbinden [48]

34. und 35. Rd: fM in jede M [48]

36. Rd: Km in jede M [48]

Unsichtbares Ende arbeiten und alle Fadenenden vernähen. Den Mund und die Wangen in **Schwarz** und **Rot** aufsticken (siehe Ausarbeiten: Gesicht aufsticken).

Mit dem Ausformen beginnen und dafür die Nadel von der unteren Mitte zur oberen Mitte führen. Wieder nach unten führen und knapp neben der Mitte ausstechen. Dann unten in der Mitte einstechen und wieder nach oben in die Mitte führen. Den Faden anziehen, sodass unten am Glas eine Vertiefung entsteht. Faden abschneiden und vernähen.

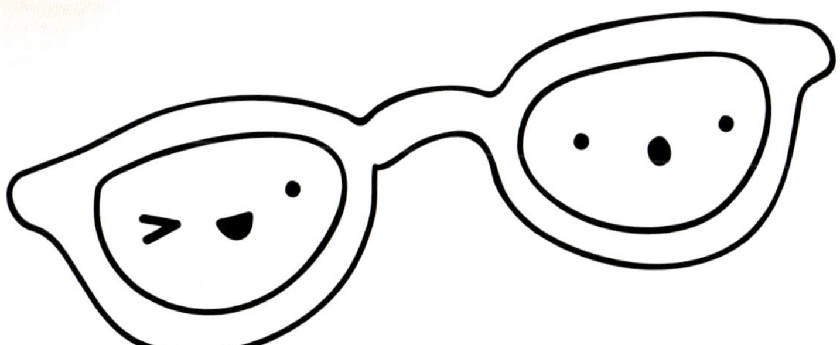

KÜRBIS

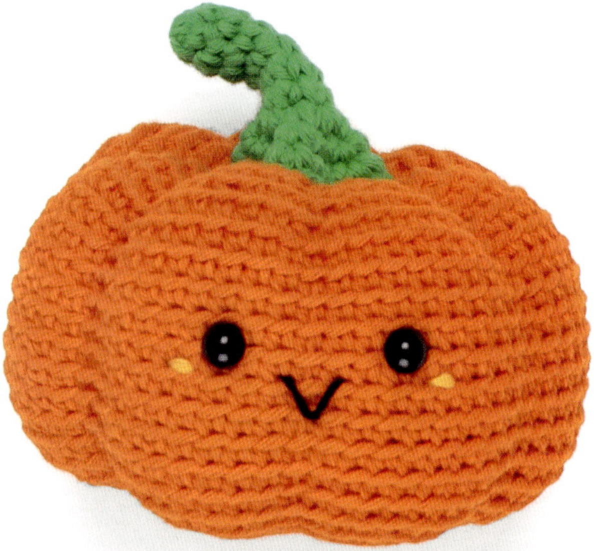

Material

- Häkelnadel 3,25 mm
- 100 % Baumwollgarn, LL 85 m/50 g: je 50 g in Orange und Grün
- Sicherheitsaugen, 8 mm Ø
- Garnreste in Gelb und Schwarz
- Füllwatte
- Wollnadel
- Maschenmarkierer

Fertige Größe

10 cm hoch, 11,5 cm breit

Maschenprobe

5 fM und 6 R = 2,5 cm

KÜRBIS

An der Unterseite des Kürbis' beginnen:

1. Rd: in **Orange** 7 fM in einen magischen Ring [7]]

2. Rd: in hMg arbeiten, 2 fM in jede M [14]

3. Rd: in hMg arbeiten, (1 fM, 2 fM in die nächste M) 7x [21]

4. Rd: in hMg arbeiten, (2 fM, 2 fM in die nächste M) 7x [28]

5. Rd: in hMg arbeiten, (3 fM, 2 fM in die nächste M) 7x [35]

6. Rd: in hMg arbeiten, (4 fM, 2 fM in die nächste M) 7x [42]

7. Rd: in hMg arbeiten, (5 fM, 2 fM in die nächste M) 7x [49]

8. Rd: in hMg arbeiten, (6 fM, 2 fM in die nächste M) 7x [56]

9. Rd: in hMg arbeiten, (7 fM, 2 fM in die nächste M) 7x [63]

10.–19. Rd: in hMg fM in jede M [63]

20. Rd: in hMg arbeiten, (7 fM, 2 fM zus) 7x [56]

21. Rd: in hMg arbeiten, (3 fM, 2 fM zus, 3 fM) 7x [49]

22. Rd: in hMg arbeiten, (5 fM, 2 fM zus) 7x [42]

Zwischen der **15. und 16. Rd** mit einem Abstand von 5 M die Sicherheitsaugen anbringen. Mit dem Ausstopfen beginnen.

23. Rd: in hMg arbeiten, (2 fM, 2 fM zus, 2 fM) 7x [35]

24. Rd: in hMg arbeiten, (3 fM, 2 fM zus) 7x [28]

25. Rd: in hMg arbeiten, (1 fM, 2 fM zus, 1 fM) 7x [21]

26. Rd: in hMg arbeiten, (1 fM, 2 fM zus) 7x [14]

27. Rd: in hMg arbeiten, (2 fM zus) 7x [6]

Fertig ausstopfen. Faden 100 cm lang abschneiden.

Mit einer Wollnadel den Endfaden durch die hMg vernähen und die Öffnung schließen. Die Nadel im Innern des Kürbis' von der oberen Mitte zur unteren Mitte führen und ausstechen.

Für die Kerben am Kürbis unten in der Mitte beginnen. Die Nadel unter die vorderen Maschenschlingen nach oben führen (1).

Die Nadel oben durch die Mitte nach unten ziehen (2). Den Faden anziehen, sodass eine Kerbe am Kürbis entsteht.

Diese Schritte wiederholen, bis insgesamt 7 Kerben entstanden sind. Die Kerben liegen auf Höhe der **15. Rd** jeweils 8 Maschen voneinander entfernt. Die erste Kerbe liegt mittig zwischen den Augen (3 und 4).

Zum Schluss den Faden mit zwei oder drei Knoten sichern und das Ende vernähen.

In **Schwarz** und **Gelb** den Mund und die Wangen aufsticken (siehe: Ausarbeiten, Gesicht aufsticken).

STIEL

1. Rd: in **Grün** 6 fM in einen magischen Ring [6]

2.–7. Rd: fM in jede M [6]

8. Rd: 2 fM in jede M [12]

9. Rd: (2 fM, 2 fM in die nächste M) 4x [16]

10. Rd: (3 fM, 2 fM in die nächste M) 4x [20]

Nicht ausstopfen. Den Faden lang abschneiden.

Den Stiel auf den Kürbis nähen, dafür in die M der **10. Rd** des Stiels und in die vorderen Maschenkörper der **25. Rd** des Kürbis' einstechen (siehe Ausarbeiten: Zwei Teile zusammennähen). Arbeit beenden und Fadenenden vernähen.

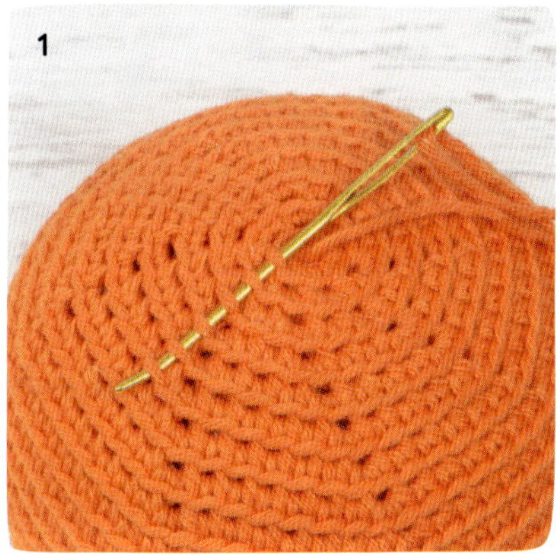

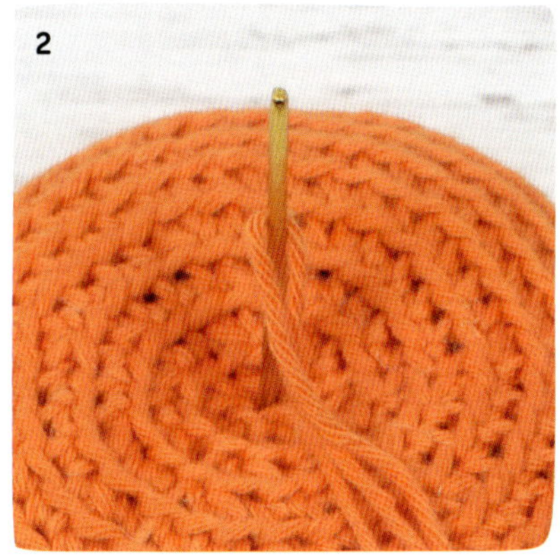

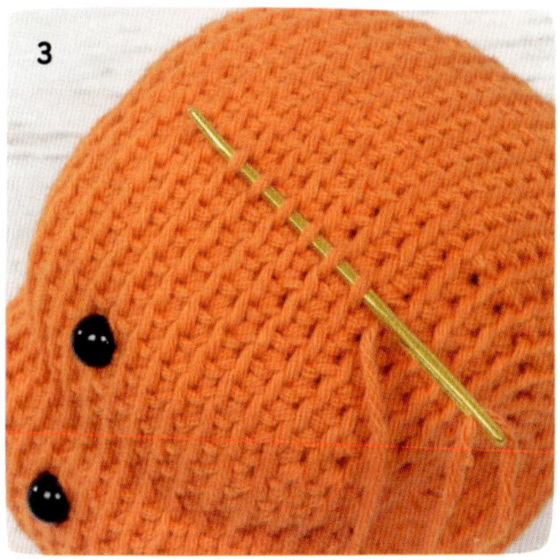

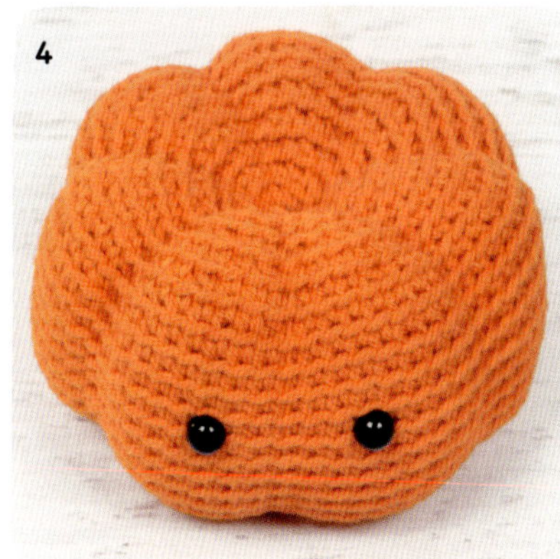

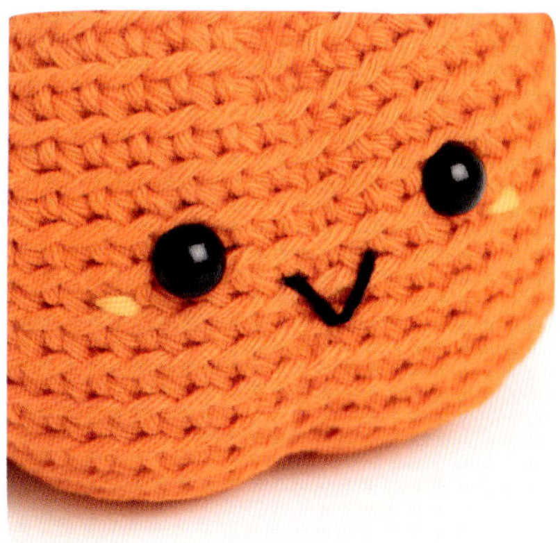

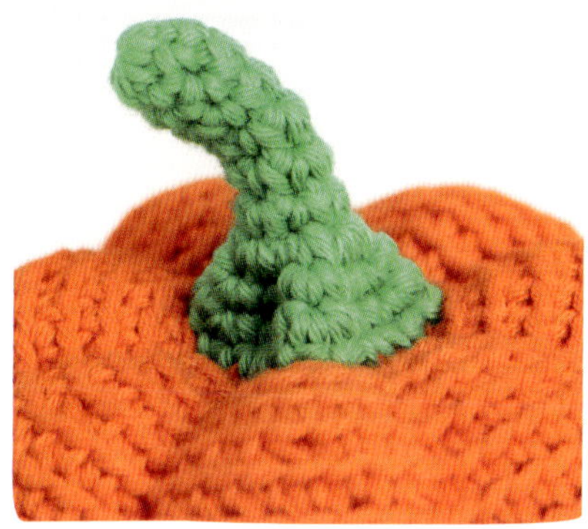

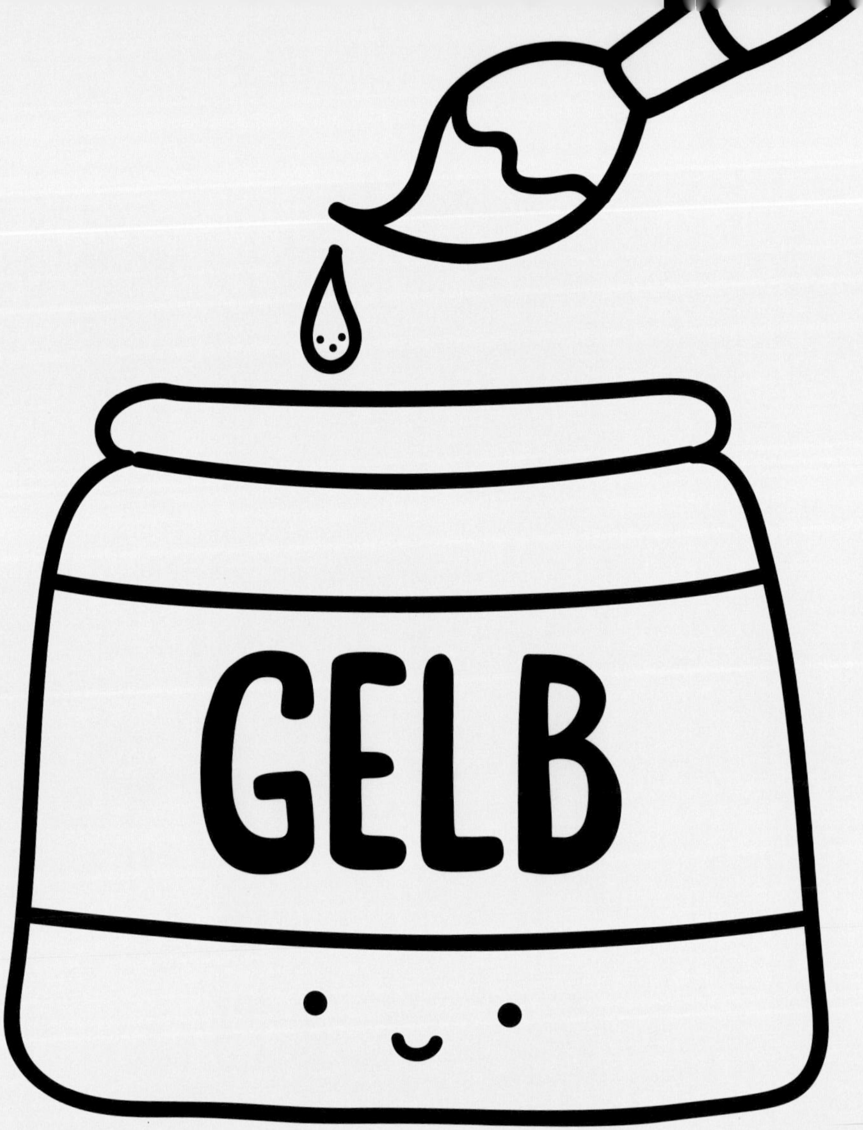

Gelb ist die Farbe der Fröhlichkeit! Gelb ist die leuchtendste und am besten sichtbare Farbe des ganzen Farbspektrums. Oft wird damit Sonnenschein, Fröhlichkeit, Humor, Kreativität und Spaß assoziiert. Die Farbe Gelb kann bei Entscheidungen helfen, weil sie zur Klarheit von Gedanken und Ideen beiträgt.

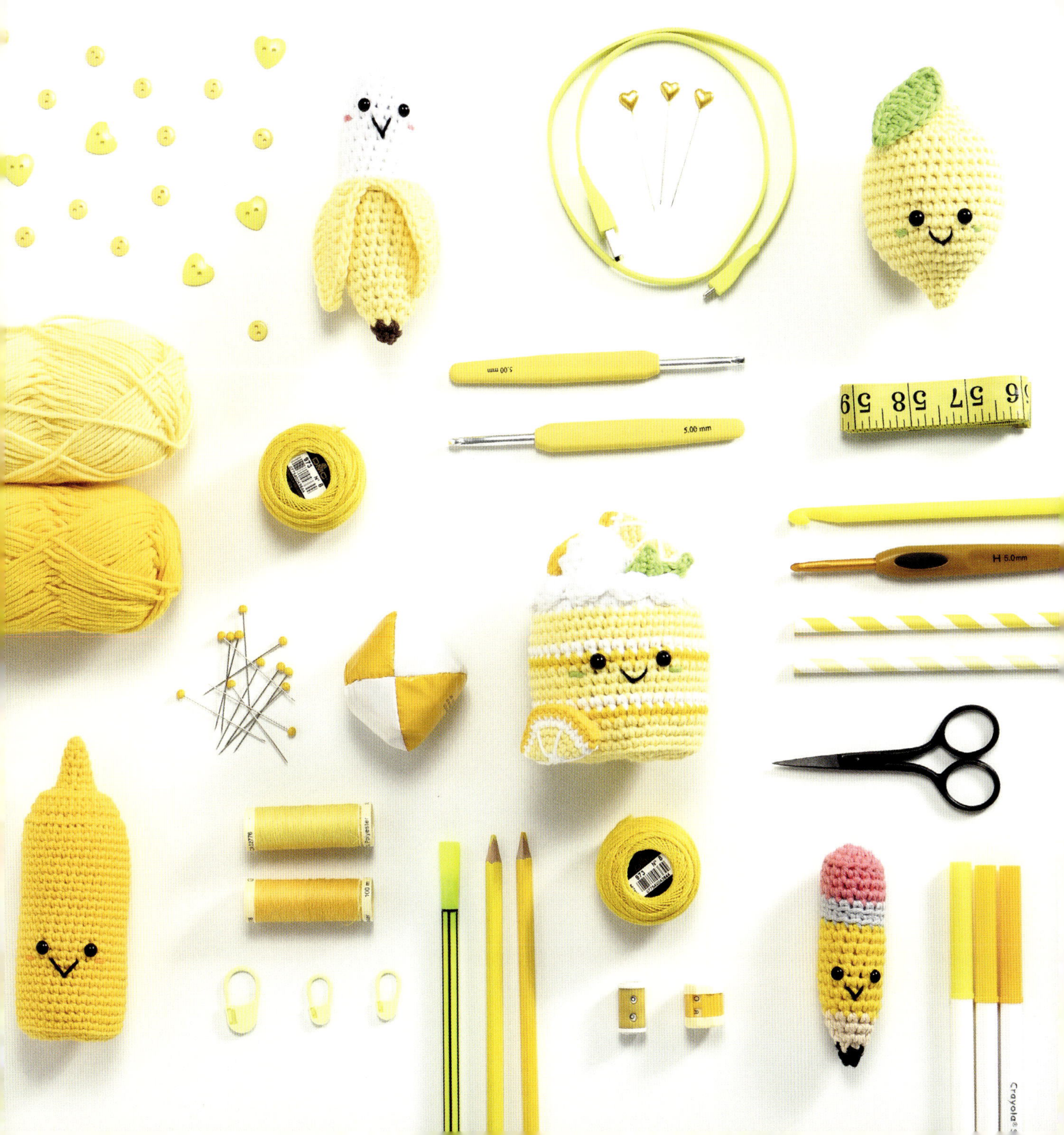

BANANE

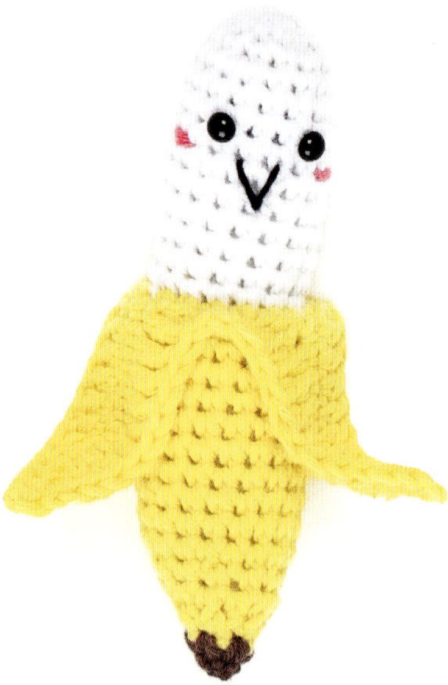

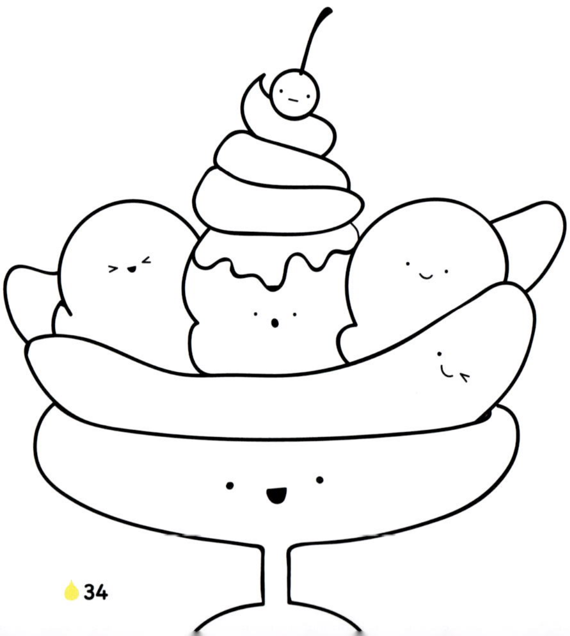

Material

- Häkelnadel 3,25 mm
- 100 % Baumwollgarn, LL 85 m/50 g: je 50 g in Weiß, Gelb und Braun
- Sicherheitsaugen, 6 mm Ø
- Garnreste in Pink und Schwarz
- Füllwatte
- Wollnadel
- Maschenmarkierer

Fertige Größe

12,5 cm hoch, 5 cm breit

Maschenprobe

5 fM und 6 R = 2,5 cm

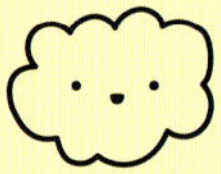

BANANE

1. Rd: in **Weiß** 6 fM in einen magischen Ring [6]

2. Rd: 2 fM in jede M [12]

3. Rd: fM in jede M [12]

4. Rd: (2 fM, 2 fM in die nächste M) 4x [16]

5.-12. Rd: fM in jede M [16]

13. Rd: (7 fM, 2 fM in die nächste M) 2x [18]

14. Rd: zu **Gelb** wechseln, in hMg arbeiten, (3 fM, 10 Lm, fM in die 2. M von der Nadel, 1 fM in die nächsten 8 Lm, 3 fM) 3x

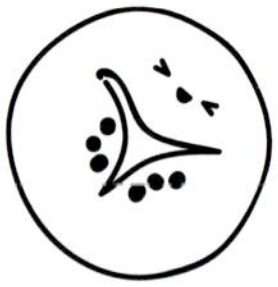

15. Rd: (Km, die nächsten 2 M überspringen, 6 Stb, 2 hStb, 1 fM, fM + 3 Lm + Km in die überprungene Lm der 14. Rd, 1 fM, 2 hStb, 6 Stb, die nächsten 2 M überspringen, 1 Km) 3x

Zwischen der **6. und 7. Rd** mit einem Abstand von 2 M die Sicherheitsaugen so anbringen, dass sie mittig zwischen zwei Streifen der Schale liegen. Mit dem Ausstopfen beginnen.

16. Rd: in hMg der **14. Rd** arbeiten, fM in jede M [18]

17.-25. Rd: fM in jede M [18]

26. Rd: (1 fM, 2 fM zus) 6x [12]

Häkelmuster Bananenschale

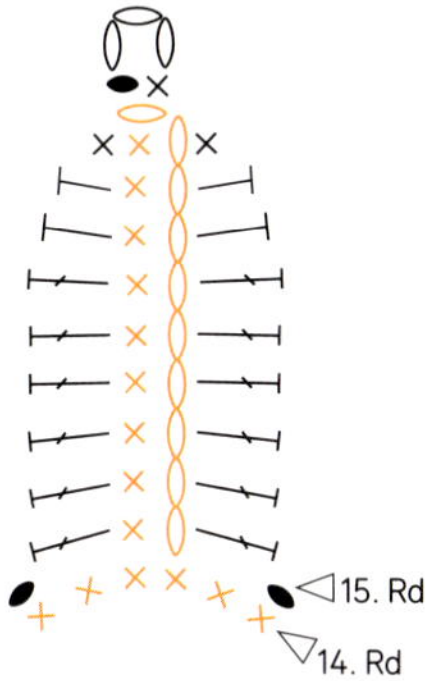

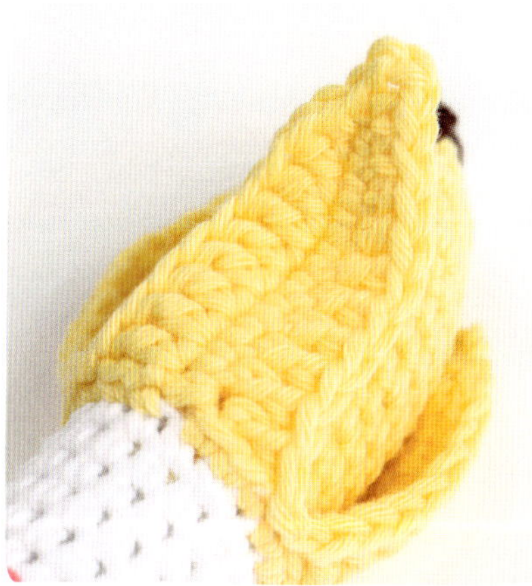

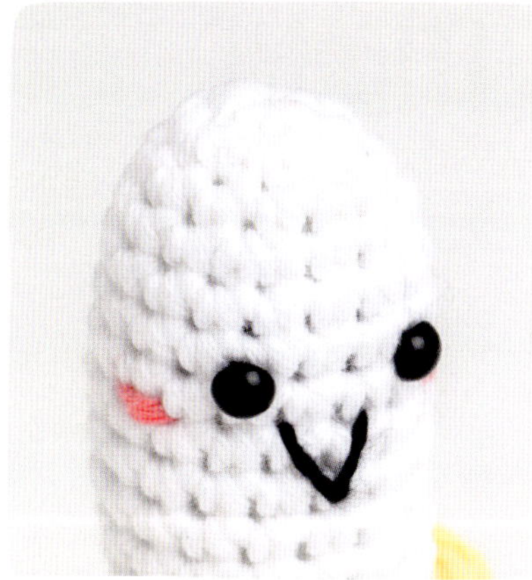

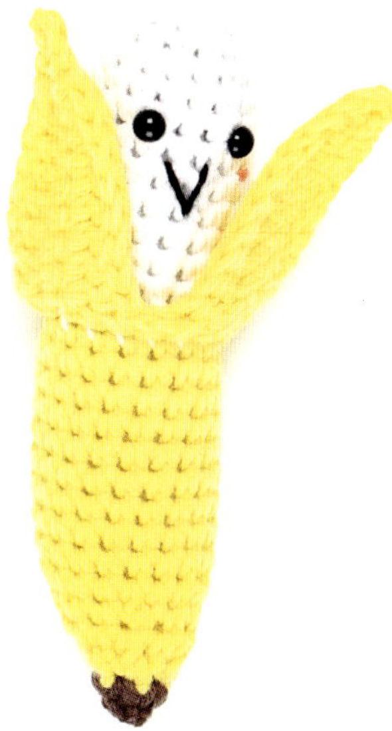

ISS MAL 'NE BANANE!

Muntern Sie doch jemanden damit auf, wenn er sich nicht gut fühlt. Bananen verleihen Kraft und gute Laune!

27. Rd: fM in jede M [12]

28. Rd: (2 fM zus) 6x [6]

29. Rd: zu **Braun** wechseln, fM in jede M [6]

Fertig ausstopfen. Den Faden lang abschneiden. Mit einer Wollnadel den Endfaden durch die vMg vernähen und die Öffnung schließen. Den Mund und die Wangen in **Schwarz** und **Pink** aufsticken (siehe Ausarbeiten: Gesicht aufsticken).

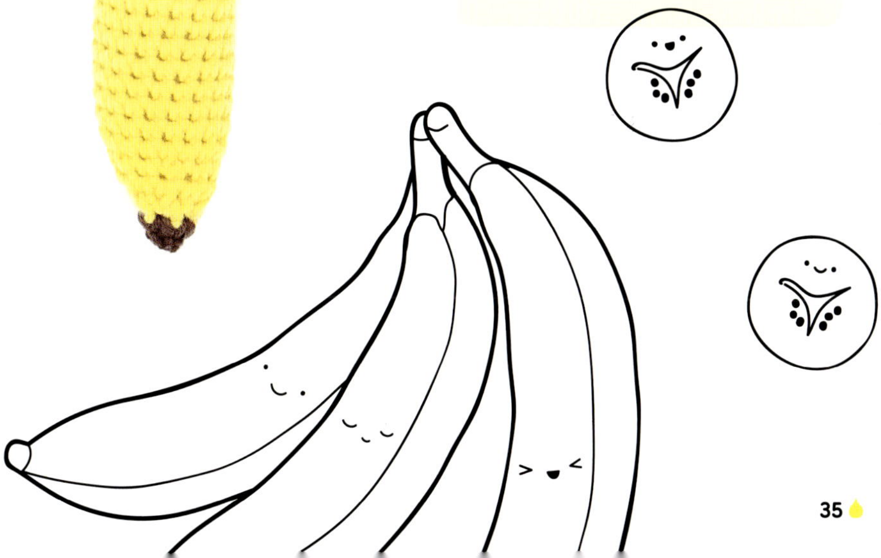

ZITRONE

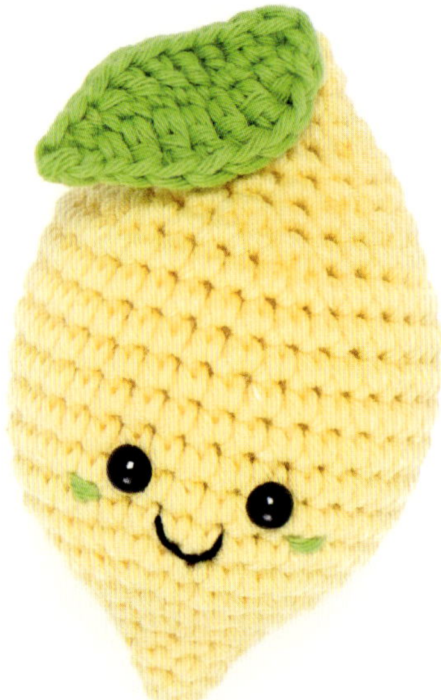

Material

- Häkelnadel 3,25 mm
- 100 % Baumwollgarn, LL 85 m/50 g: je 50 g in Gelb und Grün
- Sicherheitsaugen, 7 mm Ø
- Garnreste in Grün und Schwarz
- Füllwatte
- Wollnadel
- Maschenmarkierer

Fertige Größe

10 cm hoch, 6 cm breit

Maschenprobe

5 fM und 6 R = 2,5 cm

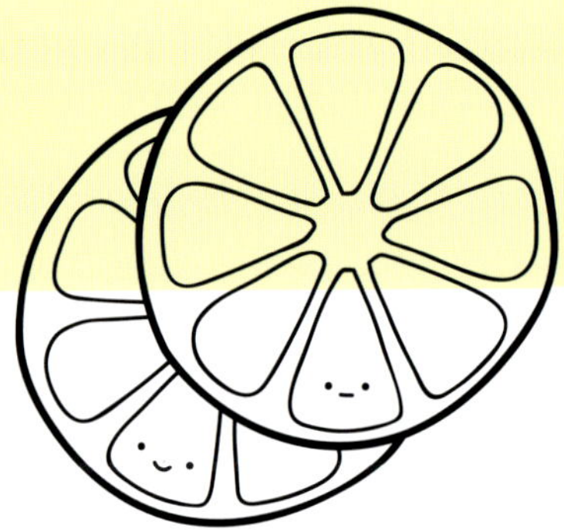

ZITRONE

An der Unterseite der Zitrone beginnen:

1. Rd: in **Gelb** 6 fM in einen magischen Ring [6]

2. Rd: 2 fM in jede M [12]

3. Rd: fM in jede M [12]

4. Rd: (1 fM, 2 fM in die nächste M) 6x [18]

5. Rd: (2 fM, 2 fM in die nächste M) 6x [24]

6. Rd: (3 fM, 2 fM in die nächste M) 6x [30]

7. Rd: (4 fM, 2 fM in die nächste M) 6x [36]

8.-16. Rd: fM in jede M [36]

Zwischen der **10. und 11. Rd** mit einem Abstand von 3 M die Sicherheitsaugen anbringen.

17. Rd: (4 fM, 2 fM zus) 6x [30]

18. Rd: (3 fM, 2 fM zus) 6x [24]

19. Rd: (2 fM, 2 fM zus) 6x [18]

20. Rd: fM in jede M [18]

21. Rd: (1 fM, 2 fM zus) 6x [12]

22. und 23. Rd: fM in jede M [12]

24. Rd: (2 fM zus) 6x [6]

Fertig ausstopfen. Den Faden lang abschneiden. Mit einer Wollnadel den Endfaden durch die vMg vernähen und die Öffnung schließen. Den Mund und die Wangen in **Schwarz** und **Grün** aufsticken (siehe Ausarbeiten: Gesicht aufsticken).

BLATT

In **Grün** 10 Lm.

1. Rd: Km in die 2. M von der Nadel, 1 fM, 1 hStb, 4 Stb, 1 hStb, 3 fM in die letzte Lm, auf der anderen Seite der Lm-Kette arbeiten, 1 hStb, 4 Stb, 1 hStb, 1 fM, 1 Km, Km in die anfangs ausgelassene Lm.

Unsichtbares Ende arbeiten (siehe Beenden: Unsichtbares Ende) und alle Fadenenden vernähen. Oben an der Zitrone anbringen.

Häkelmuster Blatt

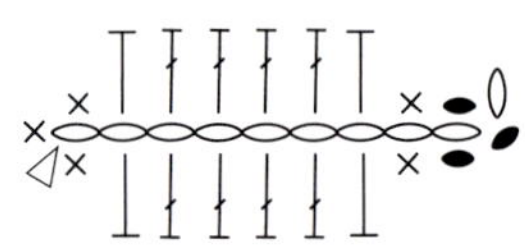

BLEISTIFT

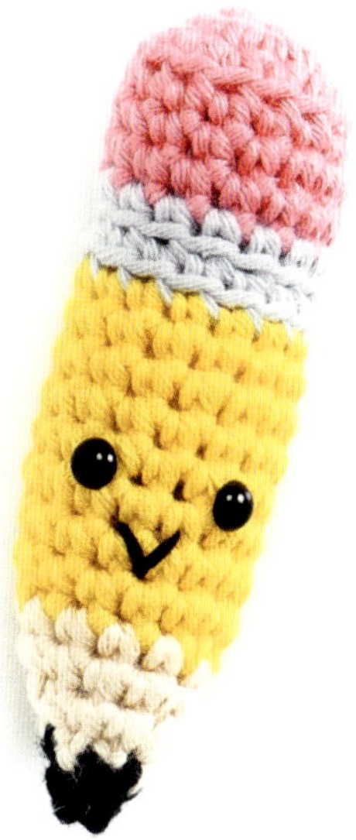

Material

- Häkelnadel 3,25 mm
- 100 % Baumwollgarn, LL 85 m/50 g: je 50 g in Pink, Grau, Gelb, Hellbraun und Schwarz
- Sicherheitsaugen, 6 mm Ø
- Garnreste in Schwarz
- Füllwatte
- Wollnadel
- Maschenmarkierer

Fertige Größe

9 cm hoch, 4 cm breit

Maschenprobe

5 fM und 6 R = 2,5 cm

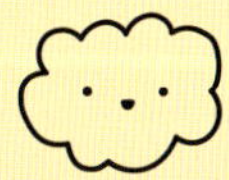

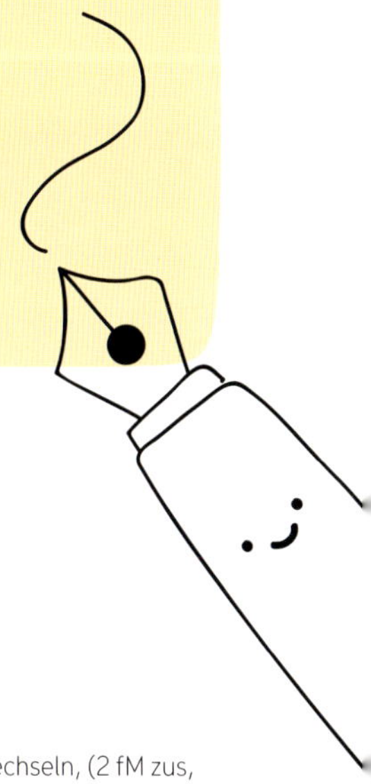

BLEISTIFT

1. Rd: in **Pink** 6 fM in einen magischen Ring [6]

2. Rd: 2 fM in jede M [12]

3. Rd: (3 fM, 2 fM in die nächste M) 3x [15]

4. Rd: in hMg arbeiten, fM in jede M [15]

5. und 6. Rd: fM in jede M [15]

7. Rd: zu **Grau** wechseln, fM in jede M [15]

8. Rd: in hMg arbeiten, fM in jede M [15]

9. Rd: zu **Gelb** wechseln, in hMg arbeiten, fM in jede M [15]

10.–16. Rd: fM in jede M [15]

Zwischen der **13. und 14. Rd** mit einem Abstand von 2 M die Sicherheitsaugen anbringen. Mit dem Ausstopfen beginnen.

17. Rd: zu **Hellbraun** wechseln, (2 fM zus, 3 fM) 3x [12]

18. Rd: fM in jede M [12]

19. Rd: (2 fM zus, 2 fM) 3x [9]

20. Rd: zu **Schwarz** wechseln, (2 fM zus, 1 fM) 3x [6]

Fertig ausstopfen. Den Faden lang abschneiden. Mit einer Wollnadel den Endfaden durch die vMg vernähen und die Öffnung schließen.

Den Mund in **Schwarz** aufsticken (siehe Ausarbeiten: Gesicht aufsticken).

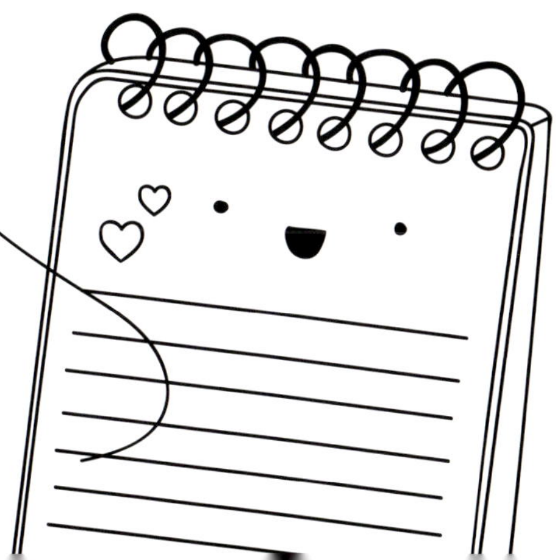

ZITRONENTORTE

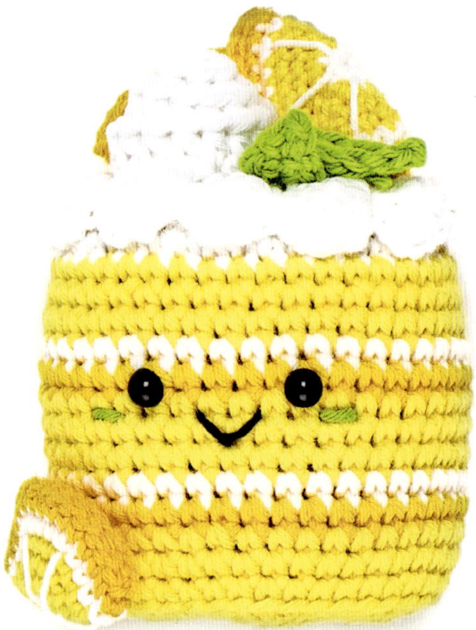

Material

- 2 Häkelnadeln, 2,75 mm und 3,25 mm
- 100 % Baumwollgarn, LL 85 m/50 g: je 50 g in Weiß, Hellgelb und Dunkelgelb
- 100 % Baumwollgarn, LL 125 m/50 g: je 50 g in Weiß, Hellgelb und Grün
- Sicherheitsaugen, 7 mm Ø
- Garnreste in Grün und Schwarz
- Füllwatte
- Wollnadel
- Maschenmarkierer

Fertige Größe

10 cm hoch, 7,5 cm breit

Maschenprobe

5 fM und 6 R = 2,5 cm (dickeres Garn)

6 fM und 7 R = 2,5 cm (dünneres Garn)

TORTE

Die Torte und den Guss mit dickem Garn häkeln.

Mit der Oberseite der Torte beginnen:

1. Rd: mit Nadel **3,25 mm** in **Weiß** 6 fM in einen magischen Ring [6]

2. Rd: 2 fM in jede M [12]

3. Rd: (1 fM, 2 fM in die nächste M) 6x [18]

4. Rd: (2 fM, 2 fM in die nächste M) 6x [24]

5. Rd: (3 fM, 2 fM in die nächste M) 6x [30]

6. Rd: (4 fM, 2 fM in die nächste M) 6x [36]

7. Rd: (5 fM, 2 fM in die nächste M) 6x [42]

8. Rd: in hMg arbeiten, fM in jede M [42]

9. Rd: zu **Hellgelb** wechseln, fM in jede M [42

10. und 11. Rd: fM in jede M [42]

12. Rd: zu **Weiß** wechseln, fM in jede M [42]

13. Rd: zu **Dunkelgelb** wechseln, fM in jede M [42]

14. Rd: zu **Hellgelb** wechseln, fM in jede M [42]

15. und 16. Rd: fM in jede M [42]

17. Rd: zu **Weiß** wechseln, fM in jede M [42]

18. Rd: zu **Dunkelgelb** wechseln, fM in jede M [42]

19. Rd: zu **Hellgelb** wechseln, fM in jede M [42]

20. und 21. Rd: fM in jede M [42]

Zwischen der **13. und 14. Rd** mit einem Abstand von 4 M die Sicherheitsaugen anbringen. Mit dem Ausstopfen beginnen.

22. Rd: in hMg arbeiten, (5 fM, 2 fM zus) 6x [36]

23. Rd: (4 fM, 2 fM zus) 6x [30]

24. Rd: (3 fM, 2 fM zus) 6x [24]

25. Rd: (2 fM, 2 fM zus) 6x [18]

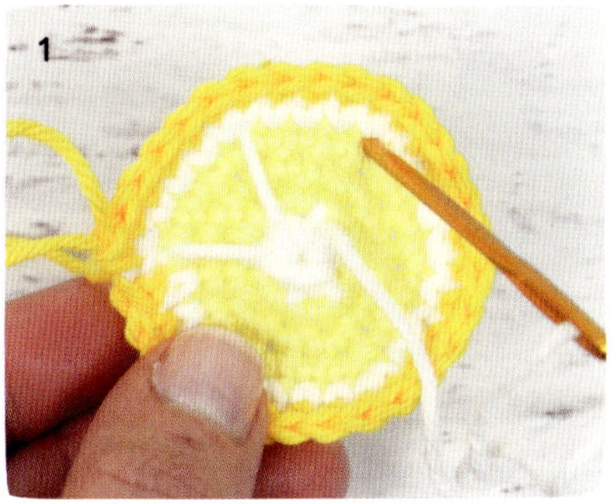

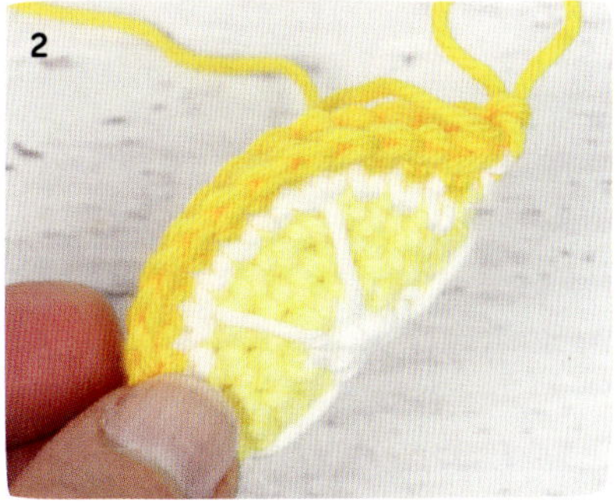

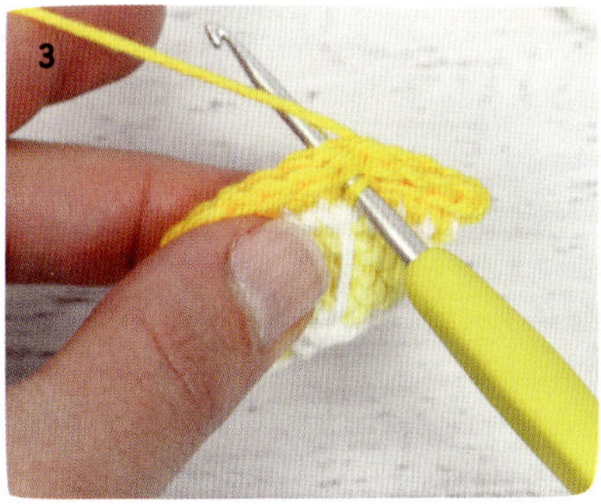

26. Rd: (1 fM, 2 fM zus) 6x [12]

27 Rd: (2 fM zus) 6x [6]

Fertig ausstopfen. Den Faden lang abschneiden. Mit einer Wollnadel den Endfaden durch die vMg vernähen und die Öffnung schließen.

Mit dem Ausformen beginnen und dafür die Nadel von der unteren Mitte zur oberen Mitte führen. Wieder nach unten führen und knapp neben der Mitte ausstechen. Dann unten in der Mitte einstechen und wieder nach oben in die Mitte führen. Den Faden anziehen, sodass unten am Boden des Kuchens eine Vertiefung entsteht. Faden verwahren und abschneiden.

Den Mund und die Wangen in **Schwarz** und **Grün** aufsticken (siehe Ausarbeiten: Gesicht aufsticken), dabei zeigt der weiße Rand der Torte nach oben.

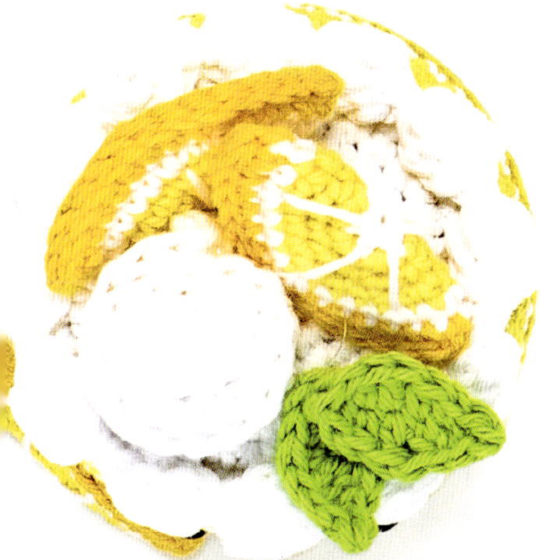

GUSS

1. R: mit Nadel **3,25 mm** in **Weiß** (4 Lm, Noppe 5 Stb [siehe Besondere Maschenarten: Noppe aus 5 Stäbchen] in die 4. M von der Nadel) 12x, 1 Lm [12 Noppen]

Arbeit beenden und Fadenenden vernähen. Guss am oberen Tortenrand rundum annähen.

ZITRONE (3X HÄKELN)

Die Zitronen mit dem dünnen Garn häkeln.

1. Rd: mit Nadel **2,75 mm** in **Weiß** 6 fM in einen magischen Ring [6]

2. Rd: zu **Hellgelb** wechseln, 2 fM in jede M [12]

3. Rd: (1 fM, 2 fM in die nächste M) 6x [18]

4. Rd: (2 fM, 2 fM in die nächste M) 6x [24]

5. Rd: zu **Weiß** wechseln, (3 fM, 2 fM in die nächste M) 6x [30]

6. Rd: zu **Hellgelb** wechseln, fM in jede M [30]

Den Faden nicht abschneiden. Mit einer Wollnadel und **weißem** Faden mit Spannstichen 6 Fruchtsegment-Trennlinien wie oben gezeigt aufsticken (1).

Die Zitrone mittig falten (2).

Mit dem Faden der **6. Rd** die M der **6. Rd** mit Km zusammenhäkeln und so die Seiten miteinander verbinden (3).

Arbeit beenden und Fadenenden vernähen. Zwei Zitronen oben auf der Torte und eine an der Seite anbringen.

SAHNE

Die Sahne mit dem dicken Garn arbeiten. Mit Nadel **3,25 mm** in **Weiß** 36 Lm häkeln.

1. R: hStb in die 2. Lm von der Nadel, 34 Lm [35]

Faden lang abschneiden, in eine Wollnadel fädeln und damit die Sahne spiralförmig zusammennähen. Oben auf der Torte anbringen.

BLATT (2X HÄKELN)

Mit Nadel **2,75 mm** in **Grün** (dünnes Garn) 7 Lm häkeln.

1. R: Km in die 2. Lm von der Nadel, 1 fM, 1 hStb, 1 Stb, 1 hStb, 3 fM in die letzte Lm, auf der anderen Seite der Lm-Kette arbeiten, 1 hStb, 1 Stb, 1 hStb, 1 fM, Km in die anfangs ausgelassene Lm [13]

Unsichtbares Ende arbeiten (siehe Beenden: Unsichtbares Ende) und alle Fadenenden vernähen. Oben auf der Torte anbringen.

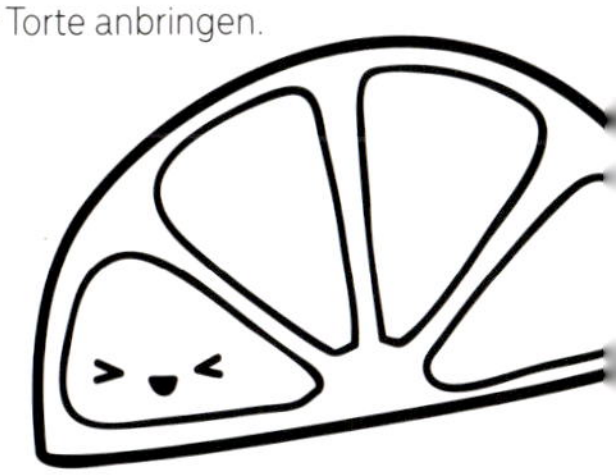

SENF-FLASCHE

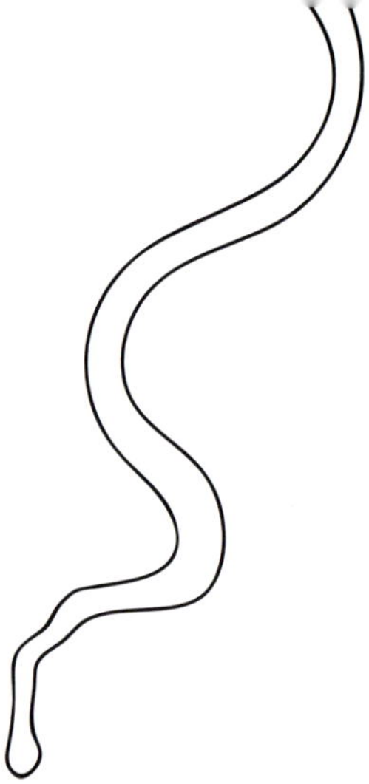

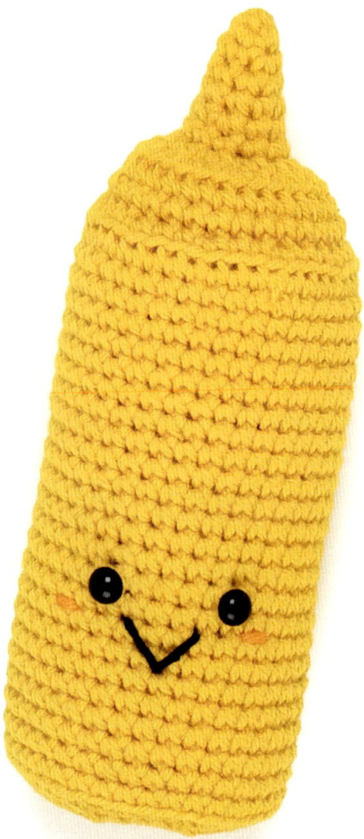

Material

- Häkelnadel 2,75 mm
- 100 % Baumwollgarn, LL 125 m/50 g: 50 g in Gelb
- Sicherheitsaugen, 6 mm Ø
- Garnreste in Orange und Schwarz
- Füllwatte
- Wollnadel
- Maschenmarkierer

Fertige Größe

13 cm hoch, 5 cm breit

Maschenprobe

6 fM und 7 R = 2,5 cm

FLASCHE

1. Rd: in **Gelb** 4 fM in einen magischen Ring [4]

2. Rd: fM in jede M [4]

3. Rd: (1 fM, 2 fM in die nächste M) 2x [6]

4. Rd: fM in jede M [6]

5. Rd: (2 fM, 2 fM in die nächste M) 2x [8]

6. Rd: fM in jede M [8]

7. Rd: (3 fM, 2 fM in die nächste M) 2x [10]

8. Rd: fM in jede M [10]

9. Rd: in vMg arbeiten, 2 fM in jede M [20]

10. Rd: (1 fM, 2 fM in die nächste M) 10x [30]

11. Rd: in vMg arbeiten, fM in jede M [30]

12. Rd: fM in jede M [30]

13. Rd: in vMg arbeiten, (2 fM, 2 fM in die nächste M) 10x [40]

14. Rd: in vMg arbeiten, fM in jede M [40]

15. Rd: (8 fM, 2 fM zus) 4x [36]

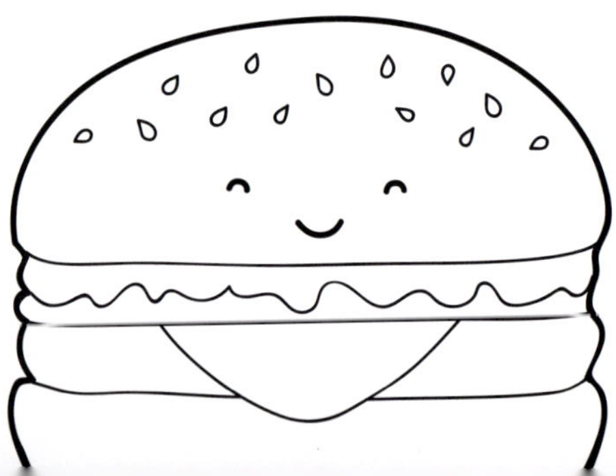

16.–37. Rd: fM in jede M [36]

Zwischen der **28. und 29. Rd** mit einem Abstand von 4 M die Sicherheitsaugen anbringen.

38. Rd: in vMg arbeiten, (4 fM, 2 fM zus) 6x [30]

39. Rd: (3 fM, 2 fM zus) 6x [24]

40. Rd: (2 fM, 2 fM zus) 6x [18]

41. Rd: (1 fM, 2 fM zus) 6x [12]

42. Rd: (2 fM zus) 6x [6]

Mit dem Ausformen beginnen und dafür die Nadel von der unteren Mitte zur oberen Mitte führen. Wieder nach unten führen und knapp neben der Mitte ausstechen. Dann unten in der Mitte einstechen und wieder nach oben in die Mitte führen. Den Faden anziehen, sodass unten am Flaschenboden eine Vertiefung entsteht. Faden verwahren und abschneiden.

Den Mund und die Wangen in **Schwarz** und **Orange** aufsticken (siehe Ausarbeiten: Gesicht aufsticken).

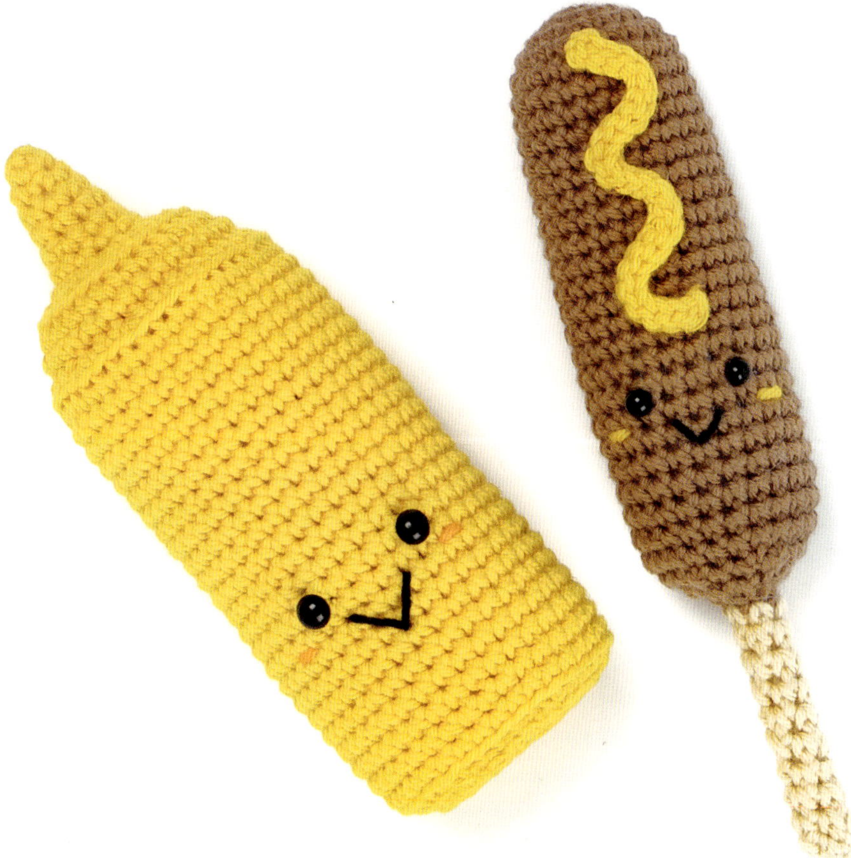

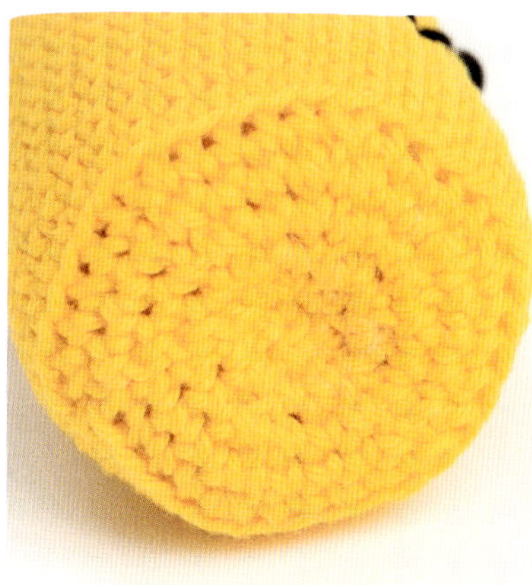

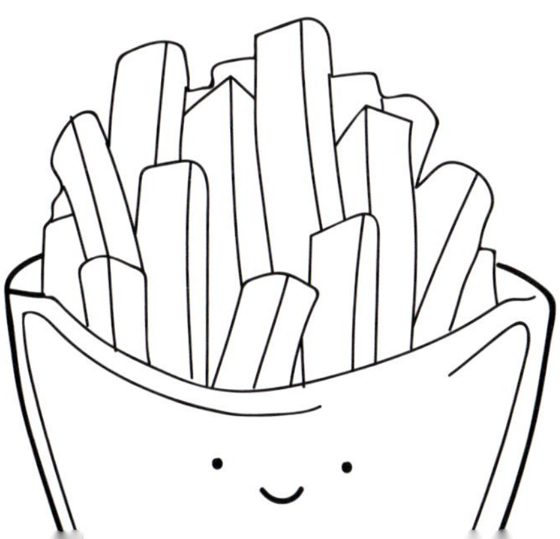

KEIN SENF-FAN?

Mögen Sie keinen Senf? Dann häkeln Sie doch stattdessen eine Ketchupflasche! Dafür einfach die gelbe durch rote Wolle austauschen. Oder häkeln Sie beides – dann hat man die Qual der Wahl!

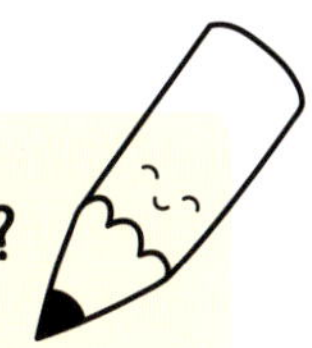

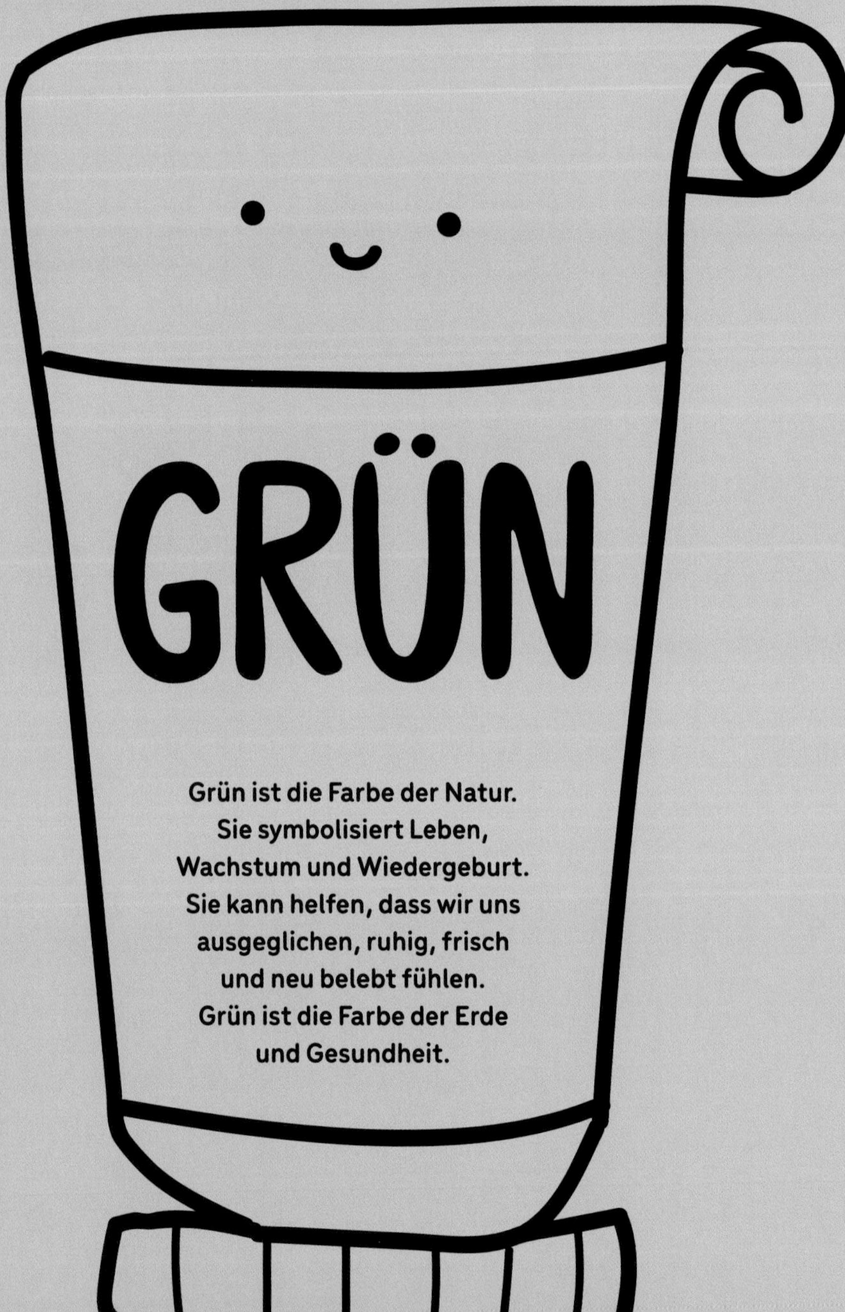

GRÜN

Grün ist die Farbe der Natur. Sie symbolisiert Leben, Wachstum und Wiedergeburt. Sie kann helfen, dass wir uns ausgeglichen, ruhig, frisch und neu belebt fühlen. Grün ist die Farbe der Erde und Gesundheit.

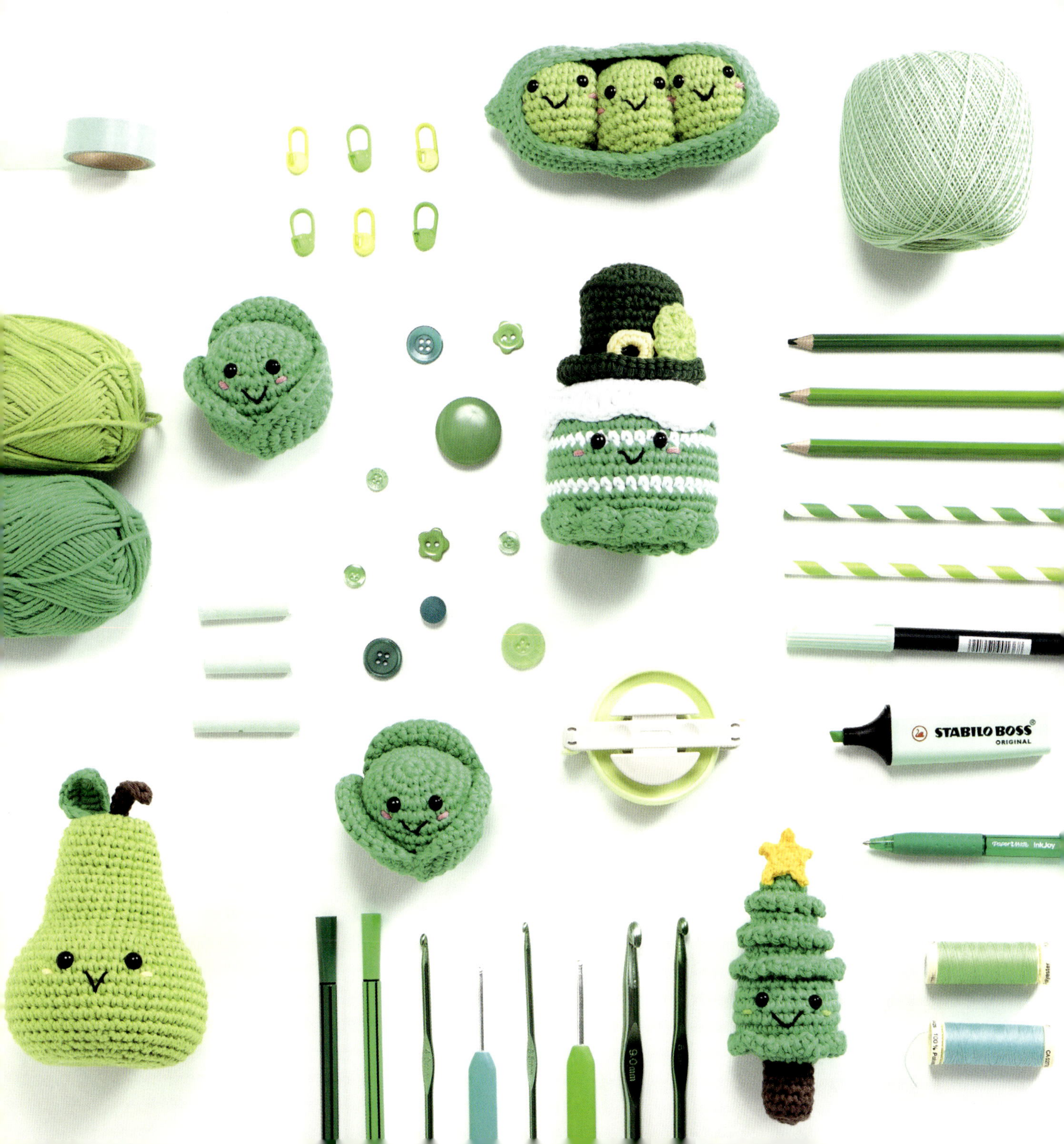
STABILO BOSS
ORIGINAL

ROSENKOHL

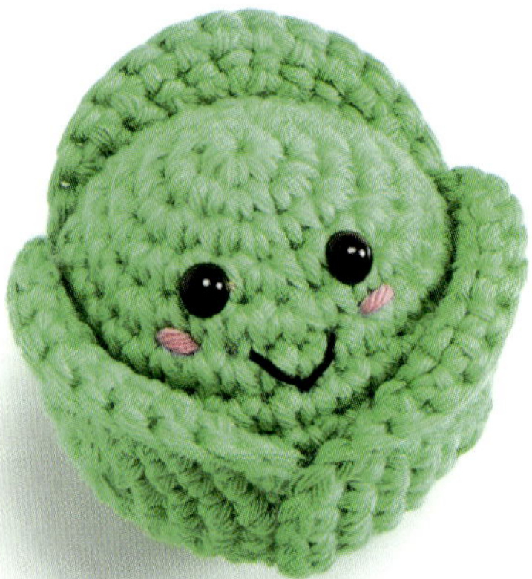

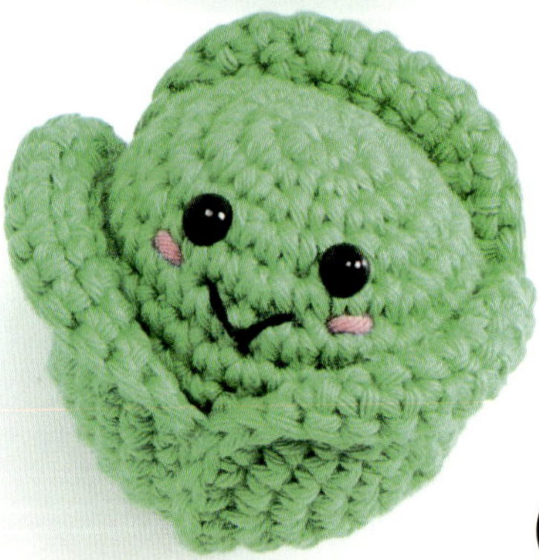

Material

- Häkelnadel 3,25 mm
- 100 % Baumwollgarn, LL 85 m/50 g: 50 g in Grün
- Sicherheitsaugen, 7 mm Ø
- Garnreste in Pink und Schwarz
- Füllwatte
- Wollnadel
- Maschenmarkierer

Fertige Größe

6,5 cm hoch, 6,5 cm breit

Maschenprobe

5 fM und 6 R = 2,5 cm

ROSENKOHL

1. Rd: in **Grün** 6 fM in einen magischen Ring [6]

2. Rd: 2 fM in jede M [12]

3. Rd: (1 fM, 2 fM in die nächste M) 6x [18]

4. Rd: (2 fM, 2 fM in die nächste M) 6x [24]

5. Rd: (3 fM, 2 fM in die nächste M) 6x [30]

6.–10. Rd: fM in jede M [30]

Zwischen der **4. und 5. Rd** mit einem Abstand von 3 M die Sicherheitsaugen anbringen. Mit dem Ausstopfen beginnen.

11. Rd: (3 fM, 2 fM zus) 6x [24]

12. Rd: (2 fM, 2 fM zus) 6x [18]

13. Rd: (1 fM, 2 fM zus) 6x [12]

14. Rd: (2 fM zus) 6x [6]

Fertig ausstopfen. Den Faden lang abschneiden. Mit einer Wollnadel den Endfaden durch die vMg vernähen und die Öffnung schließen.

Den Mund und die Wangen in **Schwarz** und **Pink** aufsticken (siehe Ausarbeiten: Gesicht aufsticken).

BLATT (3X HÄKELN)

1. Rd: in **Grün** 6 fM in einen magischen Ring [6]

2. Rd: 2 fM in jede M [12]

3. Rd: (1 fM, 2 fM in die nächste M) 6x [18]

4. Rd: (2 fM, 2 fM in die nächste M) 6x [24]

5. Rd: (3 fM, 2 fM in die nächste M) 6x [30]

6. Rd: fM in jede M [30]

Unsichtbares Ende arbeiten (siehe Beenden: Unsichtbares Ende) und alle Fadenenden vernähen.

Die Blätter am Röschen feststecken und befestigen, dabei die oberen Ränder lose lassen und nach unten falten (1–3).

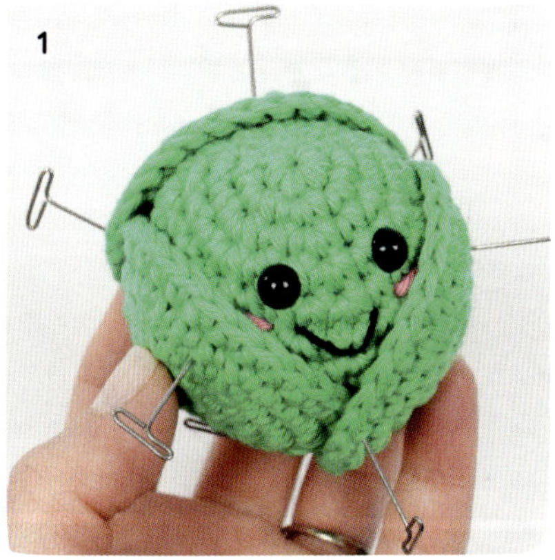

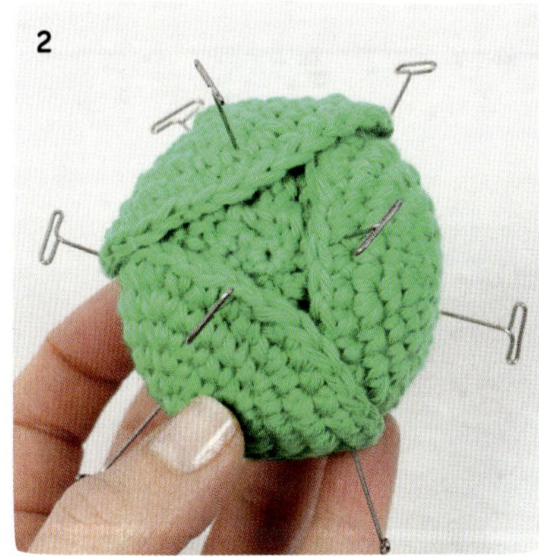

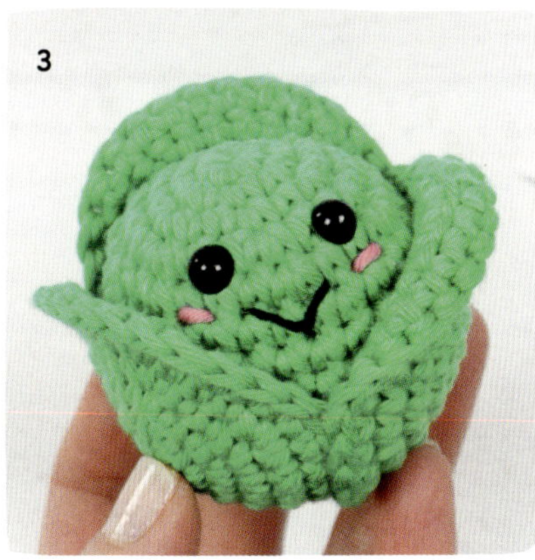

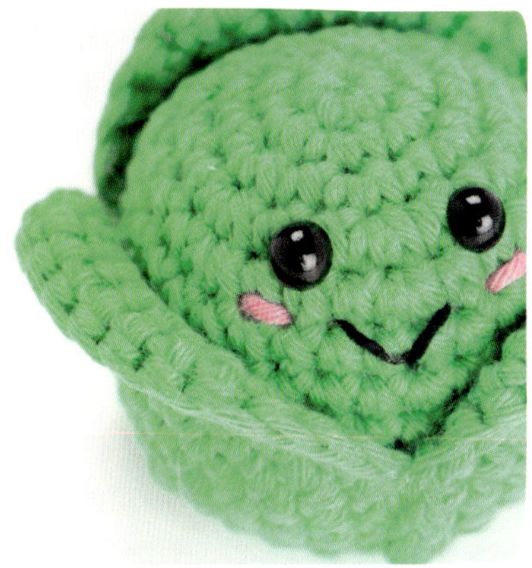

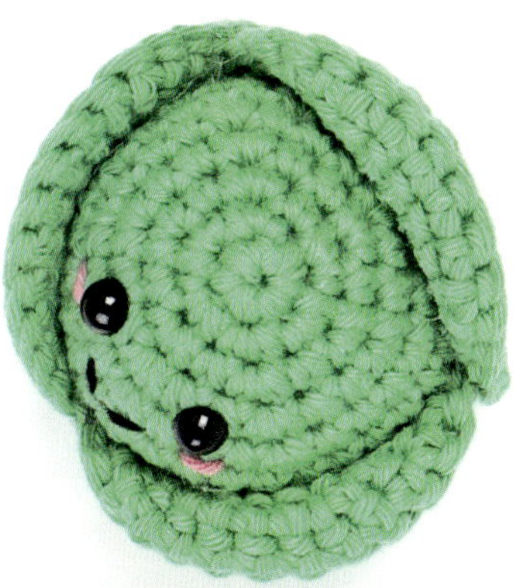

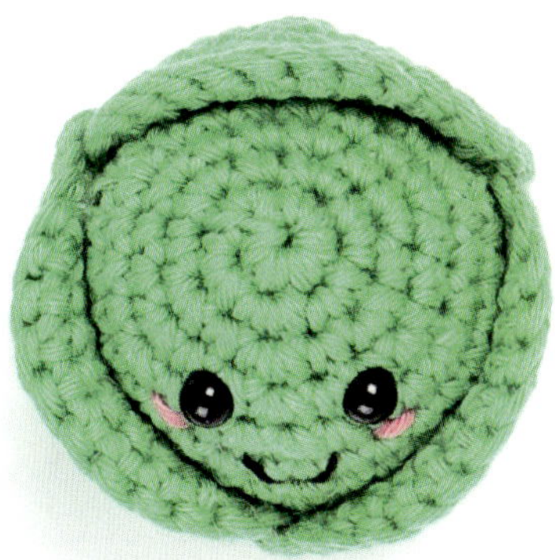

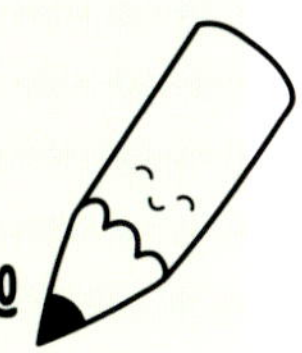

HÜBSCHE DEKO

Häkeln Sie eine ganze Schale voller Rosenkohl als hübsche Tischdekoration für das Weihnachtsessen.

WEIHNACHTSBAUM

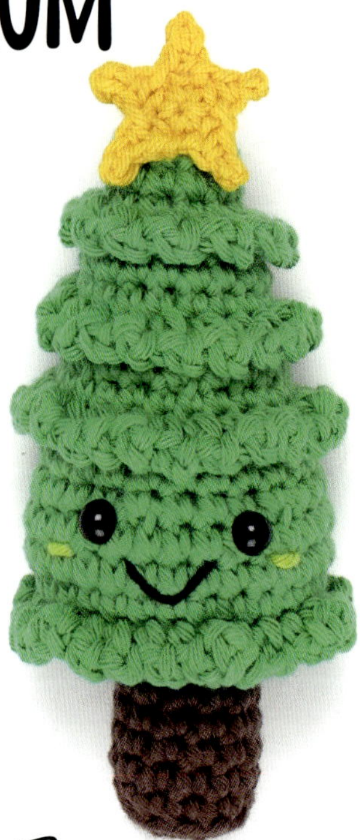

Material

- 2 Häkelnadeln, 2,75 mm und 3,25 mm
- 100 % Baumwollgarn, LL 85 m/50 g: je 50 g in Grün und Braun
- 100 % Baumwollgarn, LL 125 m/50 g: 50 g in Gelb
- Sicherheitsaugen, 7 mm Ø
- Garnreste in Hellgrün und Schwarz
- Füllwatte
- Wollnadel
- Maschenmarkierer

Fertige Größe

13 cm hoch, 6,5 cm breit

Maschenprobe

5 fM und 6 R = 2,5 cm (dickeres Garn)

6 fM und 7 R = 2,5 cm (dünneres Garn)

BAUM

1. Rd: mit Nadel **3,25 mm** in **Braun** (dickes Garn) 6 fM in einen magischen Ring [6]

2. Rd: 2 fM in jede M [12]

3. Rd: in hMg arbeiten, fM in jede M [12]

4.-7. Rd: fM in jede M [12]

8. Rd: zu **Grün** (dickes Garn) wechseln, in hMg arbeiten, (1 fM, 2 fM in die nächste M) 6x [18]

9. Rd: (2 fM, 2 fM in die nächste M) 6x [24]

10. Rd: (3 fM, 2 fM in die nächste M) 6x [30]

11. Rd: in hMg arbeiten, fM in jede M [30]

12. und 13. Rd: fM in jede M [30]

14. Rd: (3 fM, 2 fM zus) 6x [24]

15. und 16. Rd: fM in jede M [24]

17. Rd: in hMg arbeiten, fM in jede M [24]

Zwischen der **13. und 14. Rd** mit einem Abstand von 4 M die Sicherheitsaugen anbringen. Mit dem Ausstopfen beginnen

18. Rd: (2 fM, 2 fM zus) 6x [18]

19. Rd: fM in jede M [18]

20. Rd: in hMg arbeiten, fM in jede M [18]

HO HO HO...

Aus dünnerer Wolle eine Lichterkette (siehe Buntes Lämpchen im Kapitel Rot) in allen Farben des Regenbogens häkeln. Dafür Sicherheitsaugen mit 5 mm ø verwenden und eine Kette aus grünem Garn anfertigen: 10 Lm, Km in die 10. Lm von der Nadel, (20 Lm, Km oben an das Lämpchen) wiederholen, bis alle Lämpchen verbunden sind, 30 Lm, Km in die 10. Lm von der Nadel. Arbeit beenden und Fadenenden vernähen. An den Kettmaschen vor und hinter den Lämpchen einen Knoten machen.

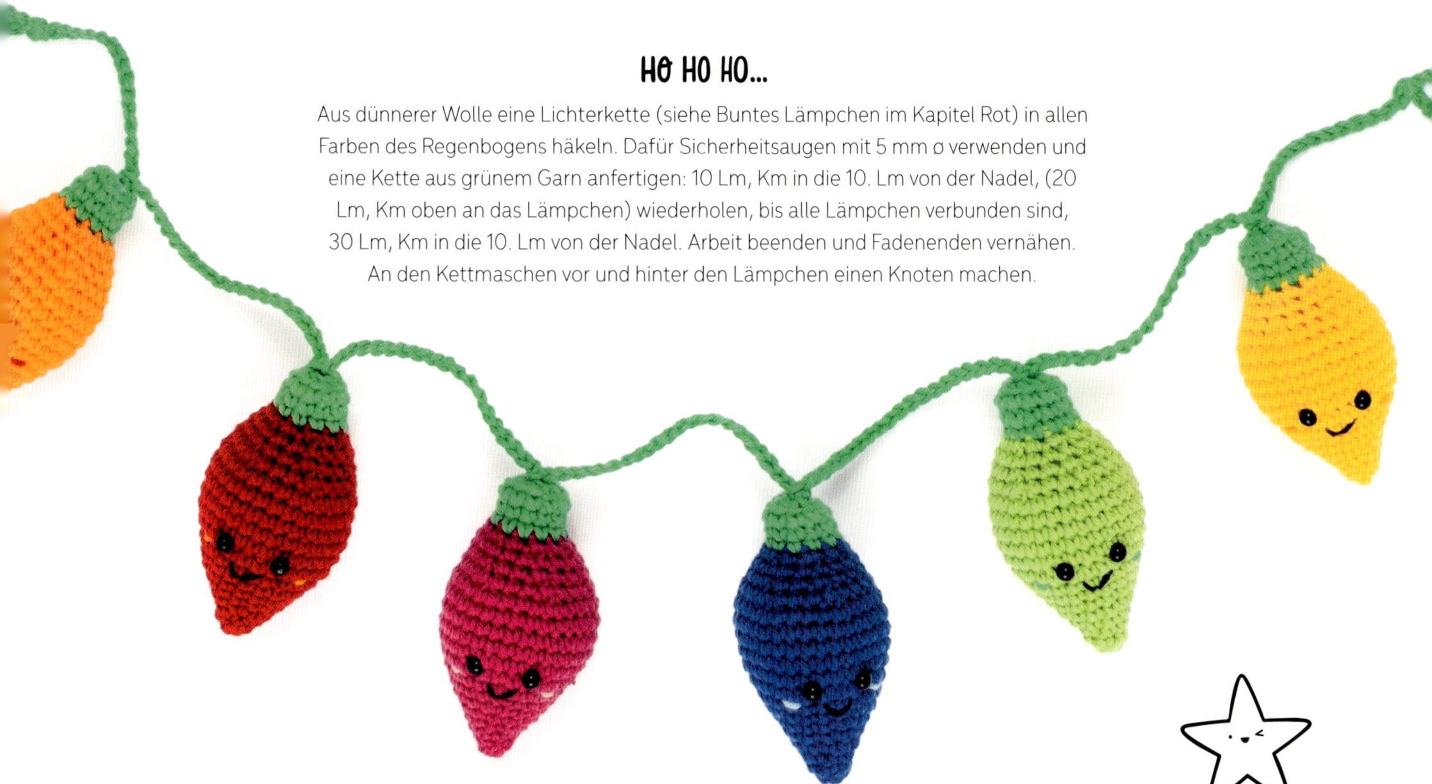

21. Rd: fM in jede M [18]

22. Rd: (1 fM, 2 fM zus) 6x [12]

23. Rd: in hMg arbeiten, fM in jede M [12]

24. und 25. Rd: fM in jede M [12]

26. Rd: (2 fM zus) 6x [6]

Fertig ausstopfen. Den Faden lang abschneiden. Mit einer Wollnadel den Endfaden durch die vMg vernähen und die Öffnung schließen.

Den Mund und die Wangen in **Schwarz** und **Hellgrün** aufsticken (siehe Ausarbeiten: Gesicht aufsticken).

Den Baum umdrehen, sodass die Spitze nach unten zeigt, und mit einem Faden in **Grün** die vorderen Maschenkörper der **11. Rd** rundum behäkeln, dafür in vMg (2 Lm, 1 fM) arbeiten. Dasselbe mit den vorderen Maschenkörpern der **17., 20. und 23. Rd** wiederholen.

STERN

1. Rd: mit Nadel **2,75 mm** in **Gelb** (dünnes Garn) 5 fM in einen magischen Ring [5]

2. Rd: (3 Lm, Km in die 2. Lm von der Nadel, fM in die nächste M, Km in die nächste M der 1. Rd) 5x

Unsichtbares Ende arbeiten (siehe Beenden: Unsichtbares Ende) und alle Fadenenden vernähen. Stern an der Baumspitze festnähen.

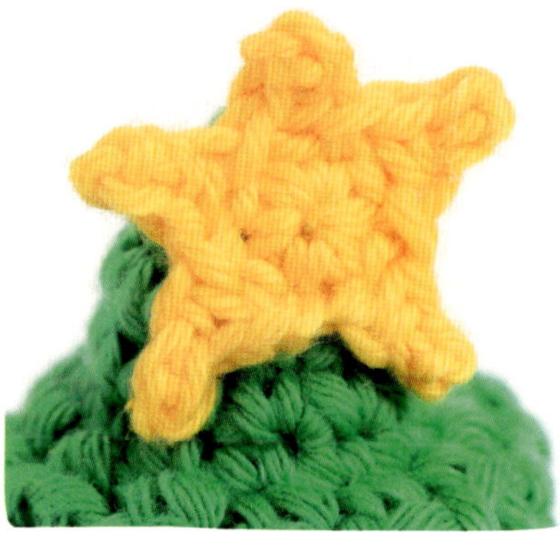

ST.-PATRICK'S-TORTE

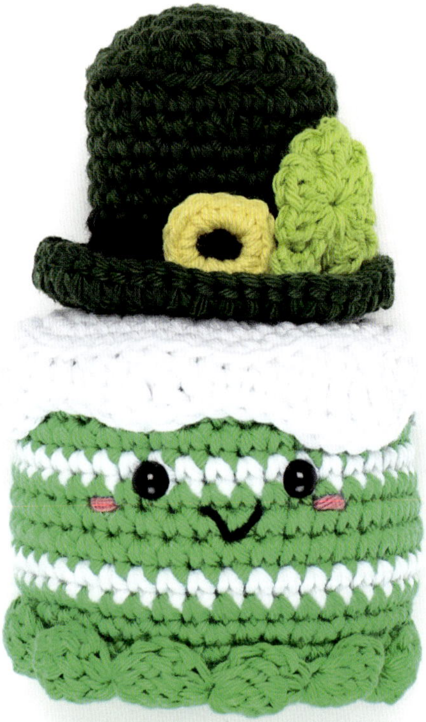

Material

- 2 Häkelnadeln, 2,75 mm und 3,25 mm
- 100 % Baumwollgarn, LL 85 m/50 g: je 50 g in Grasgrün, Weiß, Dunkelgrün und Schwarz
- 100 % Baumwollgarn, LL 125 m/50 g: je 50 g in Hellgrün und Gelb
- Sicherheitsaugen, 7 mm Ø
- Garnreste in Pink und Schwarz
- Füllwatte
- Wollnadel
- Maschenmarkierer

Fertige Größe

13 cm hoch, 7,5 cm breit

Maschenprobe

5 fM und 6 R = 2,5 cm (dickeres Garn)

6 fM und 7 R = 2,5 cm (dünneres Garn)

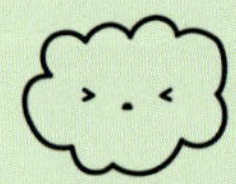

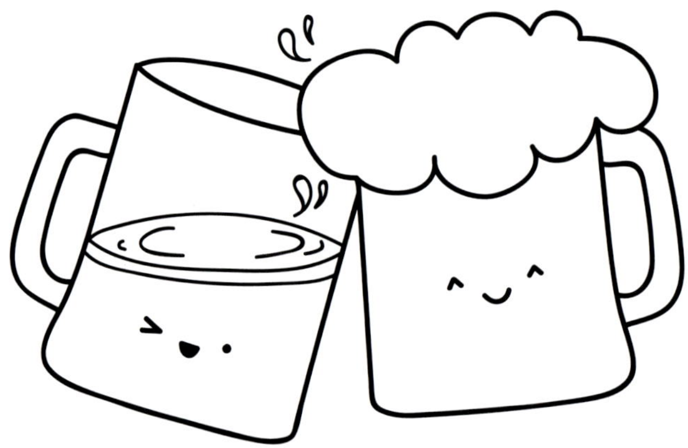

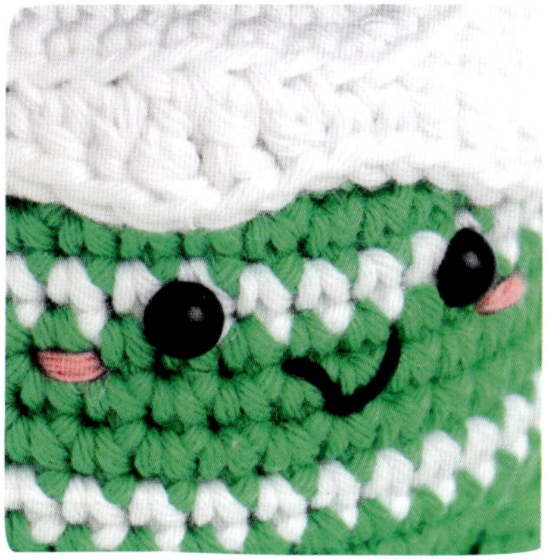 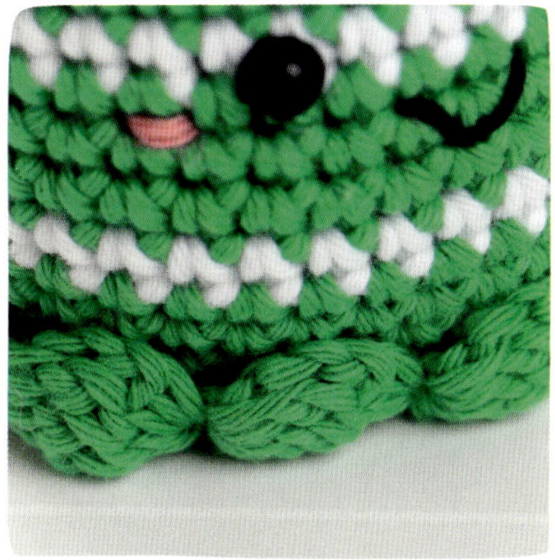 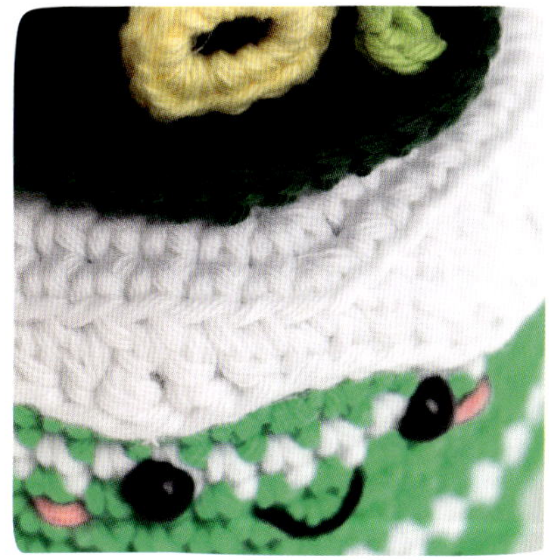

TORTE

1. Rd: mit Nadel **3,25 mm** in **Grasgrün** (dickes Garn) 6 fM in einen magischen Ring [6]

2. Rd: 2 fM in jede M [12]

3. Rd: (1 fM, 2 fM in die nächste M) 6x [18]

4. Rd: (2 fM, 2 fM in die nächste M) 6x [24]

5. Rd: (3 fM, 2 fM in die nächste M) 6x [30]

6. Rd: (4 fM, 2 fM in die nächste M) 6x [36]

7. Rd: (5 fM, 2 fM in die nächste M) 6x [42]

8. Rd: in hMg arbeiten, fM in jede M [42]

9. und 10. Rd: fM in jede M [42]

11. Rd: zu **Weiß** (dickes Garn) wechseln, fM in jede M [42]

12. Rd: zu **Grasgrün** wechseln, fM in jede M [42]

13. und 14. Rd: fM in jede M [42]

15. Rd: zu **Weiß** wechseln, fM in jede M [42]

16. Rd: zu **Grasgrün** wechseln, fM in jede M [42]

17. und 18. Rd: fM in jede M [42]

Zwischen der **12. und 13. Rd** mit einem Abstand von 4 M die Sicherheitsaugen anbringen.
Mit dem Ausstopfen beginnen..

19. Rd: in hMg arbeiten, (5 fM, 2 fM zus) 6x [36]

20. Rd: (4 fM, 2 fM zus) 6x [30]

21. Rd: (3 fM, 2 fM zus) 6x [24]

22. Rd: (2 fM, 2 fM zus) 6x [18]

23. Rd: (1 fM, 2 fM zus) 6x [12]

24. Rd: (2 fM zus) 6x [6]

Fertig ausstopfen. Den Faden lang abschneiden.

Mit einer Wollnadel den Endfaden durch die vMg vernähen und die Öffnung schließen.

Den Mund und die Wangen in **Schwarz** und **Pink** aufsticken (siehe Ausarbeiten: Gesicht aufsticken).

Mit dem Ausformen beginnen und dafür die Nadel von der unteren Mitte zur oberen Mitte führen. Wieder nach unten führen und knapp neben der Mitte ausstechen. Dann unten in der Mitte einstechen und wieder nach oben in die Mitte führen. Den Faden anziehen, sodass unten auf der Torte eine Vertiefung entsteht. Faden verwahren und abschneiden.

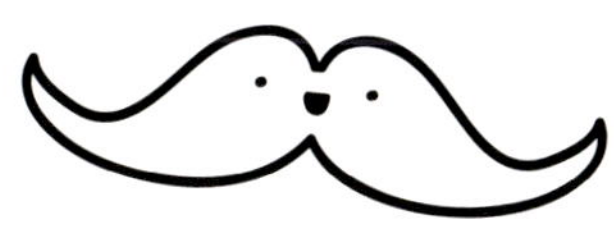

GRÜNER GUSS

1. R: mit Nadel **3,25 mm** in **Grasgrün** (4 Lm, Noppe 5 Stb [siehe Besondere Maschenarten: Noppe aus 5 Stäbchen] in die 4. Lm von der Nadel) 12x, 1 Lm [12 Noppen]

Arbeit beenden und Fadenenden vernähen. Guss rundum an den unteren Tortenrand nähen.

WEISSER GUSS

1. Rd: mit Nadel **3,25 mm** in **Weiß** (dickes Garn) 6 fM in magischen Ring [6]

2. Rd: 2 fM in jede M [12]

3. Rd: (1 fM, 2 fM in die nächste M) 6x [18]

4. Rd: (2 fM, 2 fM in die nächste M) 6x [24]

5. Rd: (3 fM, 2 fM in die nächste M) 6x [30]

6. Rd: (4 fM, 2 fM in die nächste M) 6x [36]

7. Rd: (5 fM, 2 fM in die nächste M) 6x [42]

8. Rd: (6 fM, 2 fM in die nächste M) 6x [48]

9. Rd: in hMg arbeiten, (1 fM, 1 hStb, 1 Stb, 1 DStb, 1 Stb, 1 hStb, 2 fM, 1 hStb, 1 Stb, 1 DStb, 2 DStb in die nächste M, 1 DStb, 1 Stb, 1 hStb, 1 fM) 3x [51]

Unsichtbares Ende arbeiten (siehe Beenden: Unsichtbares Ende) und alle Fadenenden vernähen. Guss rundum an den oberen Tortenrand nähen.

HUT

1. Rd: mit Nadel **3,25 mm** in **Dunkelgrün** (dickes Garn) 6 fM in magischen Ring [6]

2. Rd: 2 fM in jede M [12]

3. Rd: (1 fM, 2 fM in die nächste M) 6x [18]

4. Rd: (2 fM, 2 fM in die nächste M) 6x [24]

5. Rd: (3 fM, 2 fM in die nächste M) 6x [30]

6. Rd: in hMg arbeiten, fM in jede M [30]

7. Rd: (3 fM, 2 fM zus) 6x [24]

8.–10. Rd: fM in jede M [24]

11. Rd: zu **Schwarz** (dickes Garn) wechseln, fM in jede M [24]

12. und 13. Rd: fM in jede M [24]

14. Rd: zu **Dunkelgrün** wechseln, in vMg arbeiten, (2 fM in die nächste M, 2 fM) 8x [32]

15. Rd: (2 fM in die nächste M, 3 fM) 8x [40]

16. Rd: (2 fM in die nächste M, 4 fM) 8x [48

Unsichtbares Ende arbeiten (siehe Beenden: Unsichtbares Ende) und alle Fadenenden vernähen. Oben an der Torte anbringen.

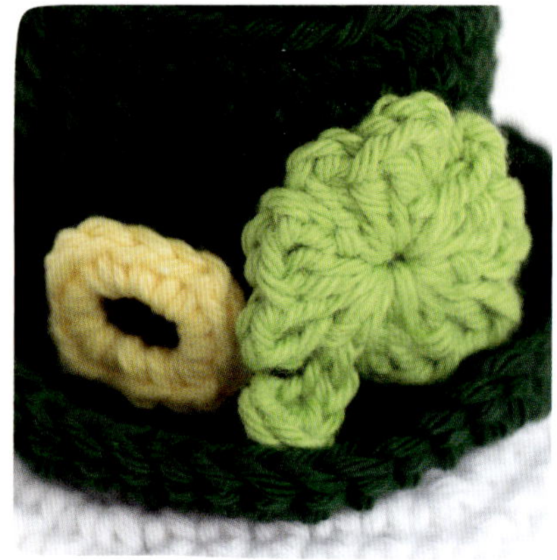

SCHNALLE

Mit Nadel **2,75 mm** in **Gelb**, (dünnes Garn) 6 Lm, mit Km in die 1. Lm zu einem Ring schließen.

1. Rd: (3 fM, 1 Lm) 4x in den Ring, mit Km in die 1. M verbinden.

Arbeit beenden und Fadenenden vernähen. Vorne am Hut anbringen.

VIERBLÄTTRIGES KLEEBLATT

Mit Nadel **2,75 mm** in **Hellgrün**, (dünnes Garn) 4 Lm, mit Km in die 1. Lm zu einem Ring schließen.

1. Rd: (3 Lm, 1 Stb, 1 hStb, 1 Stb, 3 Lm, 1 Km) 4x in den Ring, 6 Lm, 1 hStb in die 2. Lm von der Nadel, Km in die nächsten 3 Lm, Km in die Mitte des Rings.

Arbeit beenden und Fadenenden vernähen. Vorne am Hut neben der Schnalle anbringen.

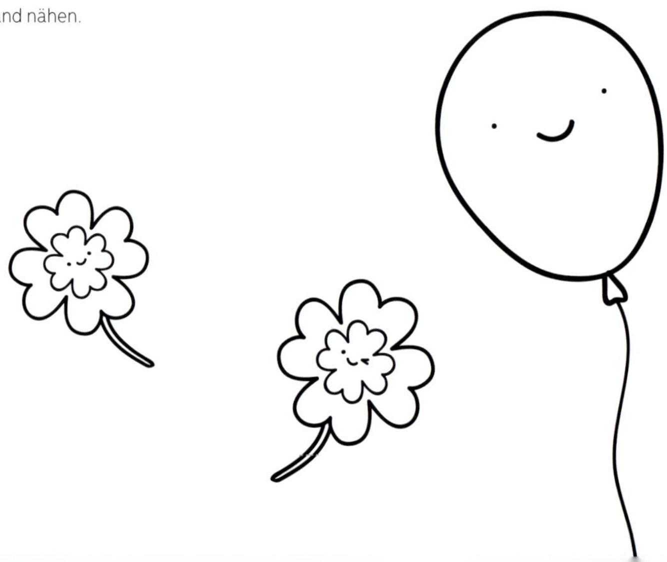

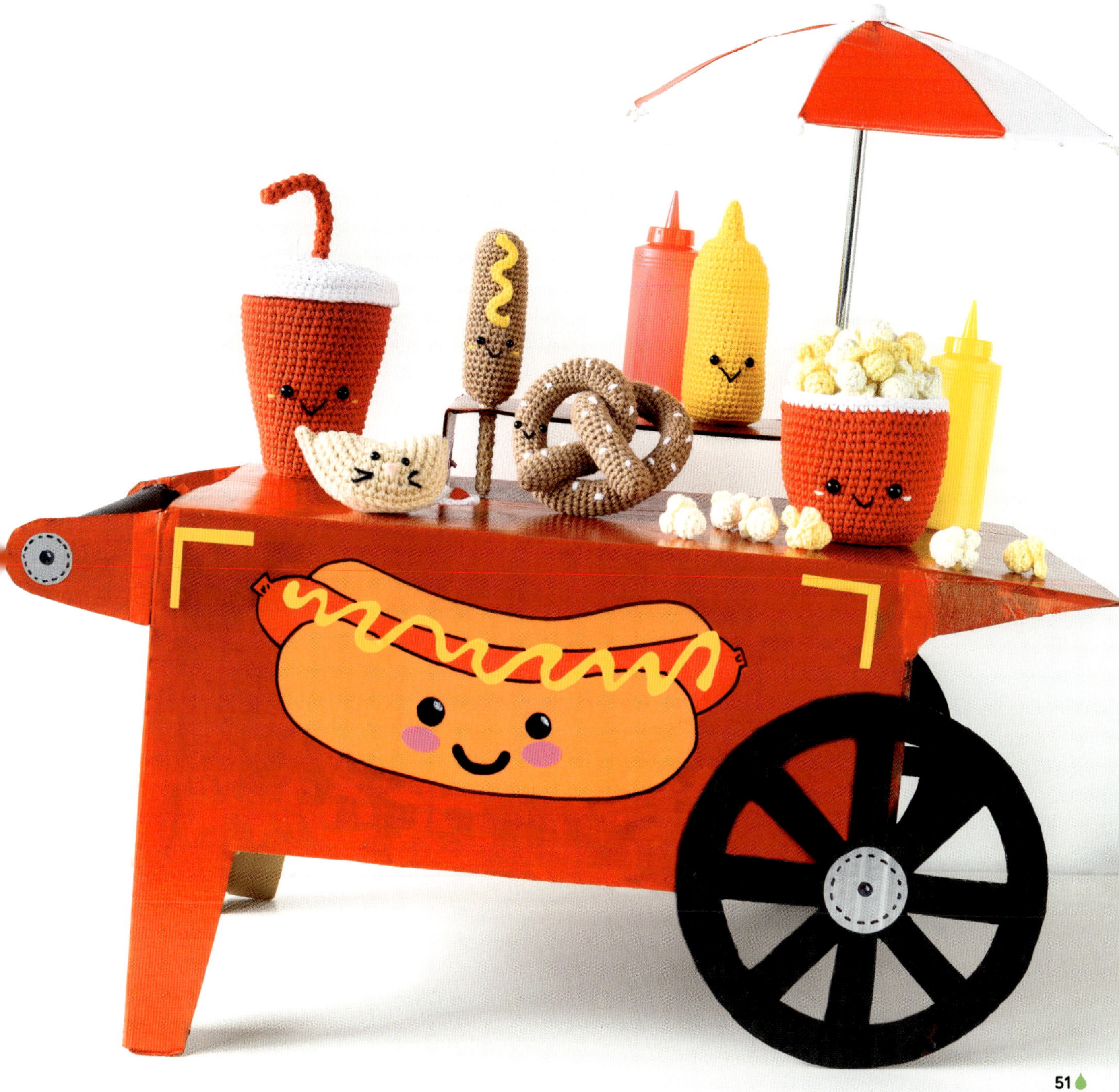

BiRNE

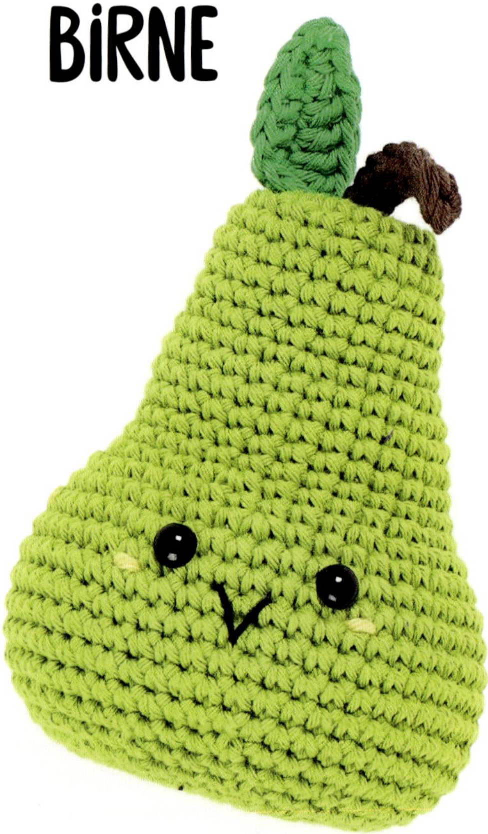

Material

- Häkelnadel 3,25 mm
- 100 % Baumwollgarn, LL 85 m/50 g: je 50 g in Hellgrün, Dunkelgrün und Braun
- Sicherheitsaugen, 7 mm Ø
- Garnreste in Gelbgrün und Schwarz
- Füllwatte
- Wollnadel
- Maschenmarkierer

Fertige Größe

14 cm hoch, 9 cm breit

Maschenprobe

5 fM und 6 R = 2,5 cm

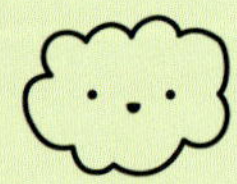

BIRNE

1. Rd: in **Hellgrün** 6 fM in einen magischen Ring [6]

2. Rd: 2 fM in jede M [12]

3. Rd: (1 fM, 2 fM in die nächste M) 6x [18]

4. und 5. Rd: fM in jede M [18]

6. Rd: 2 fM, 2 fM in die nächste M) 6x [24]

7.–10. Rd: fM in jede M [24]

11. Rd: (3 fM, 2 fM in die nächste M) 6x [30]

12.–16. Rd: fM in jede M [30]

17. Rd: (4 fM, 2 fM in die nächste M) 6x [36]

18. Rd:(5 fM, 2 fM in die nächste M) 6x [42]

19. Rd: (6 fM, 2 fM in die nächste M) 6x [48]

20. Rd: (7 fM, 2 fM in die nächste M) 6x [54]

21.–26. Rd: fM in jede M [54]

27. Rd: (2 fM zus, 7 fM) 6x [48]

28. Rd: (3 fM, 2 fM zus, 3 fM) 6x [42]

29. Rd: (2 fM zus, 5 fM) 6x [36]

Zwischen der **20. und 21. Rd** mit einem Abstand von 5 M die Sicherheitsaugen anbringen. Mit dem Ausstopfen beginnen.

30. Rd: (2 fM, 2 fM zus, 2 fM) 6x [30]

31. Rd: (2 fM zus, 3 fM) 6x [24]

31. Rd: (1 fM, 2 fM zus, 1 fM) 6x [18]

33. Rd: (2 fM zus, 1 fM) 6x [12]

34. Rd: (2 fM zus) 6x [6]

Fertig ausstopfen. Den Faden lang abschneiden. Mit einer Wollnadel den Endfaden durch die vMg vernähen und die Öffnung schließen.

Mit dem Ausformen beginnen und dafür die Nadel von der unteren Mitte zur oberen Mitte führen. Oben knapp neben der Mitte einstechen und wieder nach unten führen, dort ebenfalls knapp neben der Mitte ausstechen. Den Faden anziehen, sodass oben auf der Birne eine Vertiefung entsteht.

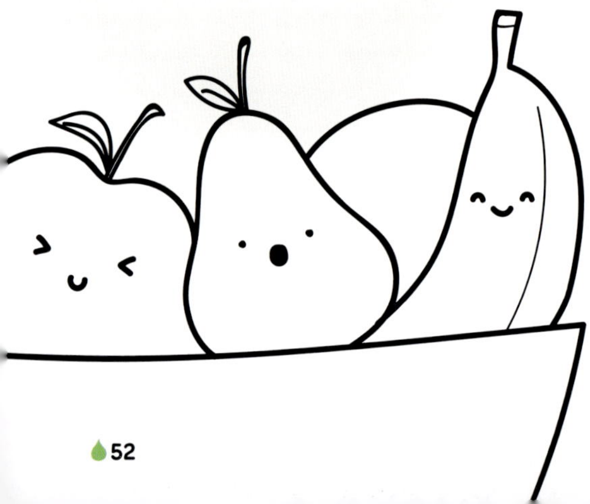

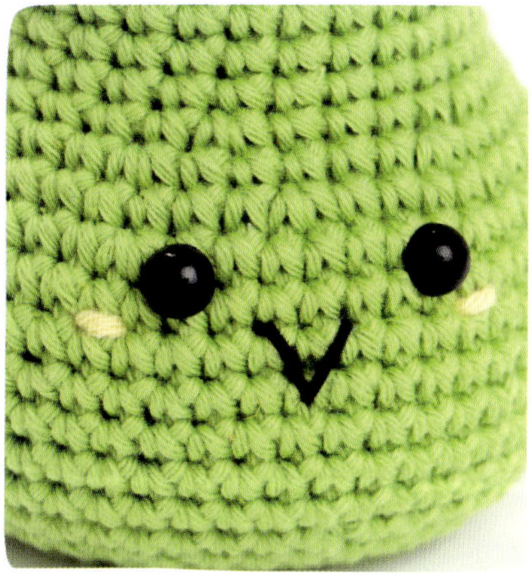

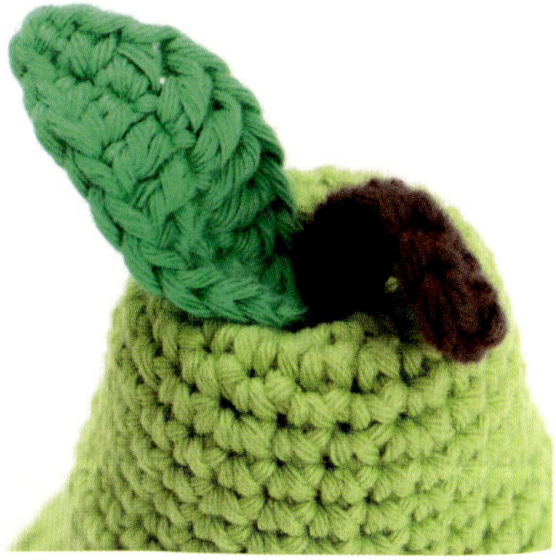

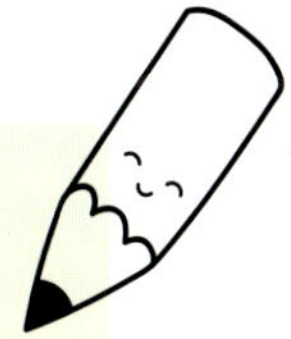

TIPP

Die Runden mit einem Maschenmarkierer markieren, damit das Amigurumi gut gelingt. Haben Sie keinen? Mit einer Sicherheitsnadel, Büroklammer, Haarklammer oder einem kontrastfarbenen Faden geht's auch.

Die Nadel von der unteren Mitte nach oben zur Mitte führen. Den Faden anziehen, sodass unten an der Birne eine Vertiefung entsteht. Faden verwahren und abschneiden.

Den Mund und die Wangen in **Schwarz** und **Gelbgrün** aufsticken (siehe Ausarbeiten: Gesicht aufsticken).

Häkelmuster Blatt

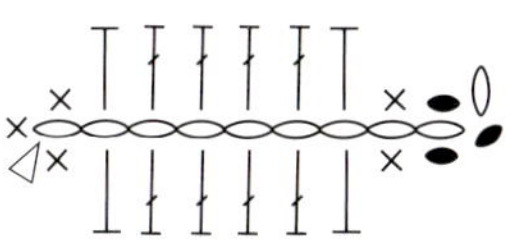

BLATT

In **Dunkelgrün** 10 Lm

1. Rd: Km in die 2. Lm von der Nadel, 1 fM, 1 hStb, 4 Stb, 1 hStb, 3 fM in die letzte M, auf der anderen Seite der Lm-Kette arbeiten, 1 hStb, 4 Stb, 1 Stb, 1 fM, 1 Km, Km in die anfangs ausgelassene Lm.

Unsichtbares Ende arbeiten (siehe Beenden: Unsichtbares Ende) und alle Fadenenden vernähen. Oben an der Birne anbringen.

STIEL

Mit doppeltem Faden in **Braun** 9 Lm.

1. R: in hintere Schlingen arbeiten (siehe Besondere Maschenarten: Hintere Schlinge), fM in die 2. M von der Nadel, 7 Km.

Arbeit beenden und Fadenenden vernähen. Oben an der Birne befestigen.

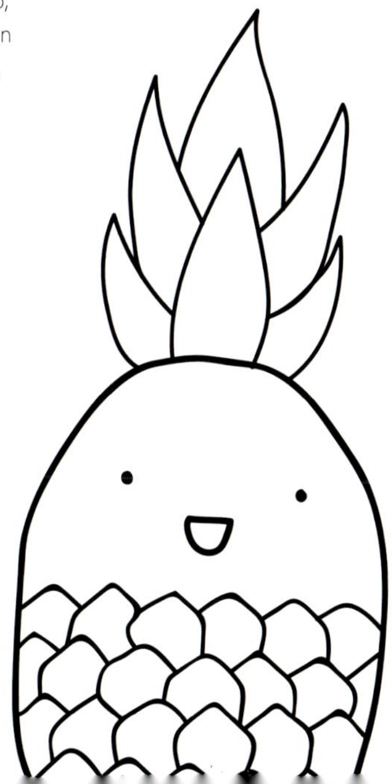

ERBSEN IN DER SCHOTE

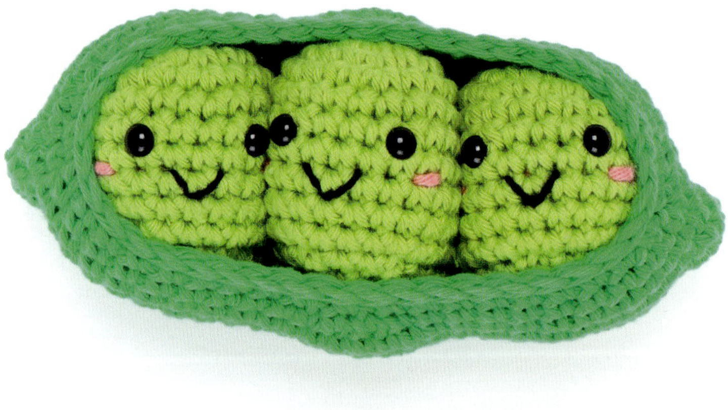

ERBSEN (3X HÄKELN)

1. Rd: in **Hellgrün** 6 fM in einen magischen Ring [6]

2. Rd: 2 fM in jede M [12]

3. Rd: (1 fM, 2 fM in die nächste M) 6x [18]

4. Rd: (2 fM, 2 fM in die nächste M) 6x [24]

5. Rd: (3 fM, 2 fM in die nächste M) 6x [30]

6.–10. Rd: fM in jede M [30]

Zwischen der **6. und 7. Rd** mit einem Abstand von 3 M die Sicherheitsaugen anbringen. Mit dem Ausstopfen beginnen.

11. Rd: (3 fM, 2 fM zus) 6x [24]

12. Rd: (2 fM, 2 fM zus) 6x [18]

13. Rd: (1 fM, 2 fM zus) 6x [12]

14. Rd: (2 fM zus) 6x [6]

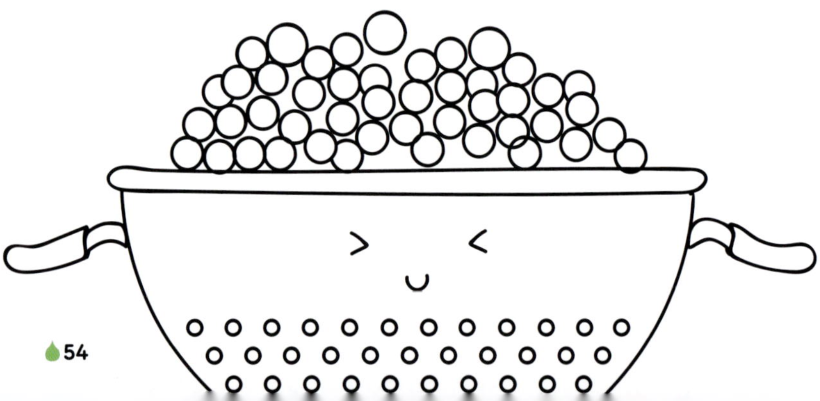

Material

- Häkelnadel 3,25 mm
- 100 % Baumwollgarn, LL 85 m/50 g: je 50 g in Hellgrün und Dunkelgrün
- Sicherheitsaugen, 7 mm Ø
- Garnreste in Pink und Schwarz
- Füllwatte
- Wollnadel
- Maschenmarkierer

Fertige Größe

5,5 cm hoch, 15 cm breit

Maschenprobe

5 fM und 6 R = 2,5 cm

GESUNDES HÄKELN

Wussten Sie, dass Häkeln gesund ist? So können etwa die entspannten, wiederholten Bewegungen beim Häkeln beruhigen und Stress abbauen.

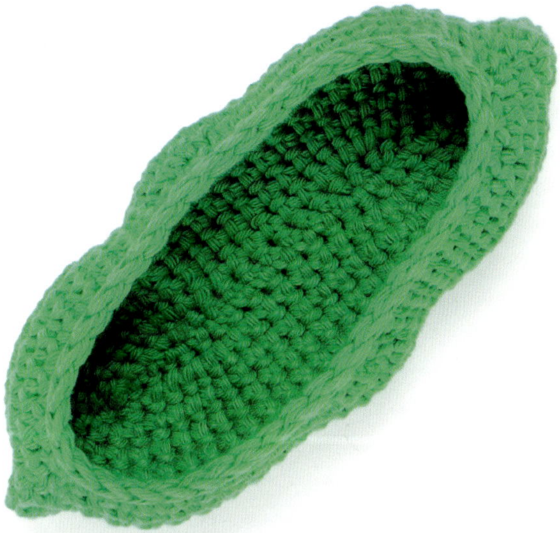

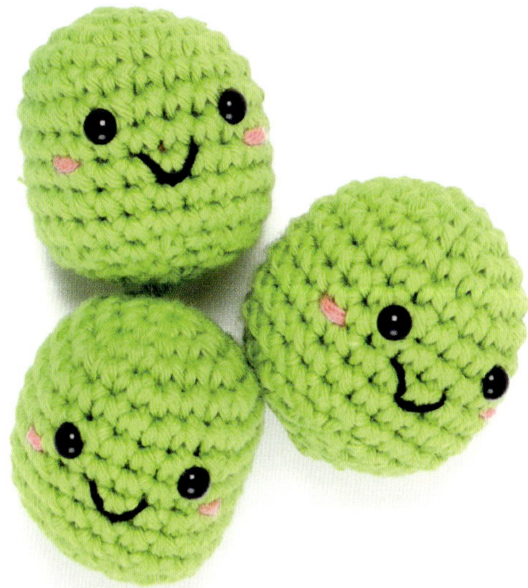

Fertig ausstopfen. Den Faden lang abschneiden. Mit einer Wollnadel den Endfaden durch die vMg vernähen und die Öffnung schließen. Faden vernähen.

Den Mund und die Wangen in **Schwarz** und **Pink** aufsticken (siehe Ausarbeiten: Gesicht aufsticken).

SCHOTE

In **Dunkelgrün** 17 Lm.

1. Rd: fM in die 2. M von der Nadel, 2 fM, 2 fM in die nächsten 2 M, 6 fM, 2 fM in die nächsten 2 M, 2 fM, 2 fM in die letzte M, auf der anderen Seite der Lm-Kette arbeiten, 2 fM, 2 fM in die nächsten 2 M, 6 fM, 2 fM in die nächsten 2 M, 3 fM [40]

2. Rd: 4 fM, (2 fM in die nächsten 2 M, 8 fM) 3x, 2 fM in die nächsten 2 M, 4 fM [48]

3. Rd: 2 fM in die nächste M, 22 fM, 2 fM in die nächsten 2 M, 22 fM, 2 fM in die letzte M [52]

4. Rd: (2 fM in die nächsten 2 M, 24 fM) 2x [56]

5. Rd: 1 fM, 2 fM in die nächsten 2 M, 26 fM, 2 fM in die nächsten 2 M, 25 fM [60]

6. Rd: 2 fM, 2 fM in die nächsten 2 M, 28 fM, 2 fM in die nächsten 2 M, 26 fM [64]

7. Rd: fM in jede M [64]

8. Rd: 2 fM, (2 fM zus) 2x, 28 fM, (2 fM zus) 2x, 26 fM [60]

9. Rd: 1 fM, (2 fM zus) 2x, 26 fM, (2 fM zus) 2x, 25 fM [56]

10. Rd: (2 fM zus, 2 fM zus, 10 fM) 4x [48]

11. Rd: (2 fM zus, 2 fM zus, 8 fM) 4x [40]

12. Rd: Km in jede M [40]

Unsichtbares Ende arbeiten (siehe Beenden: Unsichtbares Ende) und alle Fadenenden vernähen. Die Erbsen in die Schote legen.

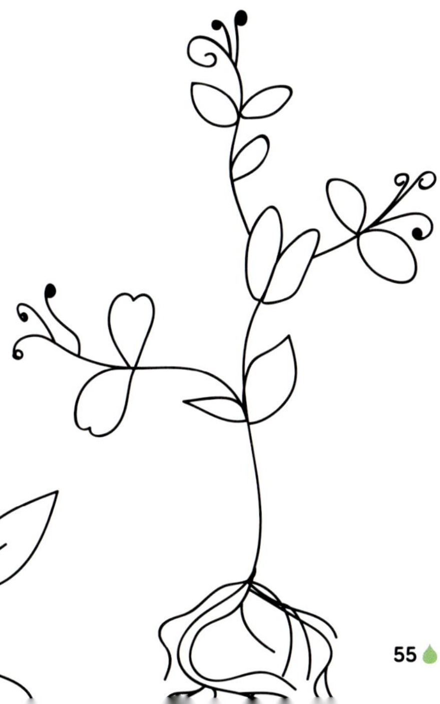

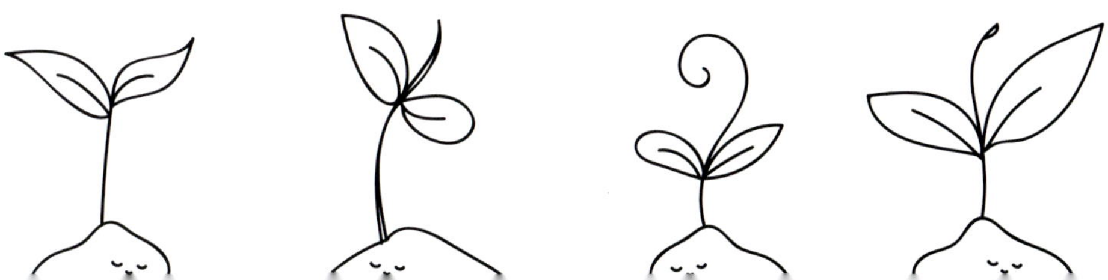

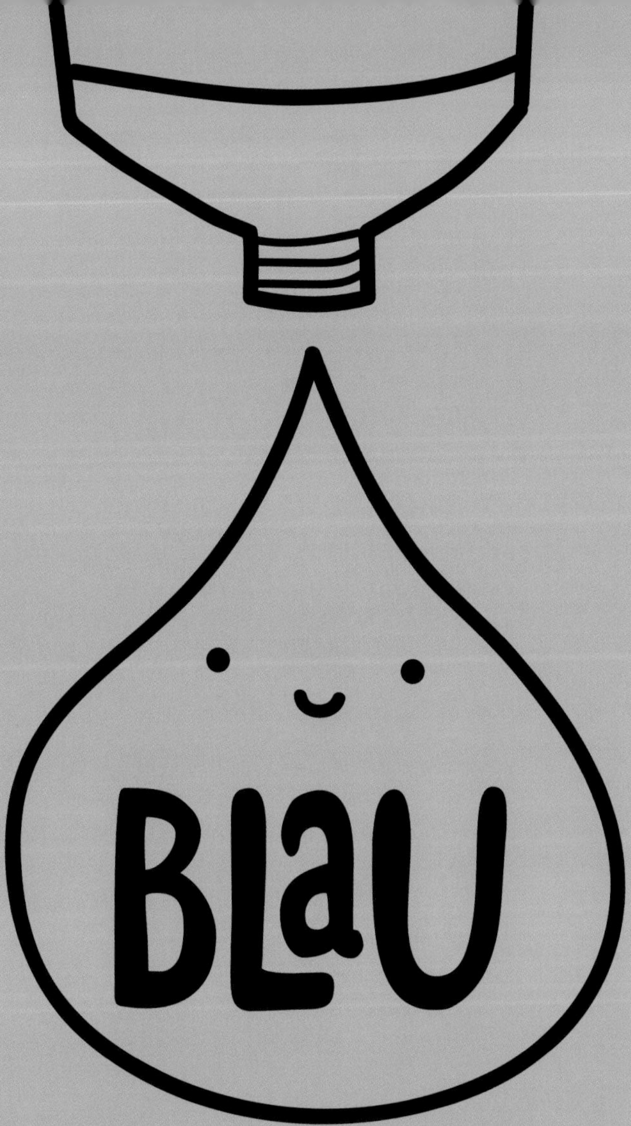

Blau ist die Farbe des Vertrauens und der Verantwortung. Die Farbe Blau kann Stress reduzieren und Gefühle der Ruhe, Entspannung und Ordnung fördern. Unterschiedliche Blautöne passen gut zueinander, so wie wenn der Himmel auf das Meer trifft.

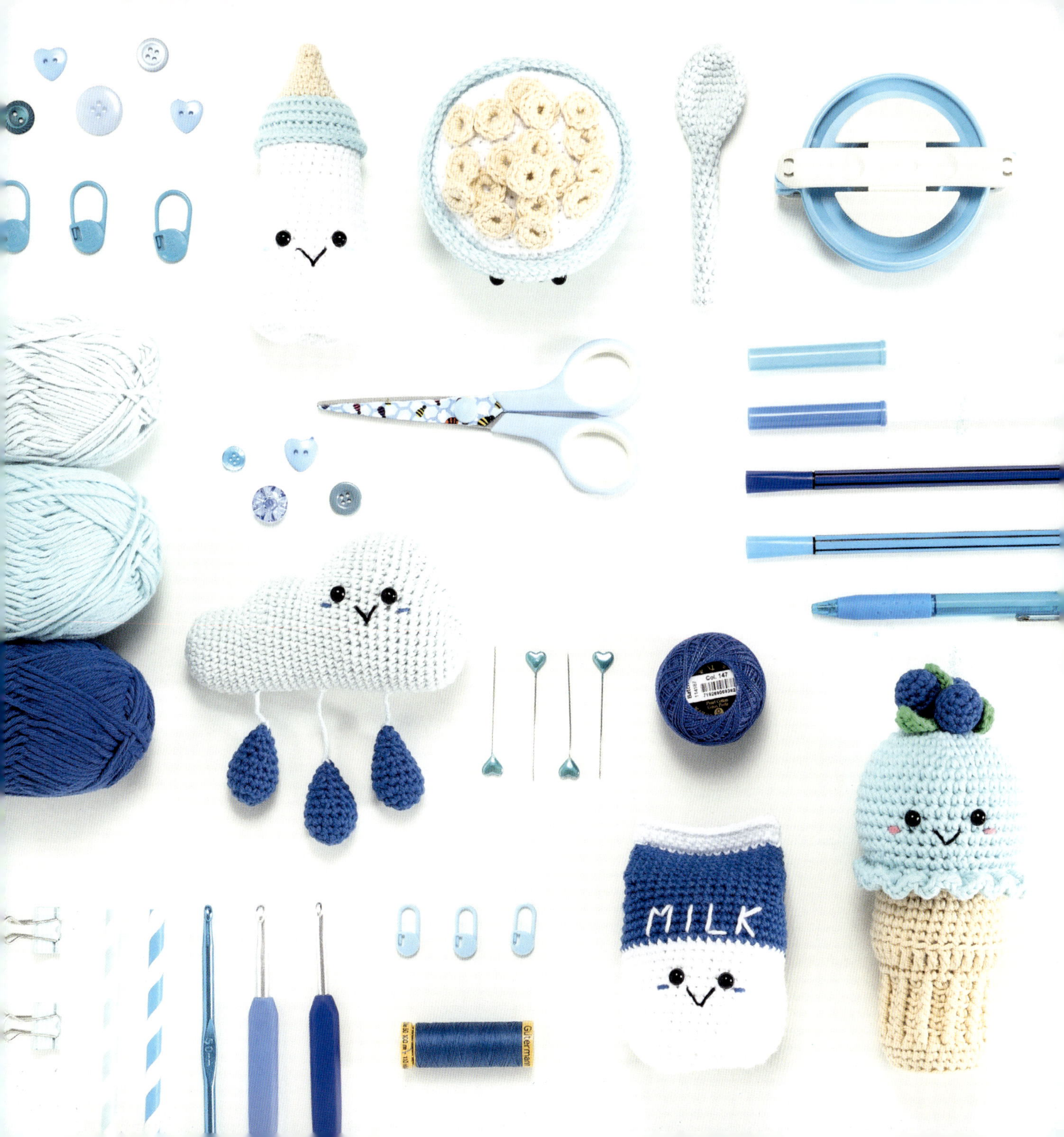
MILK
Col. 147

BABYFLÄSCHCHEN

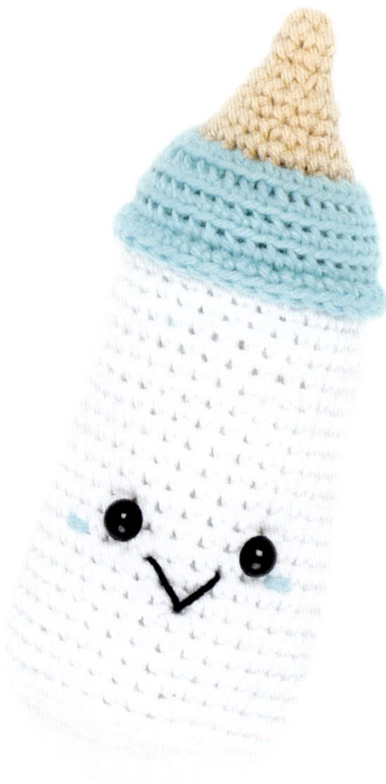

Material

- Häkelnadel 2,75 mm
- 100 % Baumwollgarn, LL 125 m/50 g: je 50 g in Hellbraun, Petrol und Weiß
- Sicherheitsaugen, 6 mm Ø
- Garnreste in Blau und Schwarz
- Füllwatte
- Wollnadel
- Maschenmarkierer

Fertige Größe

11,5 cm hoch, 5 cm breit

Maschenprobe

6 fM und 7 R = 2,5 cm

FLÄSCHCHEN

1. Rd: in **Hellbraun** 6 fM in einen magischen Ring [6]

2. und 3. Rd: fM in jede M [6]

4. Rd: 2 fM in jede M [12]

5. und 6. Rd: fM in jede M [12]

7. Rd: (1 fM, 2 fM in die nächste M) 6x [18]

8. Rd: fM in jede M [18]

9. Rd: zu **Petrol** wechseln, in vMg arbeiten, 2 fM in jede M [36]

10.–12. Rd: in hMg arbeiten, fM in jede M [36]

13. Rd: zu **Weiß** wechseln, in hMg arbeiten, 2 fM zus, 34 fM [35]

14. Rd: (2 fM zus, 3 fM) 7x [28]

15. Rd: fM in jede M [28]

16. Rd: 2 fM in die nächste M, 27 fM [29]

17. Rd: fM in jede M [29]

18. Rd: 14 fM, 2 fM in die nächste M, 14 fM [30]

19. Rd: fM in jede M [30]

20. Rd: 7 fM, 2 fM in die nächste M, 22 fM [31]

21. Rd: fM in jede M [31]

22. Rd: 23 fM, 2 fM in die nächste M, 7 fM [32]

23. Rd: fM in jede M [32]

24. Rd: 2 fM in die nächste M, 31 fM [33]

25. Rd: fM in jede M [33]

26. Rd: (2 fM in die nächste M, 10 fM) 3x [36]

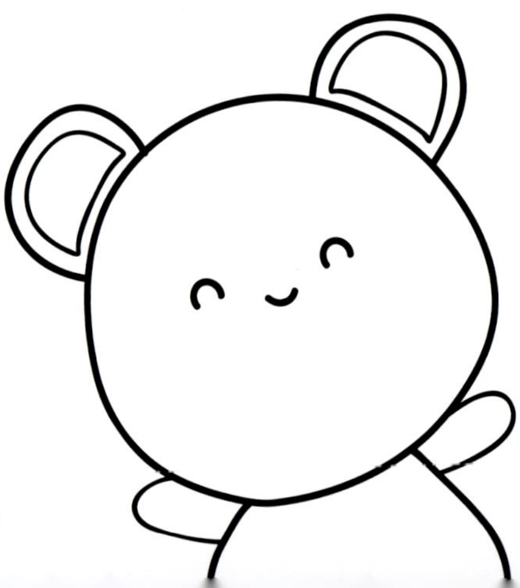

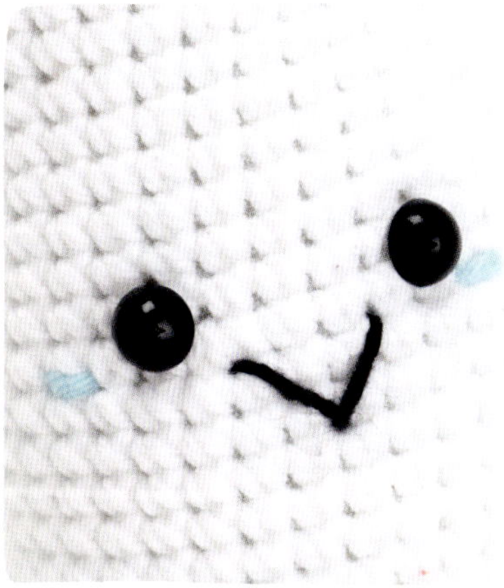

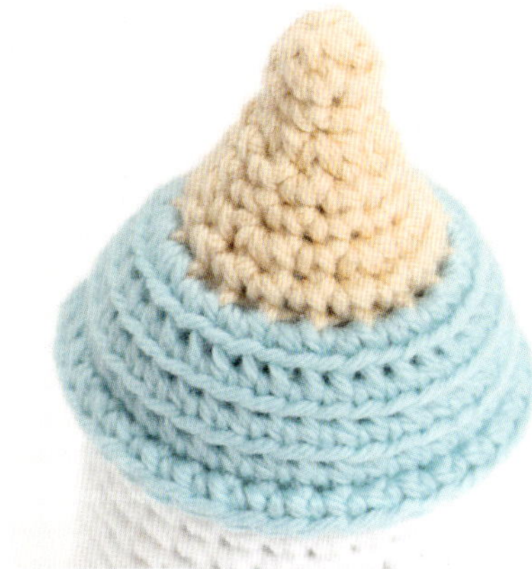

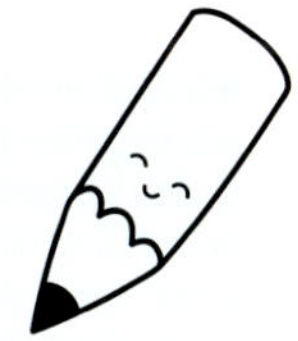

BABY UNTERWEGS!

Verwenden Sie für den oberen Teil des Fläschchens eine Farbe, die Ihnen gut gefällt oder eine, die zum Geschlecht Ihres Babys passt.

27.–34. Rd: fM in jede M [36]

Zwischen der **25. und 26. Rd** mit einem Abstand von 4 M die Sicherheitsaugen anbringen. Mit dem Ausstopfen beginnen.

35. Rd: in hMg arbeiten, (4 fM, 2 fM zus) 6x [30]

36. Rd: (3 fM, 2 fM zus) 6x [24]

37. Rd: (2 fM, 2 fM zus) 6x [18]

38. Rd: (1 fM, 2 fM zus) 6x [12]

39. Rd: (2 fM zus) 6x [6]

Fertig ausstopfen. Den Faden lang abschneiden. Mit einer Wollnadel den Endfaden durch die vMg vernähen und die Öffnung schließen. Faden vernähen.

Den Mund und die Wangen in **Schwarz** und **Blau** aufsticken (siehe Ausarbeiten: Gesicht aufsticken).

Mit dem Ausformen beginnen und dafür die Nadel von der unteren Mitte zur oberen Mitte führen. Wieder nach unten führen und knapp neben der Mitte ausstechen. Dann unten in der Mitte einstechen und wieder nach oben in die Mitte führen. Den Faden anziehen, sodass unten auf dem Flaschenboden eine Vertiefung entsteht. Faden verwahren und abschneiden.

40. Rd: die Flasche mit der Spitze nach unten halten, in **Petrol** in die vorderen Maschenkörper der **13. Rd** fM in jede M [36]

Arbeit beenden und Fadenenden vernähen.

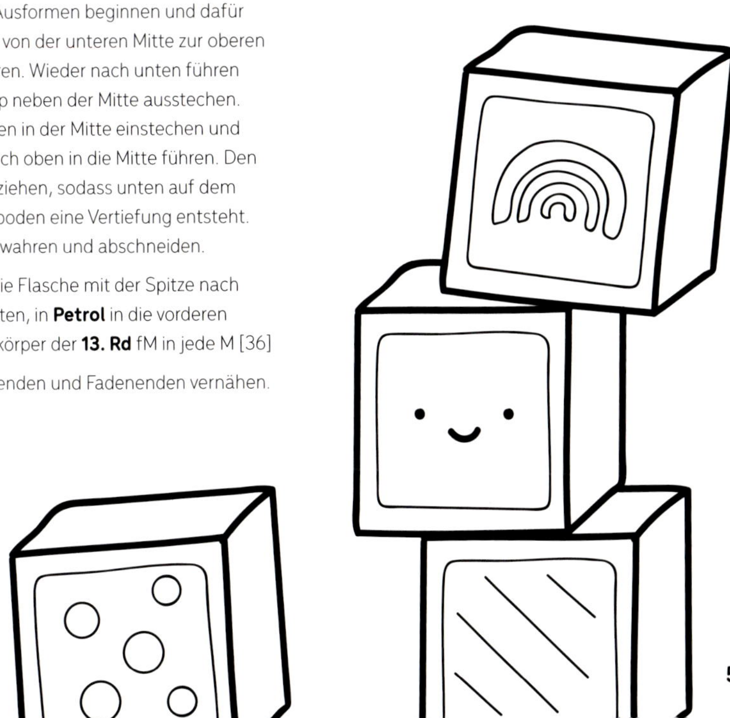

Blaubeereis im Hörnchen

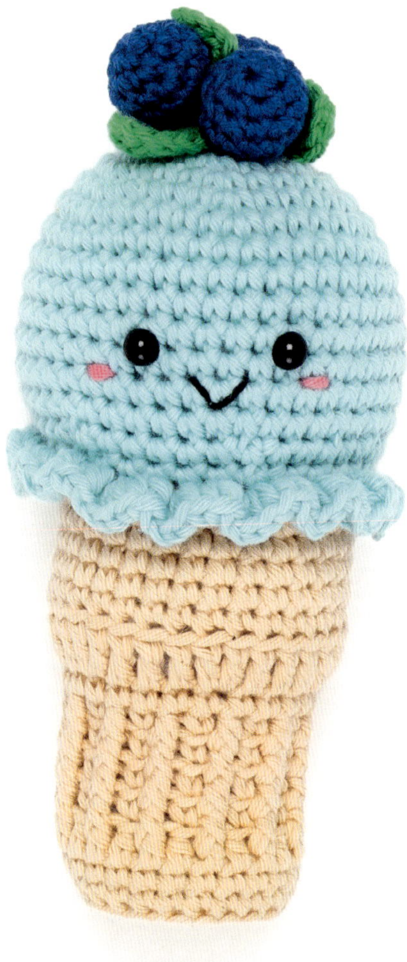

Material

- 2 Häkelnadeln, 2,75 mm und 3,25 mm
- 100 % Baumwollgarn, LL 85 m/50 g: je 50 g in Petrol und Hellbraun
- 100 % Baumwollgarn, LL 125 m/50 g: je 50 g in Blau und Grün
- Sicherheitsaugen, 7 mm Ø
- Garnreste in Pink und Schwarz
- Füllwatte
- Wollnadel
- Maschenmarkierer

Fertige Größe

16 cm hoch, 7,5 cm breit

Maschenprobe

5 fM und 6 R = 2,5 cm (dickeres Garn)

6 fM und 7 R = 2,5 cm (dünneres Garn)

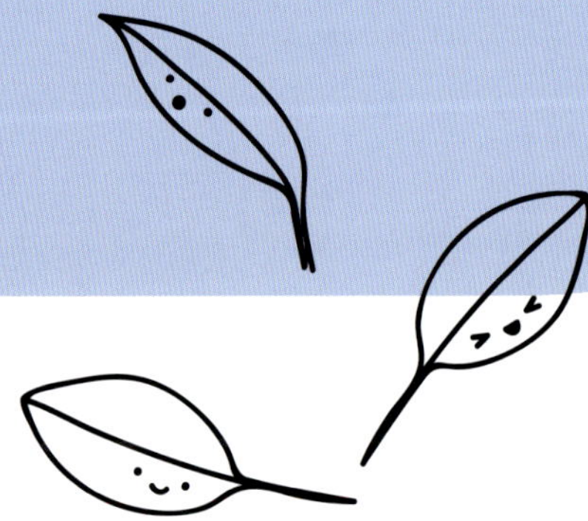

EIS

1. Rd: mit Nadel **3,25 mm** in **Petrol** (dickes Garn) 6 fM in einen magischen Ring [6]

2. Rd: 2 fM in jede M [12]

3. Rd: (1 fM, 2 fM in die nächste M) 6x [18]

4. Rd: (2 fM, 2 fM in die nächste M) 6x [24]

5. Rd: (3 fM, 2 fM in die nächste M) 6x [30]

6. Rd: (4 fM, 2 fM in die nächste M) 6x [36]

7. Rd: (5 fM, 2 fM in die nächste M) 6x [42]

8. -14. Rd: fM in jede M [42]

Zwischen der **11. und 12. Rd** mit einem Abstand von 4 M die Sicherheitsaugen anbringen. Mit dem Ausstopfen beginnen.

15. Rd: (5 fM, 2 fM zus) 6x [36]

16. Rd: (4 fM, 2 fM zus) 6x [30]

17. Rd: in vMg arbeiten, 1 Lm, (2 hStb in die nächste M, 4 hStb in die nächste M) 15x [90]

Arbeit beenden und Fadenenden vernähen.

HÖRNCHEN

1. Rd: mit Nadel **3,25 mm** in **Hellbraun** (dickes Garn) 6 fM in einen magischen Ring [6]

2. Rd: 2 fM in jede M [12]

3. Rd: (1 fM, 2 in die nächste M) 6x [18]

4. Rd: (2 fM, 2 in die nächste M) 6x [24]

5. Rd: in hMg arbeiten, fM in jede M, mit Km in die 1. M verbinden [24]

6. Rd: 1 fM, fM in jede M, mit Km in die 1. M verbinden [24]

7. Rd: 1 fM, hStb in jede M, mit Km in die 1. M verbinden [24]

8.-11. Rd: 1 fM, (hvReliefStb, in hMg arbeiten, 1 fM) 12x, mit Km in die 1. M verbinden [24]

12. Rd: 1 fM, fM in jede M, mit Km in die 1. M verbinden [24]

13. Rd: in vMg arbeiten, 3 Lm, 2 Stb in dieselbe M mit der 1. Lm, 3 Stb, (2 Stb in die nächste M, 3 Stb) 5x, mit Km in die 1. M verbinden [30]

14. Rd: in hMg arbeiten, 1 Lm, fM in jede M, mit Km in die 1. M verbinden [30]

15.-18. Rd: 1 Lm, fM in jede M, mit Km in die 1. M verbinden [30]

Faden zum Zusammennähen lang abschneiden. Hörnchen und Eis ausstopfen. Beide Teile zusammennähen, dafür in die hinteren Maschenglieder der **17. Rd** des Eis' und beide Maschenglieder der **18. Rd** des Hörnchens einstechen (siehe Ausarbeiten: Zwei Teile zusammennähen).

Den Mund und die Wangen in **Schwarz** und **Pink** aufsticken (siehe Ausarbeiten: Gesicht aufsticken).

Mit dem Ausformen beginnen und dafür die Nadel von der unteren Mitte zur oberen Mitte führen. Wieder nach unten führen und knapp neben der Mitte ausstechen. Dann unten in der Mitte einstechen und wieder nach oben in die Mitte führen. Den Faden anziehen, sodass auf der Unterseite des Hörnchens eine Vertiefung entsteht. Faden verwahren und abschneiden.

BLATT (4X HÄKELN)

Mit Nadel **2,75 mm** in **Grün** (dünnes Garn) 6 Lm.

1. Rd: fM in die 2. Lm von der Nadel, 1 hStb, 1 Stb, 1 hStb, 3 fM in die letzte Lm, auf der anderen Seite der Lm-Kette arbeiten, 1 hStb, 1 Stb, 1 hStb, 1 fM, Km in die anfangs ausgelassene Lm [12]

Unsichtbares Ende arbeiten (siehe Beenden: Unsichtbares Ende) und alle Fadenenden vernähen. Oben auf dem Eis anbringen.

BLAUBEERE (3X HÄKELN)

1. Rd: mit Nadel **2,75 mm** in **Blau** (dünnes Garn) 5 fM in einen magischen Ring [5]

2. Rd: fM in jede M [10]

3. Rd: (1 fM, 2 M in die nächste M) 5x [15]

4. Rd: fM in jede M [15]

5. Rd: (1 fM, 2 fM zus) 5x [10]

Ausstopfen.

6. Rd: (2 fM zus) 5x [5]

Faden lang abschneiden, in eine Wollnadel fädeln und durch die vMg die Öffnung verschließen. Fadenenden vernähen. Beeren oben auf dem Eis anbringen.

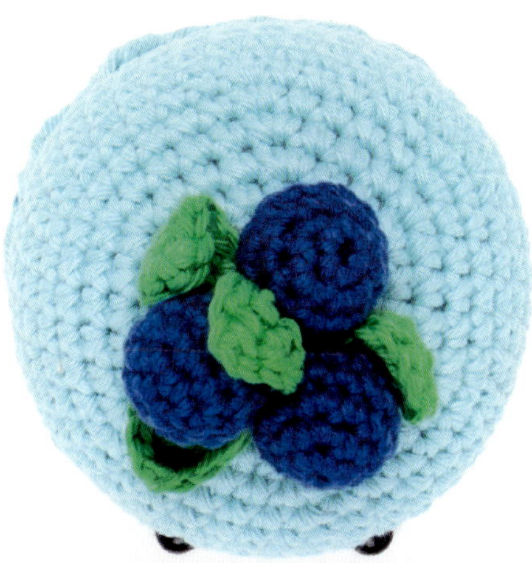

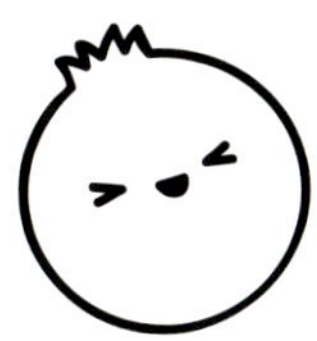

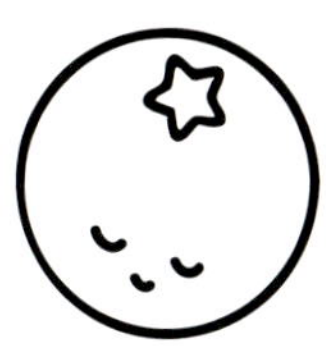

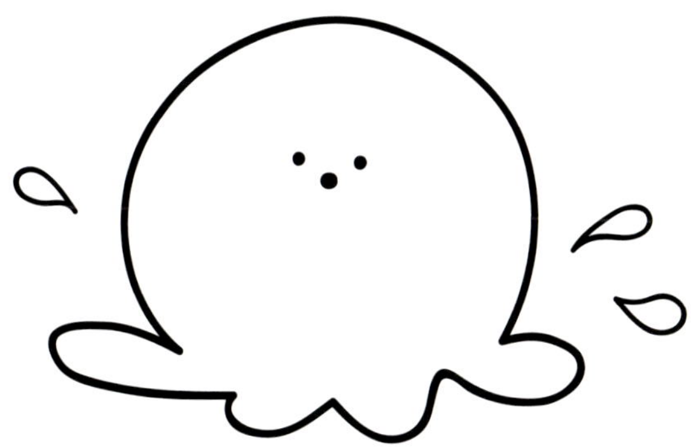

MÜSLI IN DER SCHALE

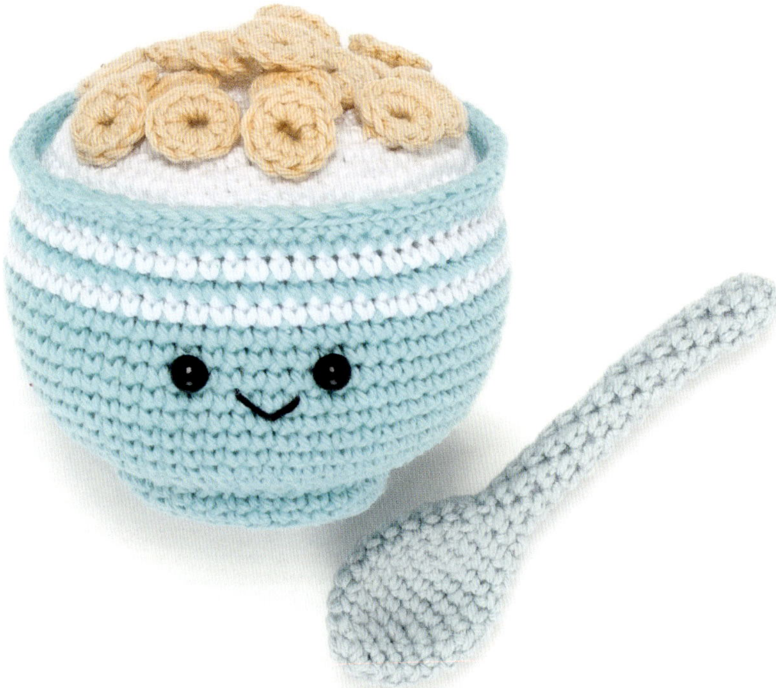

Material

- Häkelnadel 2,75 mm
- 100 % Baumwollgarn, LL 125 m/50 g: je 50 g in Petrol, Weiß, Hellbraun und Hellblau
- Sicherheitsaugen, 7 mm Ø
- Garnreste in Blau
- Füllwatte
- Wollnadel
- Maschenmarkierer

Fertige Größe

8 cm hoch, 10 cm breit

Maschenprobe

6 fM und 7 R = 2,5 cm

MILCH

1. Rd: in **Weiß** 6 fM in einen magischen Ring [6]

2. Rd: 2 fM in jede M [12]

3. Rd: (1 fM, 2 fM in die nächste M) 6x [18]

4. Rd: (2 fM, 2 fM in die nächste M) 6x [24]

5. Rd: (3 fM, 2 fM in die nächste M) 6x [30]

6. Rd: (4 fM, 2 fM in die nächste M) 6x [36]

7. Rd: (5 fM, 2 fM in die nächste M) 6x [42]

8. Rd: (6 fM, 2 fM in die nächste M) 6x [48]

9. Rd: (5 fM, 2 fM in die nächste M) 8x [56]

10. Rd: (6 fM, 2 fM in die nächste M) 8x [64]

11. Rd: fM in jede M [64]

Unsichtbares Ende arbeiten (siehe Beenden: Unsichtbares Ende) und alle Fadenenden vernähen. Oben auf dem Eis anbringen.

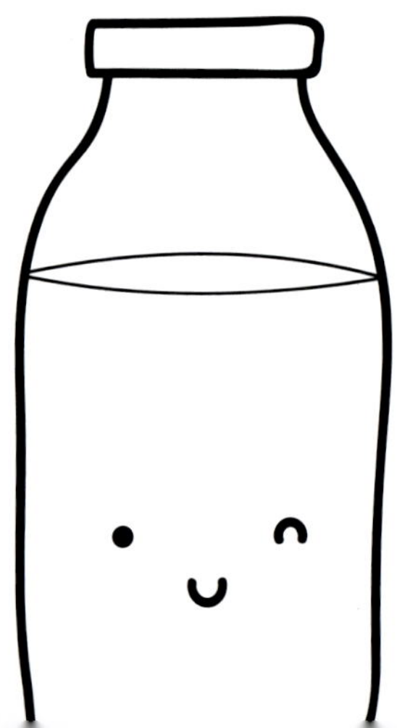

SCHALE

1. Rd: in **Petrol** 6 fM in einen magischen Ring [6]

2. Rd: 2 fM in jede M [12]

3. Rd: (1 fM, 2 fM in die nächste M) 6x [18]

4. Rd: (2 fM, 2 fM in die nächste M) 6x [24]

5. Rd:: (3 fM, 2 fM in die nächste M) 6x [30]

6. Rd: (4 fM, 2 fM in die nächste M) 6x [36]

7. Rd: in hMg arbeiten, fM in jede M [36]

8. Rd: fM in jede M [36]

9. Rd: (2 fM zus, 4 fM) 6x [30]

10. Rd: (2 fM, 2 fM in die nächste M) 10x [40]

11. Rd: (4 fM, 2 fM in die nächste M) 8x [48]

12. Rd: (5 fM, 2 fM in die nächste M) 8x [56]

13. Rd: (6 fM, 2 fM in die nächste M) 8x [64]

14.-20. Rd: fM in jede M [64]

21. Rd: zu **Weiß** wechseln, fM in jede M [64]

22. Rd: zu **Petrol** wechseln, fM in jede M [64]

23. Rd: zu **Weiß** wechseln, fM in jede M [64]]

Zwischen der **18. und 19. Rd** mit einem Abstand von 5 M die Sicherheitsaugen anbringen. Mit dem Ausstopfen beginnen.

24. Rd: zu **Petrol** wechseln, die Milch in die Schale legen und die Maschen der **23. Rd** der Schale an denen der **11. Rd** der Milch ausrichten.

Die Teile mit fM in jeweils beide Maschenglieder zusammenhäkeln (siehe Ausarbeiten: Zwei Teile zusammenhäkeln), mit Km in die 1. M verbinden [64]

25. Rd: 1 Lm, fM in jede M, mit Km in die 1. M verbinden [64]

26. Rd: Km in jede M [64]

Unsichtbares Ende arbeiten und alle Fadenenden vernähen.

Den Mund in **Schwarz** aufsticken (siehe Ausarbeiten: Gesicht aufsticken).

MÜSLIRINGE (18X HÄKELN)

In **Hellbraun** 6 Lm, mit Km in die 1. M zum Ring schließen.

1. Rd: 10 fM in den Ring, mit Km in die 1. M verbinden

Arbeit beenden und Fadenenden vernähen. Auf der Milch anbringen.

LÖFFEL

1. Rd: in **Hellblau** 6 fM in einen magischen Ring [6]

2. Rd: (1 fM, 2 fM in die nächste M) 3x [9]

3. Rd: (2 fM, 2 fM in die nächste M) 3x [12]

4. Rd: (3 fM, 2 fM in die nächste M) 3x [15]

5. Rd: (4 fM, 2 fM in die nächste M) 3x [18]

6.-8. Rd: fM in jede M [18]

9. Rd: (4 fM, 2 fM zus) 3x [15]

10. Rd: (3 fM, 2 fM zus) 3x [12]

11. Rd: fM in jede M [12]

12. Rd: (2 fM, 2 fM zus) 3x [9]

13. Rd: (1 fM, 2 fM zus) 3x [6]

14.-28. Rd: fM in jede M [6]

Nur den Griff des Löffels ausstopfen. Arbeit beenden und Fadenenden vernähen.

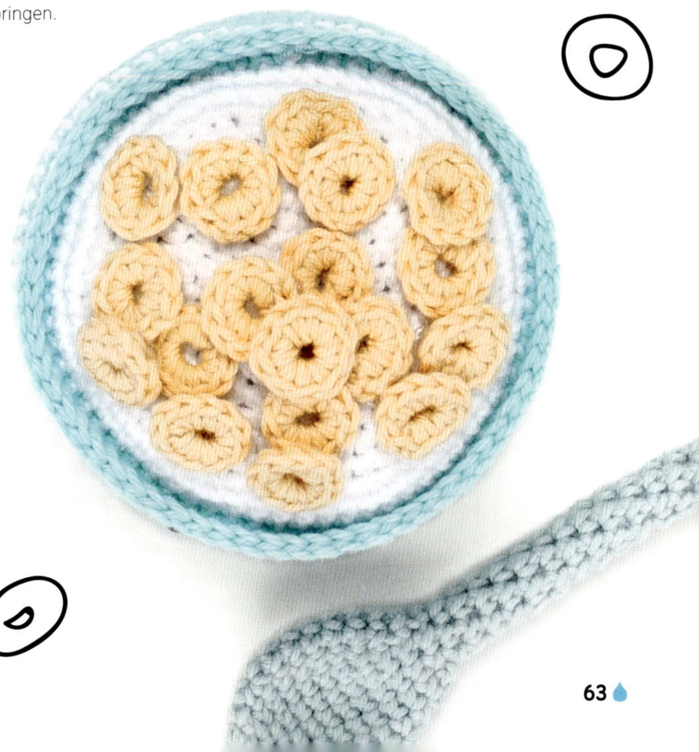

MILCHTÜTE

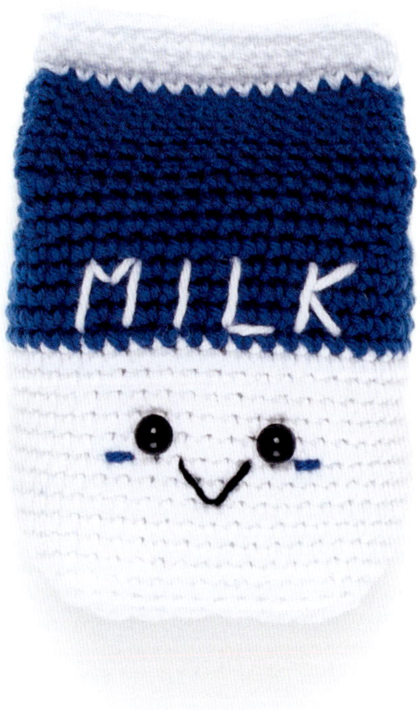

Material

- Häkelnadel 2,75 mm
- 100 % Baumwollgarn, LL 125 m/50 g: je 50 g in Weiß und Blau
- Sicherheitsaugen, 7 mm Ø
- Garnreste in Schwarz und Blau
- Füllwatte
- Wollnadel
- Maschenmarkierer

Fertige Größe

10 cm hoch, 6 cm breit

Maschenprobe

6 fM und 7 R = 2,5 cm

MILCHTÜTE

In **Weiß** 13 Lm.

1. R: fM in die 2. Lm von der Nadel, 11 fM, wenden [12]

2.-12. R: 1 Lm, 12 fM, wenden [12]

Ab jetzt wird in Rd gearbeitet.

13. Rd: fM um alle 4 Seiten, dafür 11 fM auf jeder Seite and 2 fM in jeder Ecke [52]

14. Rd: in hMg arbeiten, fM in jede M [52]

15.-25. Rd: fM in jede M [52]

26. Rd: zu **Blau** wechseln, fM in jede M [52]

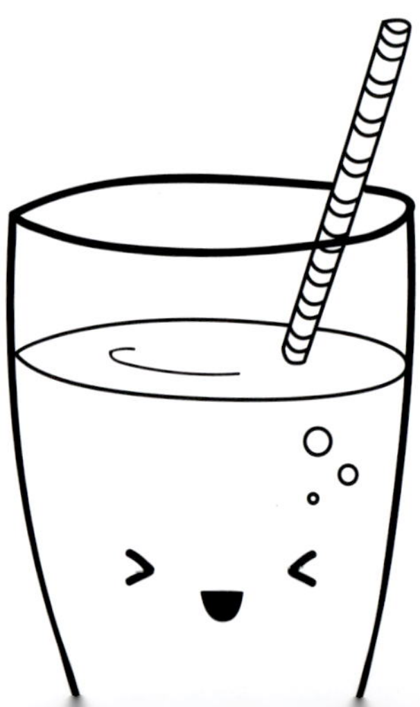

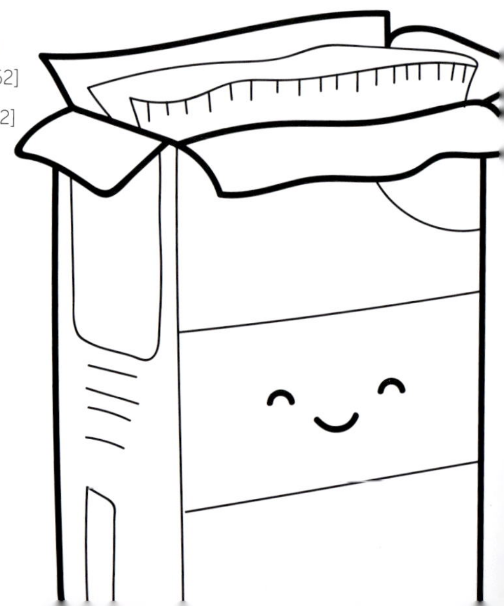

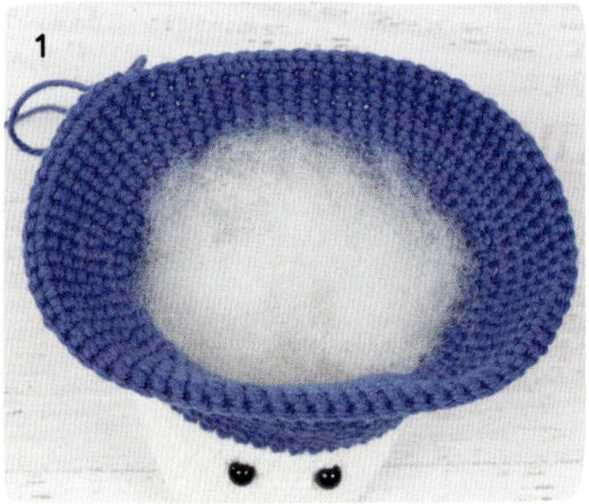

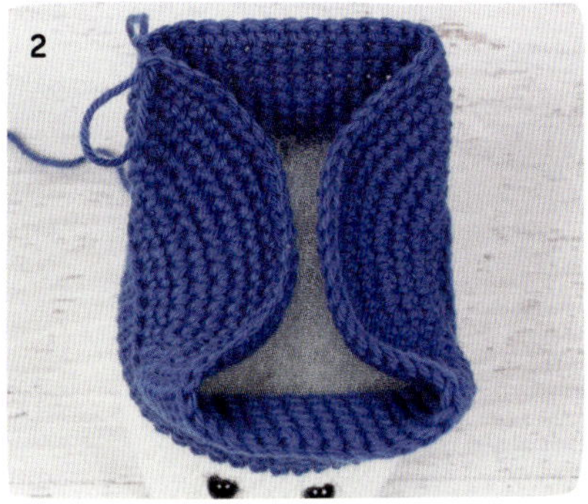

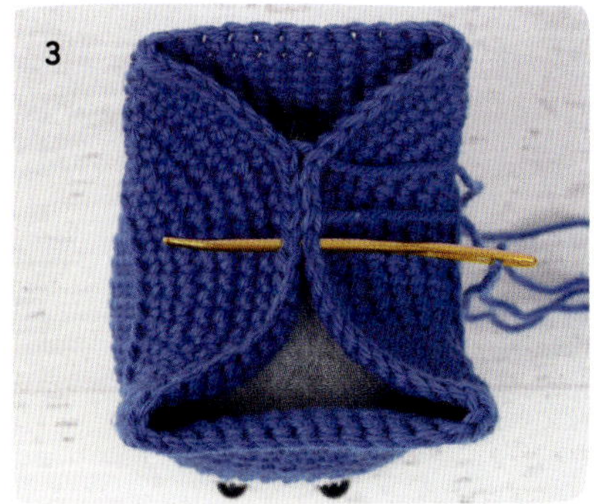

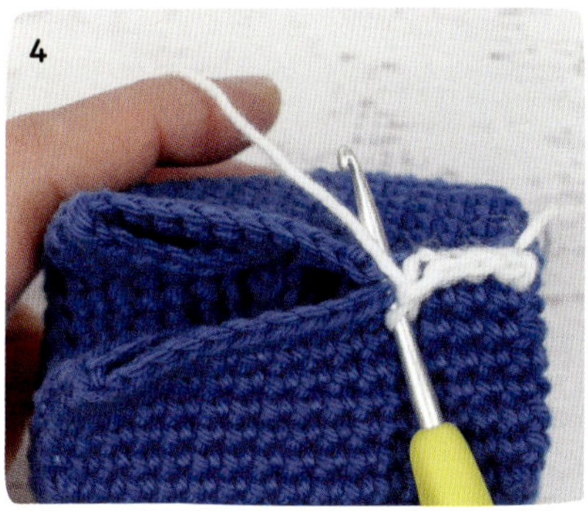

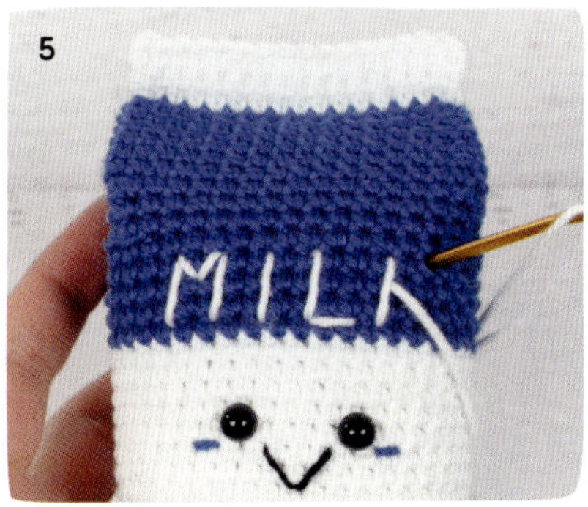

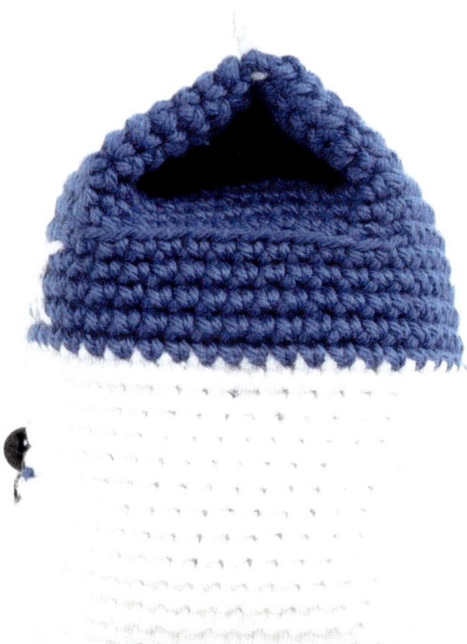

27.-30. Rd: fM in jede M [52]

Zwischen der **21. und 22. Rd** mit einem Abstand von 4 M die Sicherheitsaugen anbringen. Mit dem Ausstopfen beginnen.

31. Rd: (13 fM in hMg arbeiten, 13 fM) 2x [52]

32. Rd: fM in jede M [52]

33. Rd: 13 fM, (2 fM in die nächste M, 1 fM) 6x, 2 fM in die nächste M, 13 fM, (2 fM in die nächste M, 1 fM) 6x, 2 fM in die letzte M [66]

34. Rd: fM in jede M [66]

35. Rd: 13 fM, (2 fM, 2 fM in die nächste M) 6x, 15 fM, (2 fM in die nächste M, 1 fM) 6x, 2 fM [78]

36.-39. Rd: fM in jede M [78]

Fertig ausstopfen (1). Die Seiten, an denen die 13 fM in die hMg gearbeitet wurden, nach innen falten (2).

In **Blau** die mittleren M zusammennähen (3).

Arbeit beenden und Fadenenden vernähen. Die anderen beiden Seiten aufeinanderlegen. Von der oberen rechten Ecke aus in **Weiß** mit fM zusammenhäkeln (4).

Arbeit wenden, 1 Lm, fM in jede M, wenden, Km in jede M. Faden abschneiden und die Enden vernähen

Den Mund und die Wangen in **Schwarz** und **Blau** aufsticken (siehe Ausarbeiten: Gesicht aufsticken). Das Wort „Milch" in **Weiß** vorne auf den Karton sticken (5).

Mit dem Ausformen beginnen und dafür die Nadel von der unteren Mitte zur oberen Mitte (unter den Knicken) führen. Wieder nach unten führen und knapp neben der Mitte ausstechen. Dann unten in der Mitte einstechen und wieder nach oben in die Mitte führen. Den Faden anziehen, sodass auf der Unterseite der Milchtüte eine Vertiefung entsteht. Faden verwahren und abschneiden.

REGENWOLKE

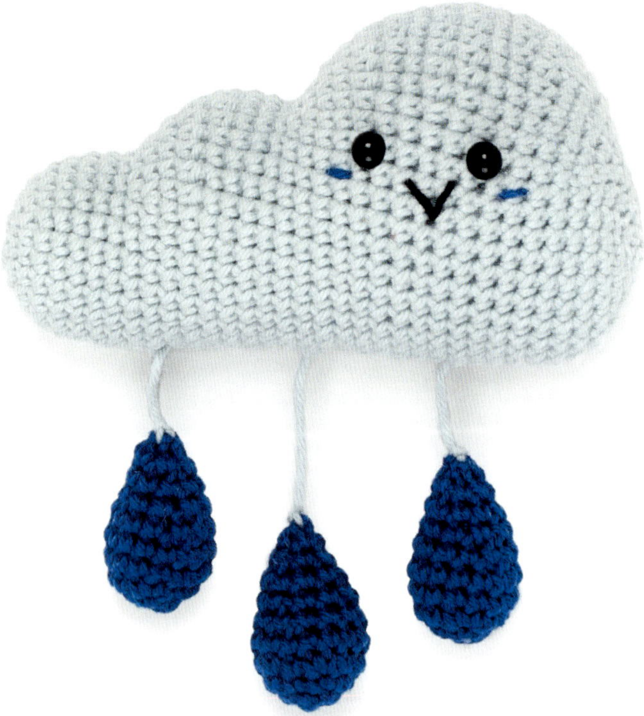

Material

- Häkelnadel 2,75 mm
- 100 % Baumwollgarn, LL 125 m/50 g: je 50 g in Hellblau und Dunkelblau
- Sicherheitsaugen, 7 mm Ø
- Garnreste in Dunkelblau und Schwarz
- Füllwatte
- Wollnadel
- Maschenmarkierer

Fertige Größe

14 cm hoch, 13 cm breit

Maschenprobe

6 fM und 7 R = 2,5 cm

WOLKE

1. Rd: in **Hellblau** 6 fM in einen magischen Ring [6]

2. Rd: 2 fM in jede M [12]

3. Rd: (1 fM, 2 fM in die nächste M) 6x [18]

4. Rd: (2 fM, 2 fM in die nächste M) 6x [24]

5.-8. Rd: fM in jede M [24]

9. Rd: 9 fM, (2 fM zus, 1 fM) 3x, 6 fM [21]

10. Rd: 8 fM, (2 fM in die nächste M, 1 fM) 4x, 5 fM [25]

11. Rd: 8 fM, (2 fM in die nächste M, 2 fM) 4x, 5 fM [29]

12. Rd: 12 fM, 2 fM in die nächste M, 3 fM, 2 fM in die nächste M, 12 fM [31]

13. Rd: 9 fM, 15 hStb, 7 fM [31]

14. Rd: 13 fM, 9 hStb, 9 fM [31]

15. und 16. Rd: fM in jede M [31]

17. Rd: 14 fM, (2 fM zus, 1 fM) 3x, 8 fM [28]

18. Rd: 13 fM, (2 fM in die nächste M, 1 fM) 4x, 7 fM [32]

19. Rd: 14 fM, (2 fM in die nächste M, 2 fM) 4x, 6 fM [36]

20. Rd: 18 fM, 2 fM in die nächste M, 3 fM, 2 fM in die nächste M, 13 fM [38]

21. Rd: 18 fM, 2 fM in die nächste M, 4 fM, 2 fM in die nächste M, 14 fM [40]

22. Rd: 16 fM, 12 hStb, 12 fM [40]

23. Rd: 19 fM, 7 hStb, 14 fM [40]

24. Rd: fM in jede M [40]

25. und 26. Rd: 16 fM, 12 Stb, 12 fM [40]

27. Rd: fM in jede M [40]

28. Rd: 20 fM, 7 hStb, 13 fM [40]

29. Rd: 18 fM, 12 hStb, 10 fM [40]

30. Rd: 20 fM, 2 fM zus, 4 fM, 2 fM zus, 12 fM [38]

Zwischen der **22. und 23. Rd** das eine und zwischen der **27. und 28. Rd** das andere Sicherheitsauge anbringen. Mit dem Ausstopfen beginnen.

31. Rd: 20 fM, 2 fM zus, 3 fM, 2 fM zus, 11 fM [36]

32. Rd: 14 fM, (2 fM zus, 2 fM) 4x, 6 fM [32]

33. Rd: 14 fM, (2 fM zus, 1 fM) 4x, 6 fM [28]

34. Rd: 14 fM, (2 fM zus) 4x, 6 fM [24]

35. Rd: (2 fM, 2 fM zus) 6x [18]

36. Rd: (1 fM, 2 fM zus) 6x [12]

37. Rd: (2 fM zus) 6x [6]

Fertig ausstopfen. Den Faden lang abschneiden, in eine Wollnadel fädeln und durch die vMg die Öffnung schließen. Alle Fadenenden vernähen.

Den Mund und die Wangen in **Schwarz** und **Dunkelblau** aufsticken (siehe Ausarbeiten: Gesicht aufsticken).

REGENTROPFEN (3X HÄKELN)

1. Rd: in **Dunkelblau** 5 fM in einen magischen Ring [5]

2. Rd: 2 fM in jede M [10]

3. Rd: (1 fM, 2 fM in die nächste M) 5x [15]

4. und 5. Rd: fM in jede M [15]

6. Rd: (3 fM, 2 fM zus) 3x [12]

Ausstopfen.

7. Rd: (2 fM, 2 fM zus) 3x [9]

8. Rd: fM in jede M [9]

9. Rd: (1 fM, 2 fM zus) 3x [6]

Faden lang abschneiden, in eine Wollnadel fädeln und durch vMg die Öffnung schließen. Fadenenden vernähen..

Mit einem Faden in **Hellblau** die Regentropfen unten an der Wolke an der **10., 18. und 26. Rd** befestigen.
Der mittlere Tropfen soll 4 cm, die beiden anderen 2,5 cm lang herunterhängen. Arbeit beenden und Fadenenden vernähen.

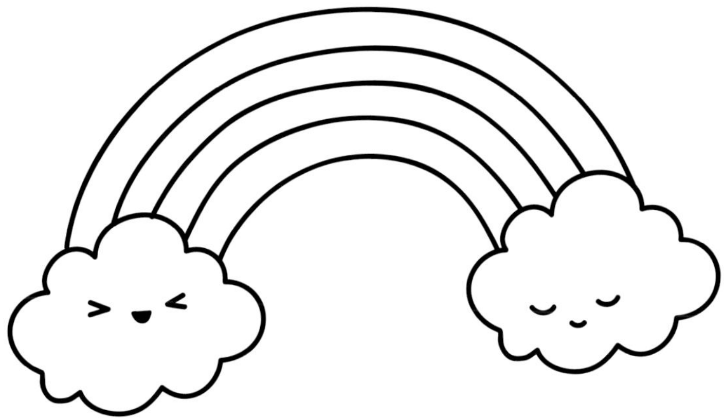

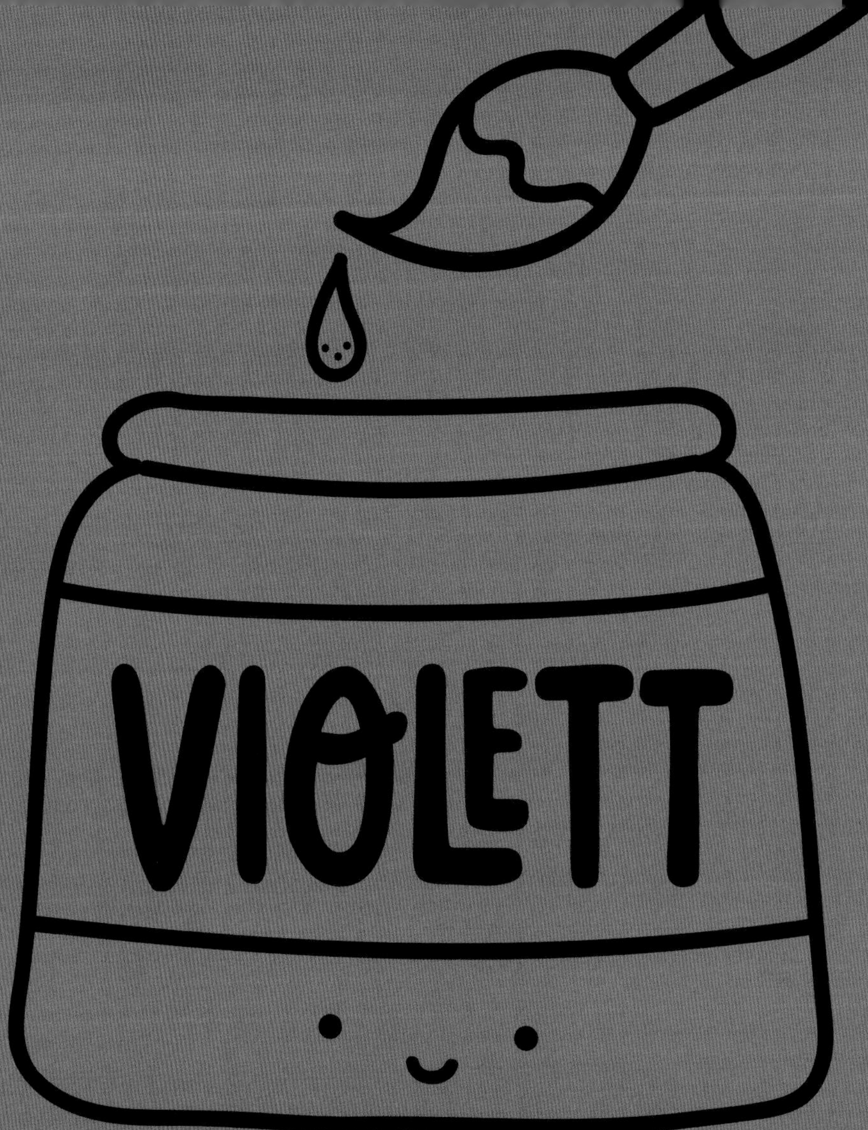

Violett ist eine sehr intensive Farbe, die die Fantasie anregen kann. Sie ist dominant und daher nicht so einfach in ein Design zu integrieren. Wenn man ganz sichergehen will, verwendet man sie in einem monochromen Farbschema, also mit unterschiedlichen Tönen derselben Farbe.

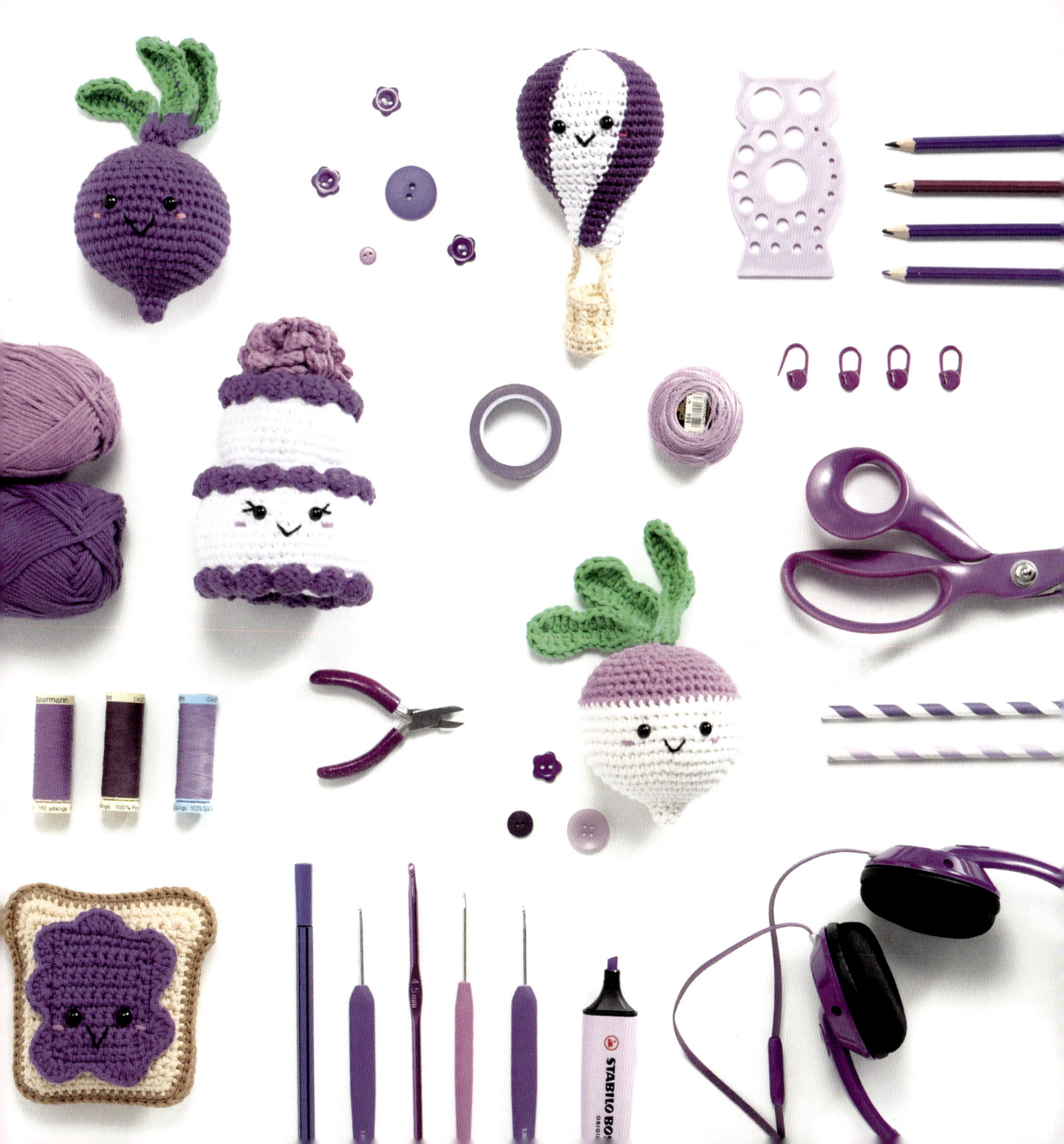

ROTE BETE

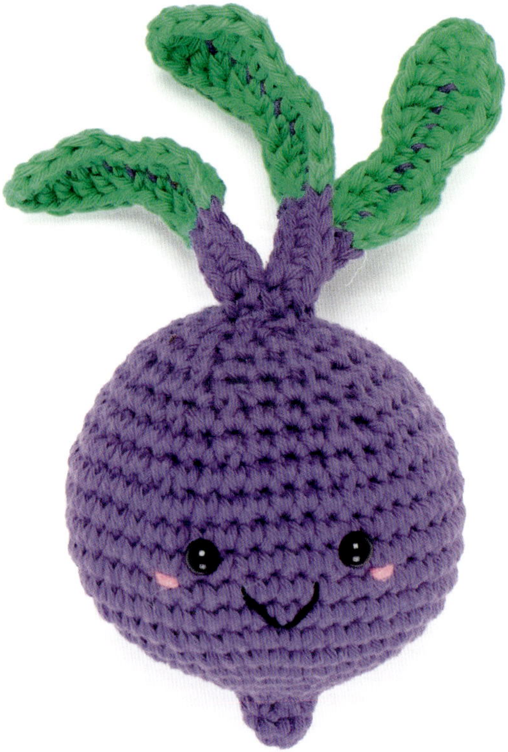

ROTE BETE

1. Rd: in **Violett** 6 fM in einen magischen Ring [6]

2. Rd: fM in jede M [6]

3. Rd: (1 fM, 2 fM in die nächste M) 3x [9]

4. Rd: (2 fM, 2 fM in die nächste M) 3x [12]

5. Rd: (1 fM, 2 fM in die nächste M) 6x [18]

6. Rd: (2 fM, 2 fM in die nächste M) 6x [24]

7. Rd: (3 fM, 2 fM in die nächste M) 6x [30]

8. Rd: (4 fM, 2 fM in die nächste M) 6x [36]

9. Rd: (5 fM, 2 fM in die nächste M) 6x [42]

10. Rd: (6 fM, 2 in die nächste M) 6x [48]

11.–15. Rd: fM in jede M [48]

16. Rd: (3 fM, 2 fM zus, 3 fM) 6x [42]

17. Rd: (5 fM, 2 fM zus) 6x [36]

Zwischen der **13. und 14. Rd** mit einem Abstand von 5 M die Sicherheitsaugen anbringen. Mit dem Ausstopfen beginnen.

18. Rd: (2 fM, 2 fM zus, 2 fM) 6x [30]

19. Rd: (3 fM, 2 fM zus) 6x [24]

20. Rd: (1 fM, 2 fM zus, 1 fM) 6x [18]

21. Rd: (2 fM zus, 1 fM) 6x [12]

22. Rd: (2 fM zus) 6x [6]

Fertig ausstopfen. Den Faden lang abschneiden, in eine Wollnadel fädeln und durch die vMg die Öffnung schließen. Alle Fadenenden vernähen.

Den Mund und die Wangen in **Schwarz** und **Pink** aufsticken (siehe Ausarbeiten: Gesicht aufsticken).

Material

- Häkelnadel 3,25 mm
- 100 % Baumwollgarn, LL 85 m/50 g: je 50 g in Violett und Grün
- Sicherheitsaugen, 7 mm Ø
- Garnreste in Pink und Schwarz
- Füllwatte
- Wollnadel
- Maschenmarkierer

Fertige Größe

18 cm hoch, 8,5 cm breit

Maschenprobe

5 fM und 6 R = 2,5 cm

Häkelmuster Blatt

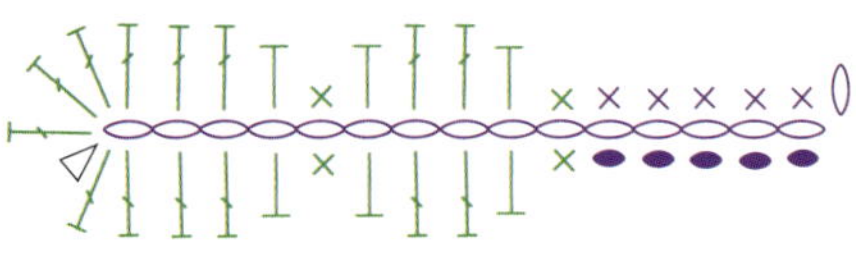

BLATT (3X HÄKELN)

In **Violett** 16 Lm.

1. R: fM in die 2. Lm von der Nadel, 4 fM, zu **Grün** wechseln, 1 fM, 1 hStb, 2 Stb, 1 hStb, 1 fM, 1 hStb, 2 Stb, 6 Stb in die nächste Lm, auf der andern Seite der Lm-Kette arbeiten, 2 Stb, 1 hStb, 1 fM, 1 hStb, 2 Stb, 1 hStb, 1 fM, zu **Violett** wechseln, 5 Km

Faden lang abschneiden, in eine Wollnadel fädeln und damit die Blätter oben an die Knolle nähen.

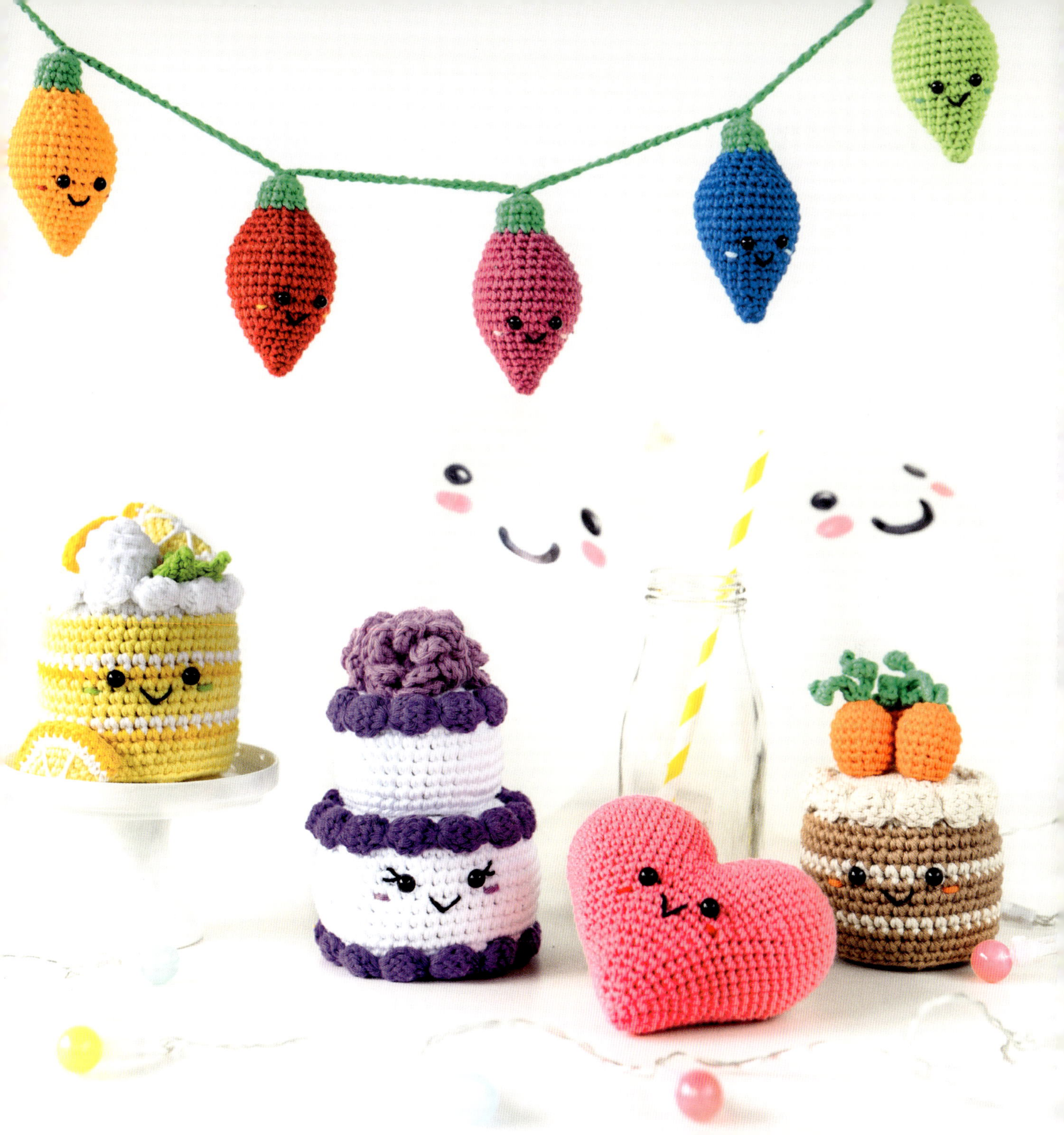

HEIẞLUFT-BALLON

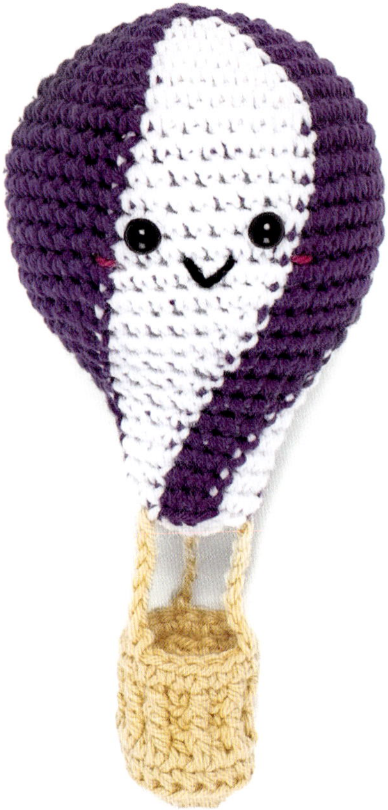

Material

- Häkelnadel 2,75 mm
- 100 % Baumwollgarn, LL 125 m/50 g: je 50 g in Violett, Weiß und Hellbraun
- Sicherheitsaugen, 7 mm Ø
- Garnreste in Schwarz und Pink
- Füllwatte
- Wollnadel
- Maschenmarkierer

Fertige Größe

15 cm hoch, 8 cm breit

Maschenprobe

6 fM und 7 R = 2,5 cm

BALLON

1. Rd: in **Violett** 6 fM in einen magischen Ring [6]

2. Rd: 2 fM in jede M [12]

Ab jetzt wird mit beiden Garnen gleichzeitig gearbeitet (siehe Mit verschiedenen Farben arbeiten: Faden mitführen/In zwei Farben arbeiten).

3. Rd: (zu **Weiß** wechseln, 1 fM, 2 fM in die nächste M, zu **Violett** wechseln, 1 fM, 2 fM in die nächste M) 3x [18]

4. Rd: (zu **Weiß** wechseln, 2 fM, 2 fM in die nächste M, zu **Violett** wechseln, 2 fM, 2 fM in die nächste M) 3x [24]

5. Rd: (zu **Weiß** wechseln, 3 fM, 2 fM in die nächste M, zu **Violett** wechseln, 3 fM, 2 fM in die nächste M) 3x [30]

6. Rd: (zu **Weiß** wechseln, 4 fM, 2 fM in die nächste M, zu **Violett** wechseln, 4 fM, 2 fM in die nächste M) 3x [36]

7. Rd: (zu **Weiß** wechseln, 5 fM, 2 fM in die nächste M, zu **Violett** wechseln, 5 fM, 2 fM in die nächste M) 3x [42]

8. Rd: (zu **Weiß** wechseln, 6 fM, 2 fM in die nächste M, zu **Violett** wechseln, 6 fM, 2 fM in die nächste M) 3x [48]

9.-16. Rd: (zu **Weiß** wechseln, 8 fM, zu **Violett** wechseln, 8 fM) 3x [48]

Zwischen der **13. und 14. Rd** mit einem Abstand von 4 M die Sicherheitsaugen anbringen.
Mit dem Ausstopfen beginnen.

17. Rd: (zu **Weiß** wechseln, 6 fM, 2 fM zus, zu **Violett** wechseln, 6 fM, 2 fM zus) 3x [42]

18. Rd: (zu **Weiß** wechseln, 5 fM, 2 fM zus, zu **Violett** wechseln, 5 fM, 2 fM zus) 3x [36]

19. Rd: (zu **Weiß** wechseln, 4 fM, 2 fM zus, zu **Violett** wechseln, 4 fM, 2 fM zus) 3x [30]

20. Rd: (zu **Weiß** wechseln, 5 fM, zu **Violett** wechseln, 3 fM, 2 fM zus) 3x [27]

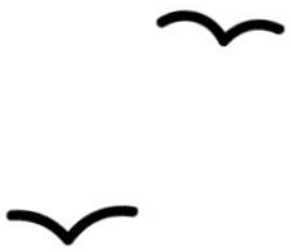

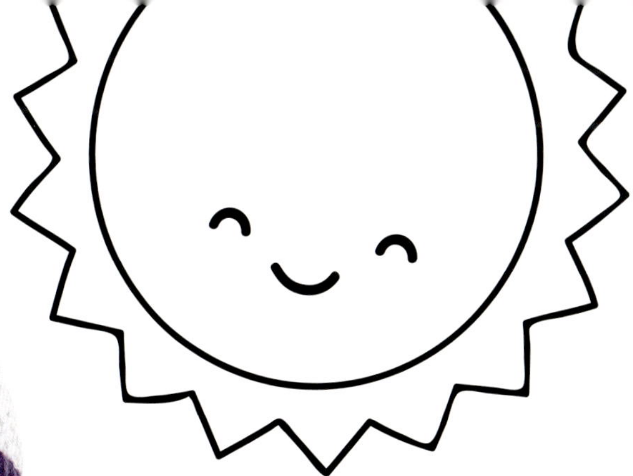

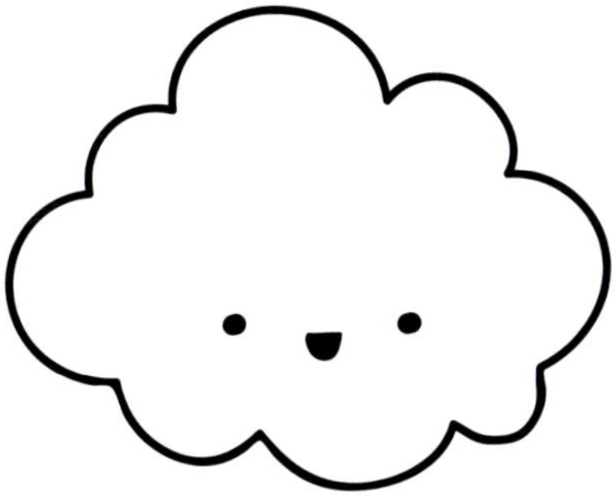

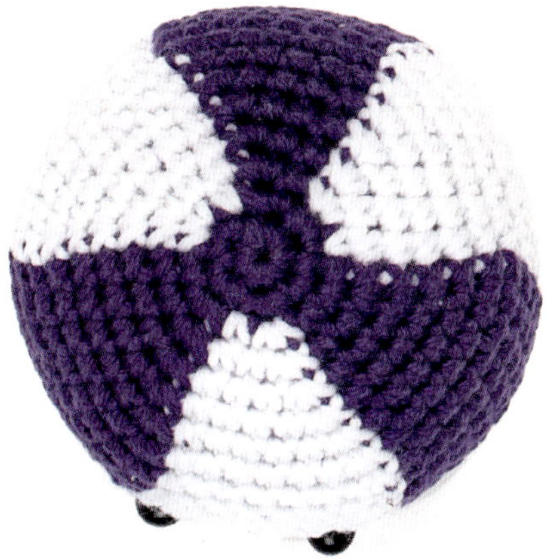

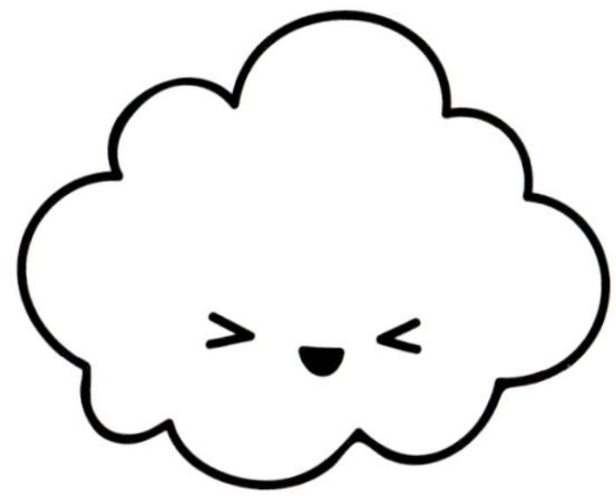

21. Rd: (zu **Weiß** wechseln, 3 fM, 2 fM zus, zu **Violett** wechseln, 4 fM) 3x [24]

22. Rd: (zu **Weiß** wechseln, 4 fM, zu **Violett** wechseln, 2 fM, 2 fM zus) 3x [21]

23. Rd: (zu **Weiß** wechseln, 4 fM, zu **Violett** wechseln, 4 fM) 3x [21]

24. Rd: (zu **Weiß** wechseln, 2 fM, 2 fM zus, zu **Violett** wechseln, 3 fM) 3x [18]

25. und 26. Rd: (zu **Weiß** wechseln, 3 fM, zu **Violett** wechseln, 3 fM) 3x [18]

27. Rd: zu **Weiß** wechseln, in hMg arbeiten, (2 fM zus, 1 fM) 6x [12]

28. Rd: (2 fM zus) 6x [6]

Fertig ausstopfen. Den Faden lang abschneiden, in eine Wollnadel fädeln und durch die vMg die Öffnung schließen. Alle Fadenenden vernähen.

Den Mund und die Wangen in **Schwarz** und **Pink** aufsticken (siehe Ausarbeiten: Gesicht aufsticken).

KORB

1. Rd: in **Hellbraun** 6 fM in magischen Ring [6]

2. Rd: 2 fM in jede M [12]

3. Rd: (1 fM, 2 fM in die nächste M) 6x [18]

4. Rd: in hMg arbeiten, fM in jede M, mit Km in die 1. M verbinden [18]

5. Rd: 1 Lm, hStb in jede M, mit Km in die 1. M verbinden [18]

6. und 7. Rd: 1 Lm, (hvReliefStb, in hMg arbeiten, 1 fM) 9x, mit Km in die 1. M verbinden [18]

8. Rd: 1 Lm, fM in jede M [18]

Unsichtbares Ende arbeiten (siehe Beenden: Unsichtbares Ende) und alle Fadenenden vernähen.

In **Hellbraun** Km in eine M der **8. Rd** des Korbs, 6 Lm, Km in eine M der **27. Rd** des Ballons, und so das Seil häkeln, mit dem der Korb am Ballon befestigt ist. Arbeit beenden und Fadenenden vernähen. Auf dieselbe Weise in gleichmäßigen Abständen zwei weitere Seile häkeln.

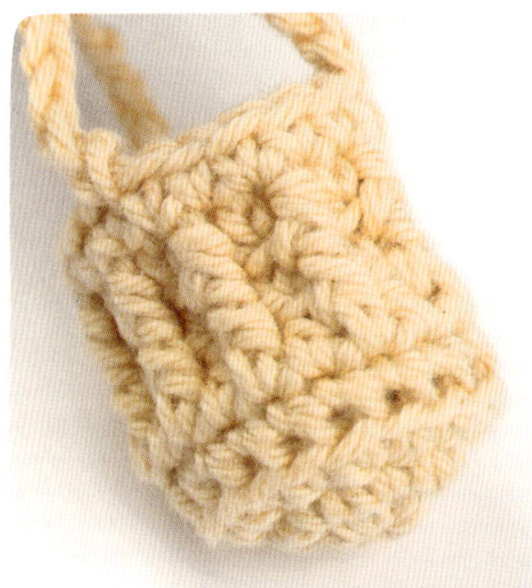

MARMELADENTOAST

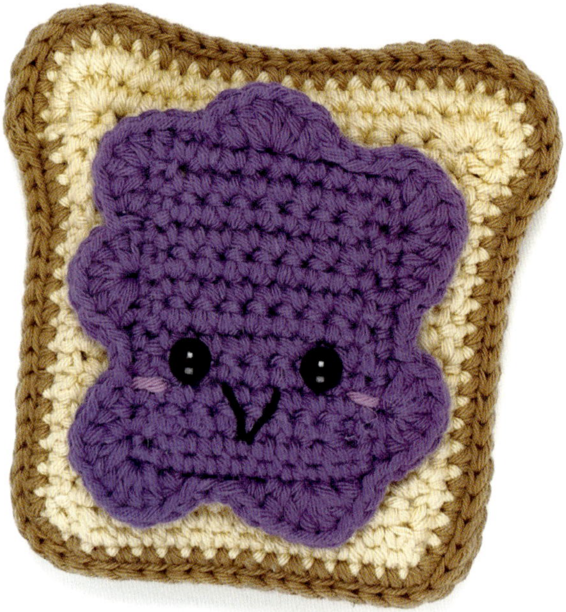

Material

- Häkelnadel 3,25 mm
- 100 % Baumwollgarn, LL 85 m/50 g: je 50 g in Violett, Hellbraun und Dunkelbraun
- Sicherheitsaugen, 8 mm Ø
- Garnreste in Pink und Schwarz
- Füllwatte
- Wollnadel
- Maschenmarkierer

Fertige Größe

10 cm hoch, 9 cm breit

Maschenprobe

5 fM und 6 R = 2,5 cm

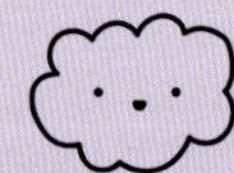

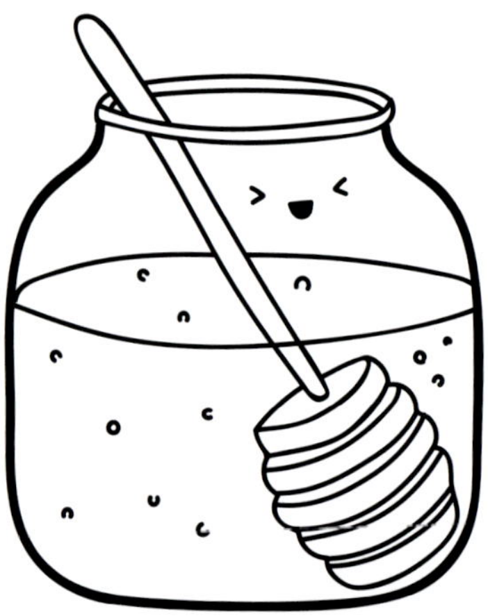

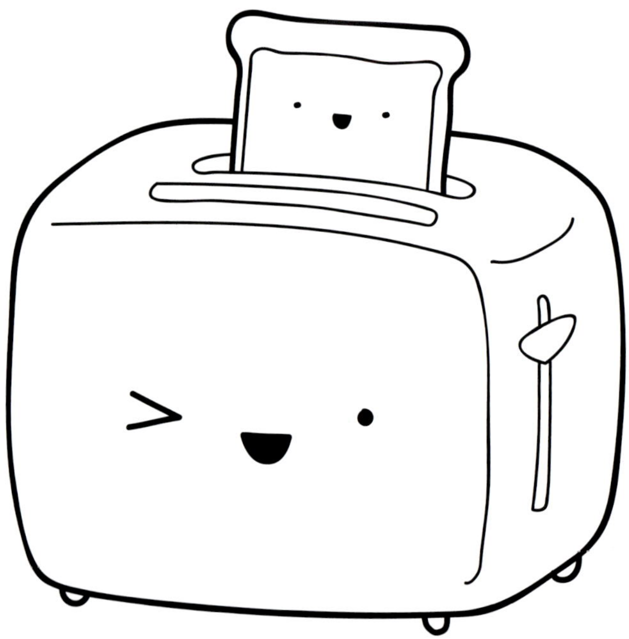

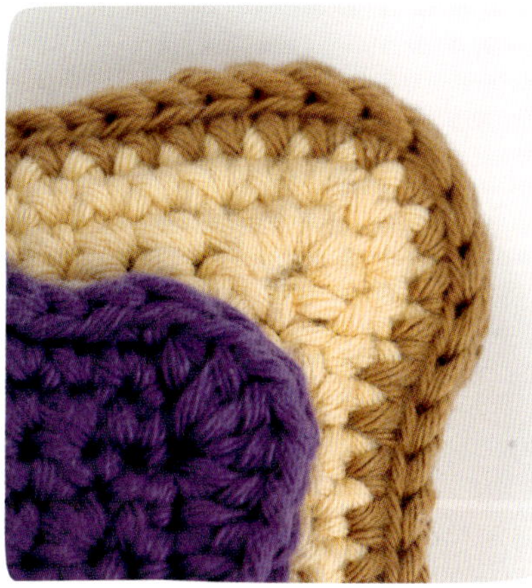

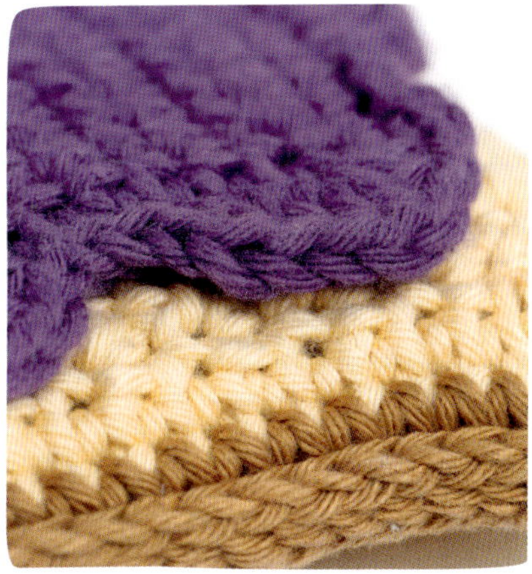

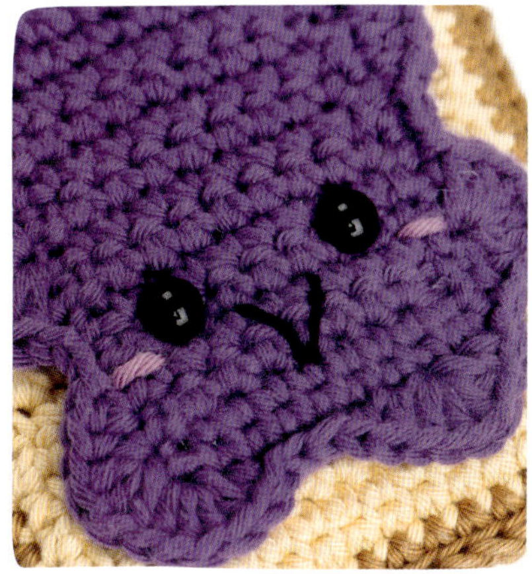

TOAST (2X HÄKELN)

In **Hellbraun** 15 Lm.

1. R: 2 fM in die 2. M von der Nadel, 13 fM, wenden [14]

2.-16. R: 1 Lm, fM in jede M, wenden [14]

17. R: 1 Lm, 6 fM in die 1. M, 12 fM, 6 fM in die letzte M [24]

18. Rd: um die Arbeit herumhäkeln, 15 fM, 2 fM in die Ecke, 14 fM, 2 fM in die Ecke, 15 fM, (1 fM, 2 fM in die nächste M) 3x, 12 fM, (2 fM in die nächte M, 1 fM) 3x [78]

19. Rd: zu **Dunkelbraun** wechseln, 16 fM, 2 fM in die nächste M, 14 fM, 2 fM in die nächste M, 46 fM [80]

Unsichtbares Ende arbeiten (siehe Beenden: Unsichtbares Ende) und alle Fadenenden vernähen. Den Endfaden nicht abschneiden, sondern im zweiten Teil vernähen.

MARMELADE

In **Violett** 9 Lm.

1. R: fM in die 2. Lm von der Nadel, 7 fM, wenden [8]

2.-11. R: 1 Lm, fM in jede M, wenden [8]

12. Rd: um die Arbeit herumhäkeln, 2 fM in die 1. M, 9 fM, 2 fM in die Ecke, 8 fM, 2 fM in die Ecke, 9 fM, 2 fM in die Ecke, 8 fM [42]

13. Rd: 1 hStb, 4 hStb in die nächste M, 1 hStb, 1 Km, nächste M überspringen, 6 hStb in die nächste M, nächste M überspringen, 2 Km, 1 hStb, 4 hStb in die nächste M, 4 hStb in die nächste M, 1 hStb, 3 Km, 1 fM, 1 hStb, 4 hStb in die nächste M, 1 hStb, 1 fM, 2 Km, nächste M überspringen, 6 hStb in die nächste M, nächste M überspringen, 3 Km, 1 fM, 1 hStb, 4 hStb in die nächste M, 1 hStb, 1 fM, 3 Km, 1 hStb, 4 hStb in die nächste M, 1 hStb, 2 Km [66]
Unsichtbares Ende arbeiten (siehe Beenden: Unsichtbares Ende) und alle Fadenenden vernähen.

Die Marmelade auf den zweiten Toast legen.

Die Sicherheitsaugen mit einem Abstand von **4 M** zwischen der **4. und 5. Rd** auf der Marmelade und zwischen der **7. und 8. Rd** auf dem Toast anbringen.

Die Marmelade auf dem Toast anbringen. Den ersten Toast mit der rechten Seite nach unten unter den zweiten legen. Mit dem Faden des zweiten Toasts Km um beide Teile häkeln und diese so verbinden. Dabei locker ausstopfen. Arbeit beenden und Fadenenden vernähen.

Den Mund und die Wangen in **Schwarz** und **Pink** aufsticken (siehe Ausarbeiten: Gesicht aufsticken).

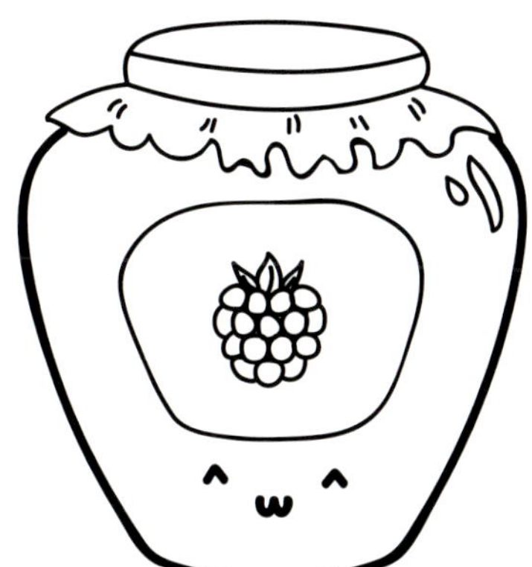

RÜBE

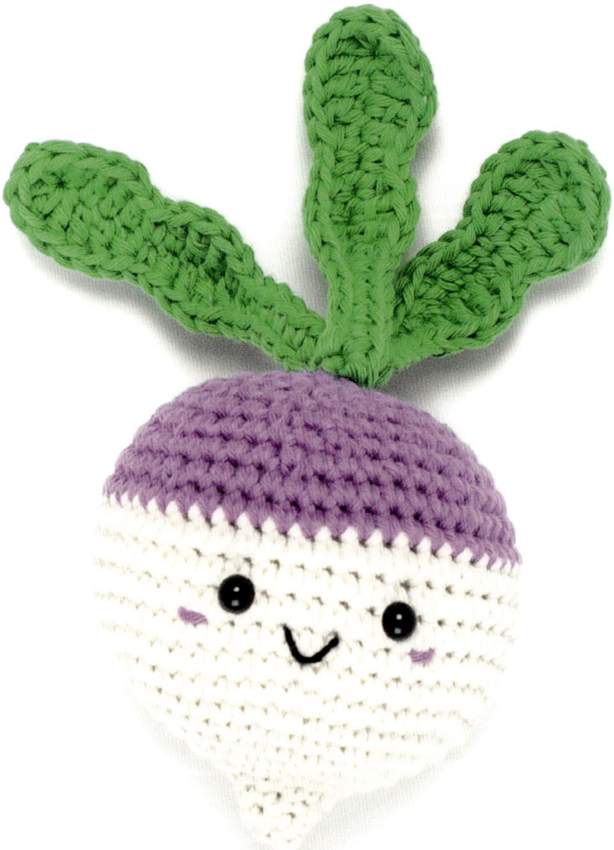

Material

- Häkelnadel 3,25 mm
- 100 % Baumwollgarn, LL 85 m/50 g: je 50 g in Cremeweiß, Violett und Grün
- Sicherheitsaugen, 7 mm Ø
- Garnreste in Violett und Schwarz
- Füllwatte
- Wollnadel
- Maschenmarkierer

Fertige Größe

18 cm hoch, 9 cm breit

Maschenprobe

5 fM und 6 R = 2,5 cm

RÜBE

1. Rd: in **Cremeweiß** 6 fM in einen magischen Ring [6]

2. Rd: fM in jede M [6]

3. Rd: (1 fM, 2 fM in die nächste M) 3x [9]

4. Rd: (2 fM, 2 fM in die nächste M) 3x [12]

5. Rd: (1 fM, 2 fM in die nächste M) 6x [18]

6. Rd: (2 fM, 2 fM in die nächste M) 6x [24]

7. Rd: (3 fM, 2 fM in die nächste M) 6x [30]

8. Rd: (4 fM, 2 fM in die nächste M) 6x [36]

9. Rd: (5 fM, 2 fM in die nächste M) 6x [42]

10. Rd: (6 fM, 2 fM in die nächste M) 6x [48]

11. Rd: (15 fM, 2 fM in die nächste M) 3x [51]

12.–15. Rd: fM in jede M [51]

16. Rd: zu **Violett** wechseln, fM in jede M [51]

17. Rd: (2 fM zus, 15 fM) 3x [48]

18. Rd: (3 fM, 2 fM zus, 3 fM) 6x [42]

19. Rd: (5 fM, 2 fM zus) 6x [36]

Zwischen der **13. und 14. Rd** mit einem Abstand von 5 M die Sicherheitsaugen anbringen. Mit dem Ausstopfen beginnen.

20. Rd: (2 fM, 2 fM zus, 2 fM) 6x [30]

21. Rd: (3 fM, 2 fM zus) 6x [24]

22. Rd: (1 fM, 2 fM zus, 1 fM) 6x [18]

23. Rd: (2 fM zus, 1 fM) 6x [12]

24. Rd: (2 fM zus) 6x [6]

Fertig ausstopfen. Den Faden lang abschneiden, in eine Wollnadel fädeln und durch die vMg die Öffnung schließen. Alle Fadenenden vernähen.

Den Mund und die Wangen in **Schwarz** und **Violett** aufsticken (siehe Ausarbeiten: Gesicht aufsticken).

BLATT (3X HÄKELN)

In **Grün** 16 Lm.

1. R: fM in die 2. M von der Nadel, 5 fM, 1 hStb, 2 Stb, 1 hStb, 1 fM, 1 hStb, 2 Stb, 6 Stb in die nächste Lm, auf der anderen Seite der Lm-Kette arbeiten, 2 Stb, 1 hStb, 1 fM, 1 hStb, 2 Stb, 1 hStb, 1 fM, 5 Km

Faden lang abschneiden, in eine Wollnadel einfädeln und damit die Blätter oben an die Rübe nähen.

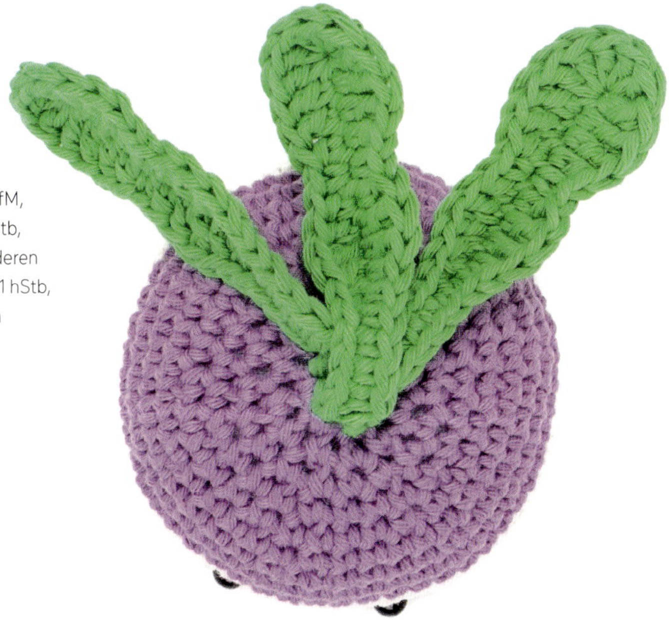

Häkelmuster Blatt

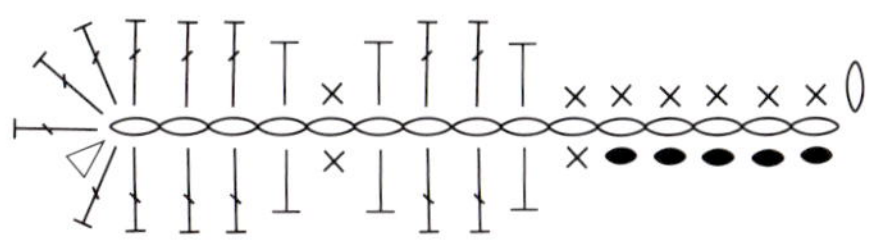

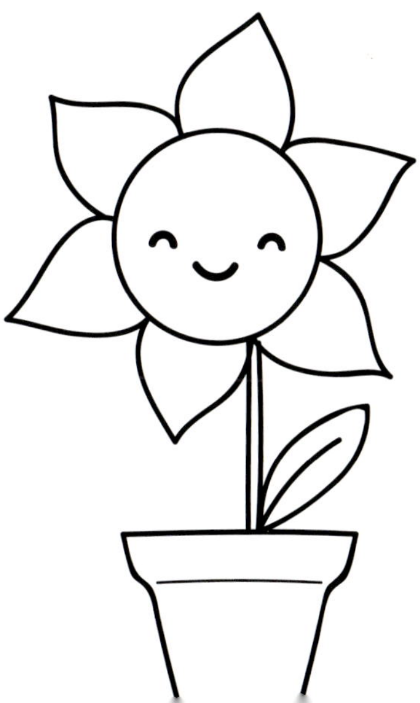

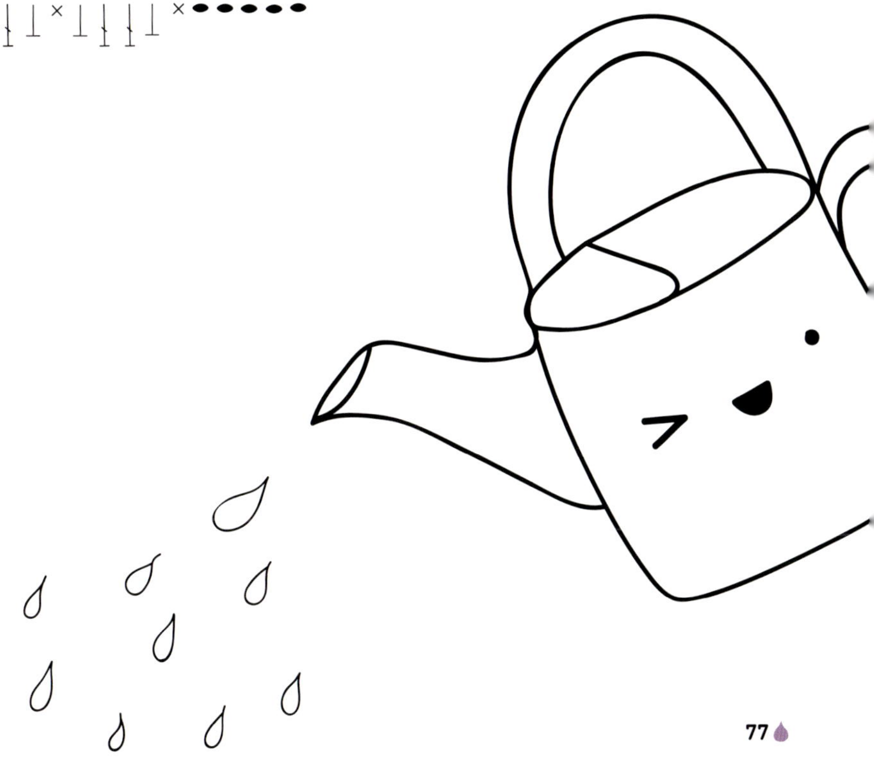

HOCHZEITS-TORTE

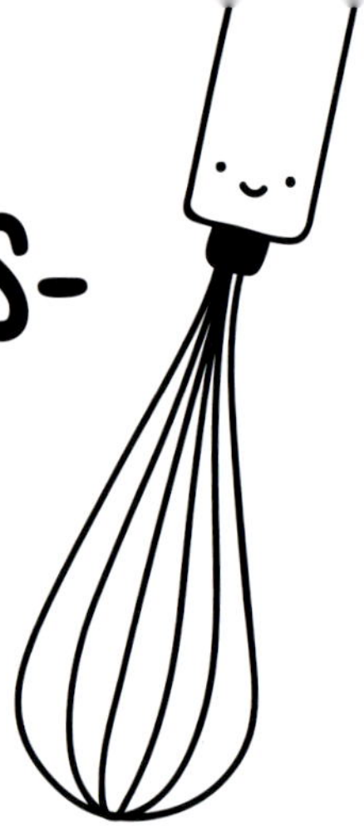

Material

- Häkelnadel 3,25 mm
- 100 % Baumwollgarn, LL 85 m/50 g: je 50 g in Weiß, Violett, und Rosa
- Sicherheitsaugen, 7 mm Ø
- Garnreste in Rosa und Schwarz
- Füllwatte
- Wollnadel
- Maschenmarkierer

Fertige Größe

13 cm hoch, 9 cm breit

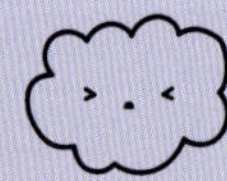

Maschenprobe

5 fM und 6 R = 2,5 cm

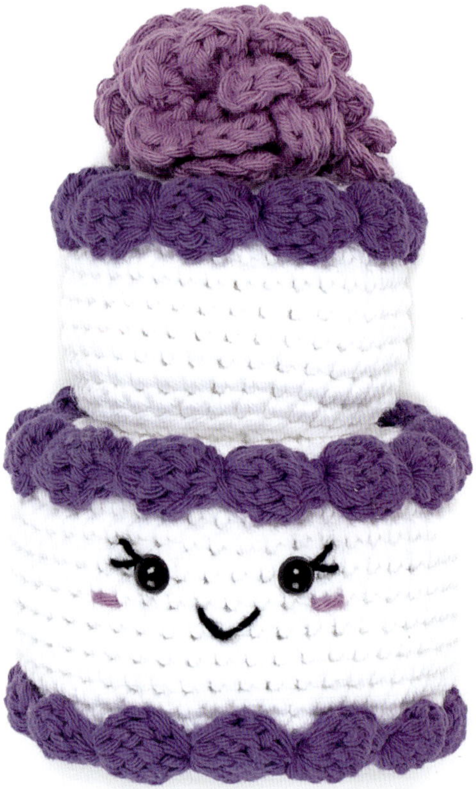

UNTERE TORTENSCHICHT

1. Rd: in **Weiß** 6 fM in einen magischen Ring [6]

2. Rd: 2 fM in jede M [12]

3. Rd: (1 fM, 2 fM in die nächste M) 6x [18]

4. Rd: (2 fM, 2 fM in die nächste M) 6x [24]

5. Rd: (3 fM, 2 fM in die nächste M) 6x [30]

6. Rd: (4 fM, 2 fM in die nächste M) 6x [36]

7. Rd: (5 fM, 2 fM in die nächste M) 6x [42]

8. Rd: (6 fM, 2 fM in die nächste M) 6x [48]

9. Rd: in hMg arbeiten, fM in jede M [48]

10.-17. Rd: fM in jede M [48]

Zwischen der **11. und 12. Rd** mit einem Abstand von 4 M die Sicherheitsaugen anbringen. Mit dem Ausstopfen beginnen.

18. Rd: in hMg arbeiten, (6 fM, 2 fM zus) 6x [42]

19. Rd: (5 fM, 2 fM zus) 6x [36]

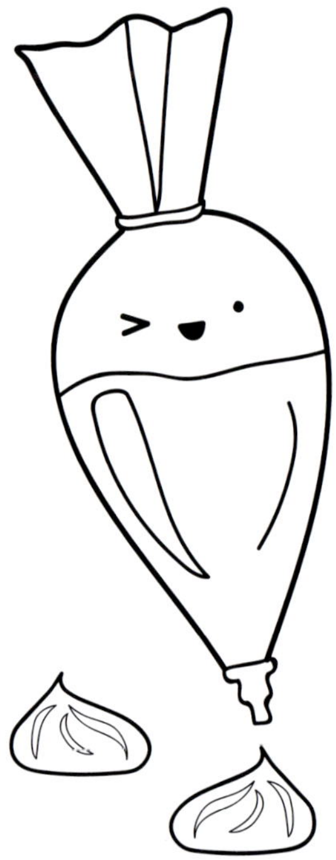

20. Rd: (4 fM, 2 fM zus) 6x [30]

21. Rd: (3 fM, 2 fM zus) 6x [24]

22. Rd: (2 fM, 2 fM zus) 6x [18]

23. Rd: (1 fM, 2 fM zus) 6x [12]

24. Rd: (2 fM zus) 6x [6]

Fertig ausstopfen. Den Faden lang abschneiden, in eine Wollnadel fädeln und durch die vMg die Öffnung schließen. Alle Fadenenden vernähen.

Die Wimpern, den Mund und die Wangen in **Schwarz** und **Rosa** aufsticken (siehe Ausarbeiten: Gesicht aufsticken).

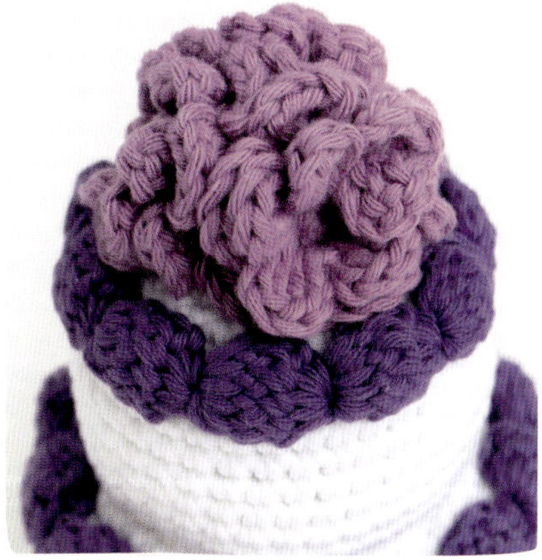

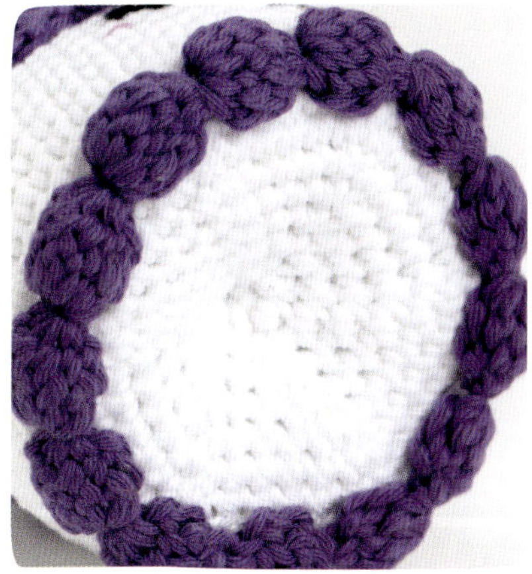

OBERE TORTENSCHICHT

1. Rd: in **Weiß** 6 fM in einen magischen Ring [6]

2. Rd: 2 fM in jede M [12]

3. Rd: (1 fM, 2 fM in die nächste M) 6x [18]

4. Rd: (2 fM, 2 fM in die nächste M) 6x [24]

5. Rd: (3 fM, 2 fM in die nächste M) 6x [30]

6. Rd: (4 fM, 2 fM in die nächste M) 6x [36]

7. Rd: in hMg arbeiten, fM in jede M [36]

8.–13. Rd: fM in jede M [36]

14. Rd: in hMg arbeiten, (4 fM, 2 fM zus) 6x [30]

15. Rd: (3 fM, 2 fM zus) 6x [24]

16. Rd: (2 fM, 2 fM zus) 6x [18]

Ausstopfen.

17. Rd: (1 fM, 2 fM zus) 6x [12]

18. Rd: (2 fM zus) 6x [6]

Fertig ausstopfen. Den Faden lang abschneiden, in eine Wollnadel fädeln und durch die vMg die Öffnung schließen. Alle Fadenenden vernähen.

Die obere auf die untere Tortenschicht nähen.

Mit dem Ausformen beginnen und dafür die Nadel von der unteren Mitte zur oberen Mitte führen. Wieder nach unten führen und knapp neben der Mitte ausstechen. Dann unten in der Mitte einstechen und wieder nach oben in die Mitte führen. Den Faden anziehen, sodass unten auf der Torte eine Vertiefung entsteht. Faden verwahren und abschneiden.

GUSS FÜR DIE UNTERE TORTENSCHICHT (2X HÄKELN)

1. R: in **Violett** (4 Lm, Noppe 5 Stb [siehe Besondere Maschenarten: Noppe aus 5 Stäbchen] in die 4. Lm von der Nadel) 13x, 1 Lm [13 Noppen]

Arbeit beenden und Fadenenden vernähen. Am Rand der unteren Tortenschicht anbringen (einen oben und einen unten).

GUSS FÜR DIE OBERE TORTENSCHICHT

1. R: in **Violett** (4 Lm, Noppe 5 Stb [siehe Besondere Maschenarten: Noppe aus 5 Stäbchen] in die 4. Lm von der Nadel) 10x, 1 Lm [10 Noppen]

Arbeit beenden und Fadenenden vernähen. Am oberen Rand der oberen Tortenschicht anbringen.

BLUME (3X HÄKELN)

1. Rd: in **Rosa** 6 fM in einen magischen Ring [6]

2. Rd: in hMg arbeiten, (Km + 2 Lm + 3 Stb + 2 Lm + 1 Km in dieselbe M) 6x [6 Blüten]

Arbeit beenden und Fadenenden vernähen. Die Blumen oben auf der Torte anbringen.

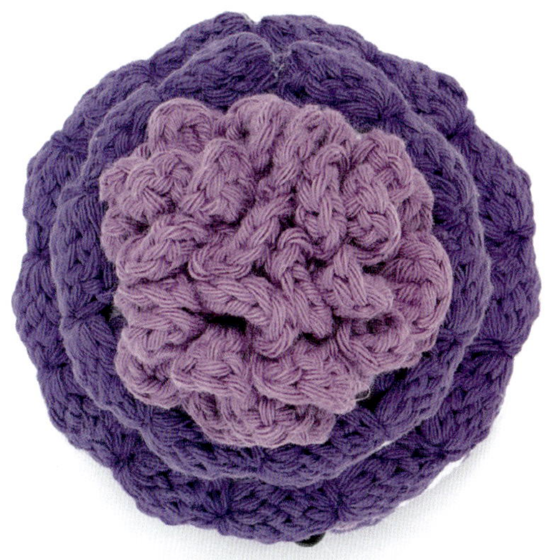

ROSA

Rosa ist die süße Variante von Rot. Sie ist niedlich, romantisch, liebevoll und spielerisch. Die Farbe Rosa steht für fürsorgende und bedingungslose Liebe. Sie ist auch ein Zeichen für Hoffnung. Sie regt zu tröstenden Gefühlen und der Zuversicht an, dass alles gut werden wird.

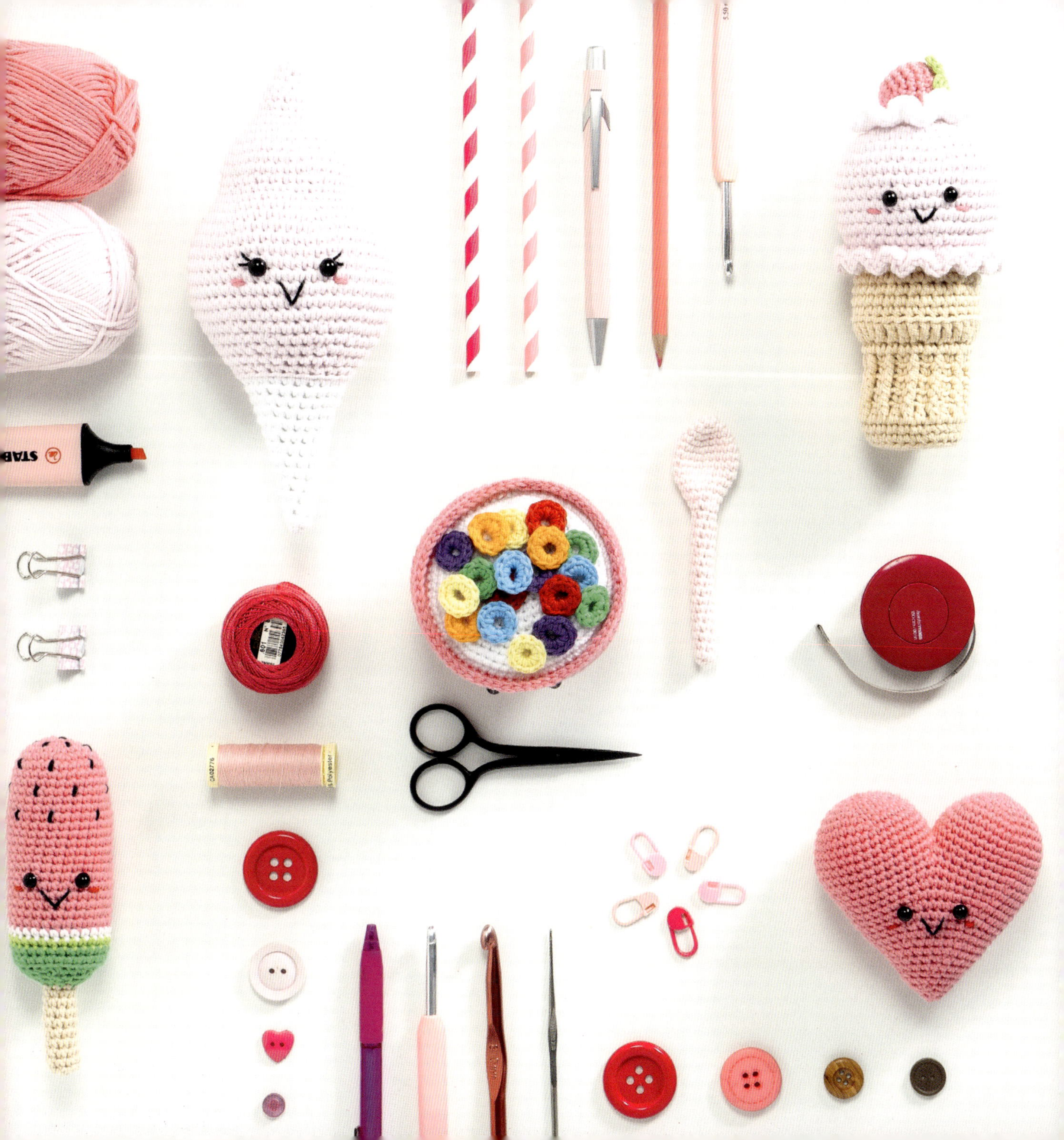

SÜßES NASCHWERK

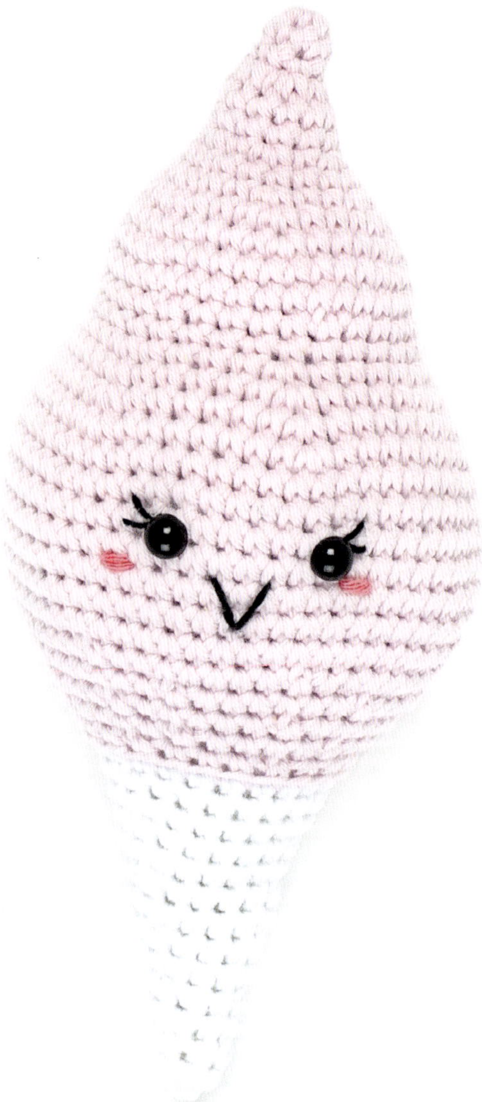

Material

- Häkelnadel 3,25 mm
- 100 % Baumwollgarn, LL 85 m/50 g: je 50 g in Rosa und Weiß
- Sicherheitsaugen, 7 mm Ø
- Garnreste in Pink und Schwarz
- Füllwatte
- Wollnadel
- Maschenmarkierer

Fertige Größe

21,5 cm hoch, 10 cm breit

Maschenprobe

5 fM und 6 R = 2,5 cm

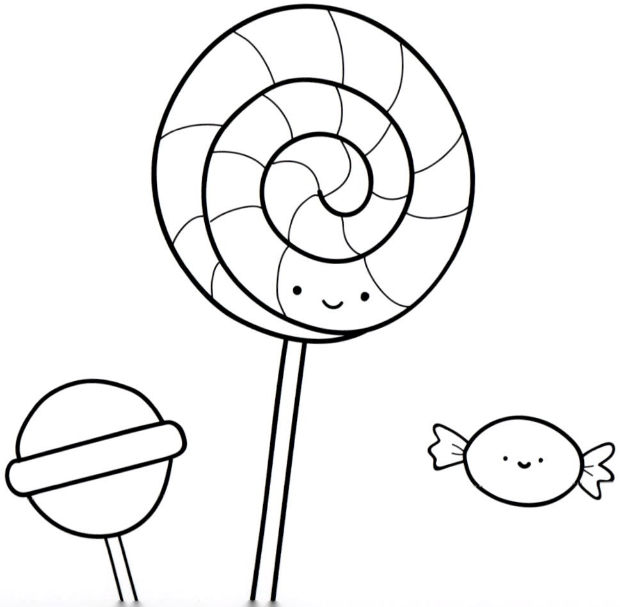

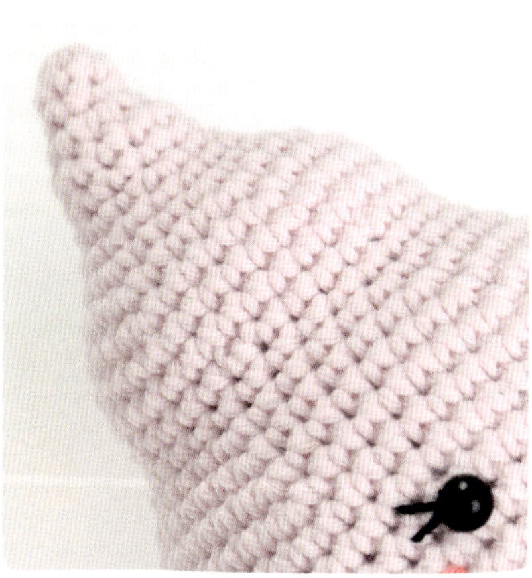

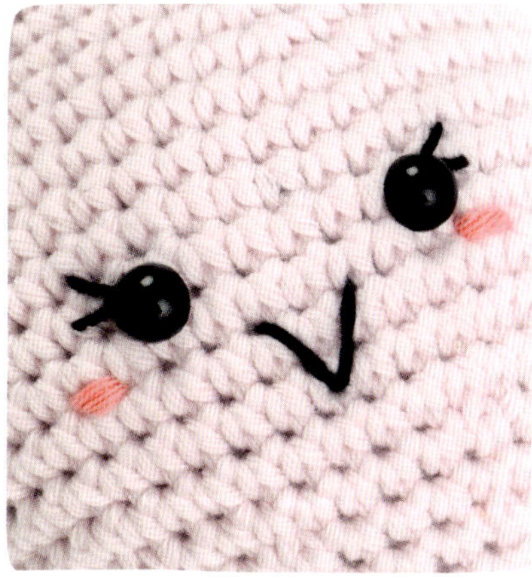

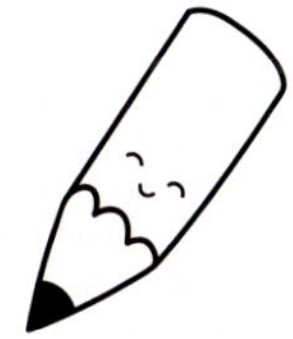

SÜẞE FREUDE

Verschenken Sie das gehäkelte Naschwerk am Valentinstag. Sie können es noch mit einem Anhänger "Für meinen Schatz" versehen.

SÜSSES NASCHWERK

1. Rd: in **Rosa** 6 fM in einen magischen Ring [6]

2. und 3. Rd: fM in jede M [6]

4. Rd: 2 fM in jede M [12]

5. und 6. Rd: fM in jede M [12]

7. Rd: (1 fM, 2 fM in die nächste M) 6x [18]

8. Rd: fM in jede M [18]

9. Rd: (2 fM, 2 fM in die nächste M) 6x [24]

10. Rd: (3 fM, 2 fM in die nächste M) 6x [30]

11. Rd: (4 fM, 2 fM in die nächste M) 6x [36]

12. und 13. Rd: fM in jede M [36]

14. Rd: (4 fM, 2 fM zus) 6x [30]

15. Rd: fM in jede M [30]

16. Rd: (4 fM, 2 fM in die nächste M) 6x [36]

17. Rd: (5 fM, 2 fM in die nächste M) 6x [42]

18. Rd: (6 fM, 2 fM in die nächste M) 6x [48]

19. Rd: (7 fM, 2 fM in die nächste M) 6x [54]

20.-26. Rd: fM in jede M [54]

Zwischen der **21. und 22. Rd** mit einem Abstand von 5 M die Sicherheitsaugen anbringen. Mit dem Ausstopfen beginnen

27. Rd: (7 fM, 2 fM zus) 6x [48]

28. Rd: (6 fM, 2 fM zus) 6x [42]

29. Rd: (5 fM, 2 fM zus) 6x [36]

30. Rd: (4 fM, 2 fM zus) 6x [30]

31. Rd: (3 fM, 2 fM zus) 6x [24]

32. Rd: zu **Weiß** wechseln, in hMg arbeiten, fM in jede M [24]

33. Rd: (6 fM, 2 fM zus) 3x [21]

34. Rd: fM in jede M [21]

35. Rd: (5 fM, 2 fM zus) 3x [18]

36. Rd: fM in jede M [18]

37. Rd: (4 fM, 2 fM zus) 3x [15]

38. Rd: fM in jede M [15]

39. Rd: (3 fM, 2 fM zus) 3x [12]

40. Rd: fM in jede M [12]

41. Rd: (2 fM, 2 fM zus) 3x [9]

42. Rd: fM in jede M [9]

43. Rd: (1 fM, 2 fM zus) 3x [6]

44. Rd: fM in jede M [6]

Fertig ausstopfen. Den Faden lang abschneiden, in eine Wollnadel fädeln und durch die vMg die Öffnung schließen. Alle Fadenenden vernähen.

Die Wimpern, den Mund und die Wangen in **Schwarz** und **Pink** aufsticken (siehe Ausarbeiten: Gesicht aufsticken).

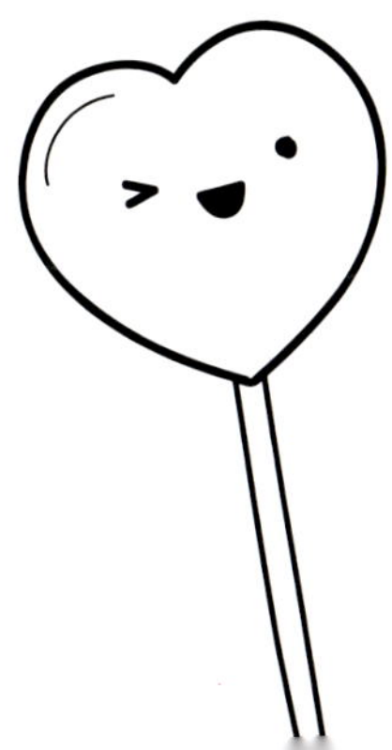

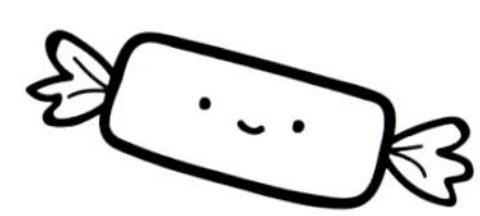

HERZ

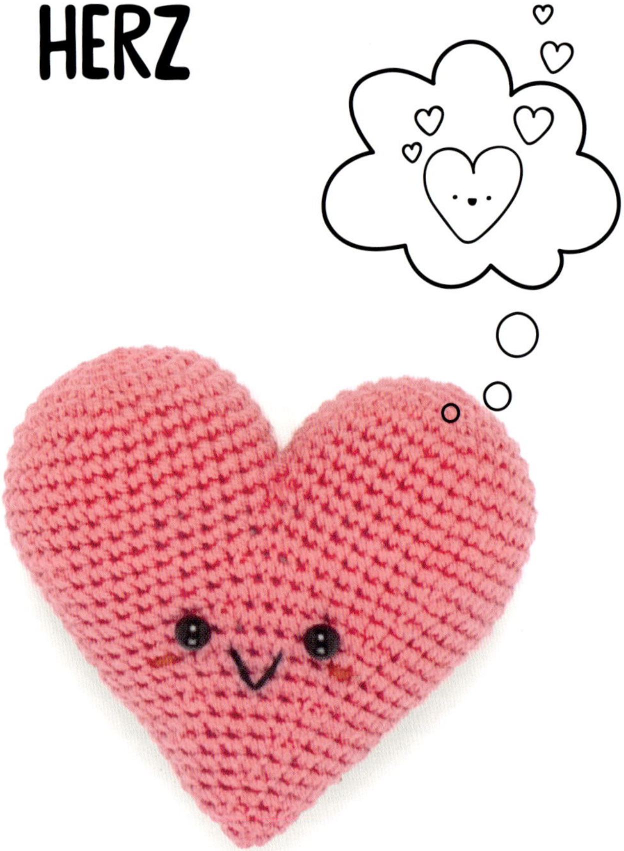

Material

- Häkelnadel 2,75 mm
- 100 % Baumwollgarn, LL 125 m/50 g: 50 g in Pink
- Sicherheitsaugen, 7 mm Ø
- Garnreste in Rot und Schwarz
- Füllwatte
- Wollnadel
- Maschenmarkierer

Fertige Größe

10 cm hoch, 10 cm breit

Maschenprobe

6 fM und 7 R = 2,5 cm

HERZ

1. Rd: in **Pink** 6 fM in einen magischen Ring [6]

2. Rd: 2 fM in jede M [12]

3. Rd: (1 fM, 2 fM in die nächste M) 6x [18]

4. Rd: (2 fM, 2 fM in die nächste M) 6x [24]

5. Rd: (3 fM, 2 fM in die nächste M) 6x [30]

6. Rd: (4 fM, 2 fM in die nächste M) 6x [36]

7.-11. Rd: fM in jede M [36]

Unsichtbares Ende arbeiten (siehe Beenden: Unsichtbares Ende) und alle Fadenenden vernähen.

1.-11. Rd: wiederholen, diesmal den Faden nicht abschneiden.

Die beiden Teile nebeneinanderlegen (1). Über 6 M mit fM verbinden (2).

12. Rd: in die letzte Verbindungs-M von Teil 2 und die 1. M von Teil 2 arbeiten, 2 fM zus (3).

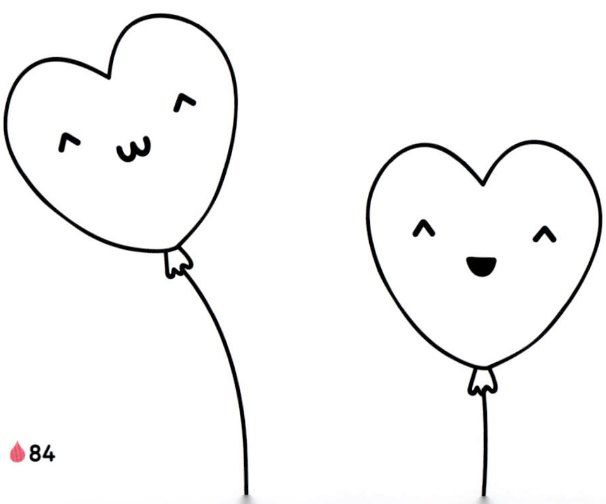

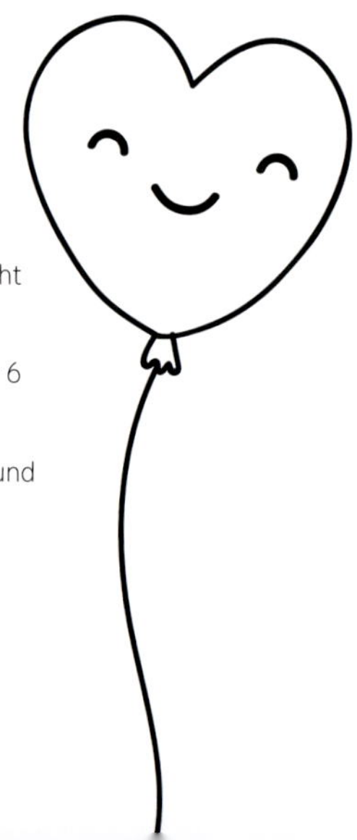

Weiter um Teil 2 arbeiten, 28 fM (4), in die letzte M von Teil 2 und die 1. Verbindungs-M von Teil 2, 2 fM zus (5).

In die 1. Verbindungs-M von Teil 1 und die 1. M von Teil 1 arbeiten, 2 fM zus, weiter um Teil 1 arbeiten, 28 fM, in die letzte M von Teil 1 und die letzte Verbindungs-M von Teil 1, 2 fM zus [60]

13. Rd: (8 fM, 2 fM zus) 6x [54]

14. Rd: fM in jede M [54]

15. Rd: (7 fM, 2 fM zus) 6x [48]

16. Rd: fM in jede M [48]

17. Rd: (6 fM, 2 fM zus) 6x [42]

18. Rd: fM in jede M [42]

19. Rd: (5 fM, 2 fM zus) 6x [36]

20. Rd: fM in jede M [36]

Zwischen der **17. und 18. Rd** mit einem Abstand von 5 M die Sicherheitsaugen anbringen.

Mit dem Ausstopfen beginnen.

21. Rd: (4 fM, 2 fM zus) 6x [30]

22. Rd: fM in jede M [30]

23. Rd: (3 fM, 2 fM zus) 6x [24]

24. Rd: fM in jede M [24]

25. Rd: (2 fM, 2 fM zus) 6x [18]

26. Rd: fM in jede M [18]

27. Rd: (1 fM, 2 fM zus) 6x [12]

28. Rd: fM in jede M [12]

29. Rd: (2 fM zus) 6x [6]

Fertig ausstopfen. Den Faden lang abschneiden, in eine Wollnadel fädeln und durch die vMg die Öffnung schließen. Alle Fadenenden vernähen.

Dien Mund und die Wangen in **Schwarz** und **Rot** aufsticken (siehe Ausarbeiten: Gesicht aufsticken).

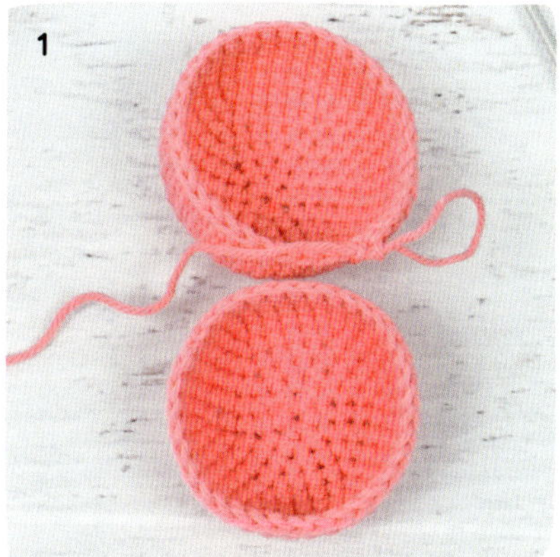

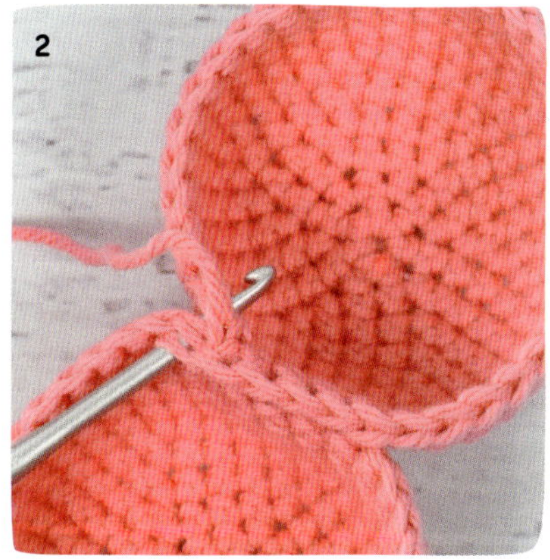

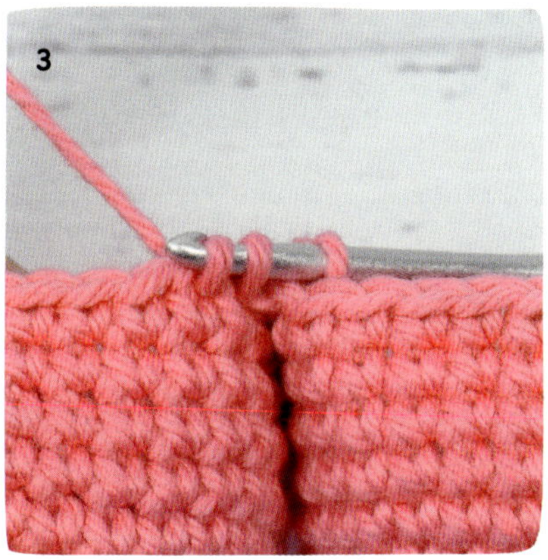

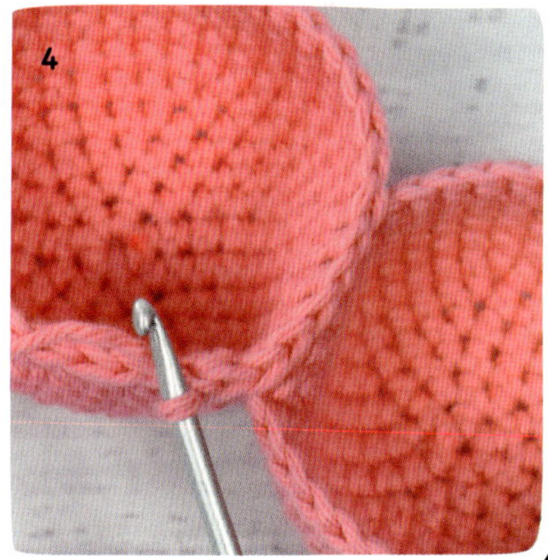

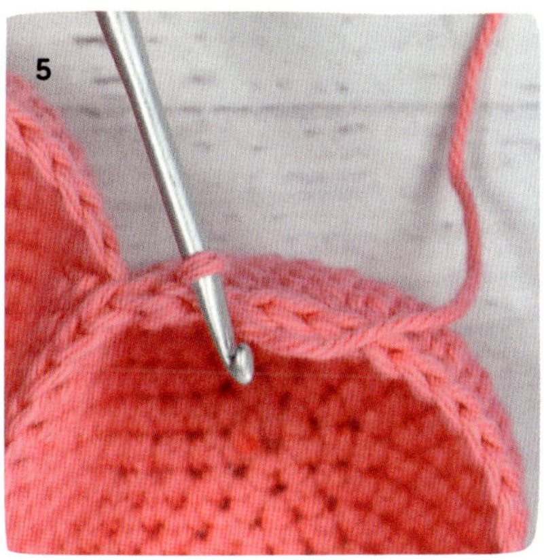

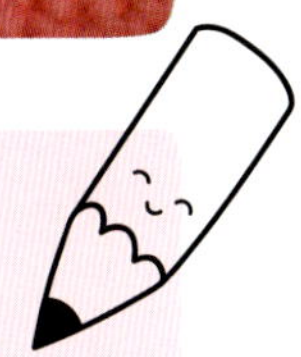

SO GROßHERZIG ...

Mit dicker Wolle kann man nach dieser Anleitung auch ein großes Herzkissen häkeln und damit einem lieben Menschen eine Freude machen.

ERDBEEREIS IM HÖRNCHEN

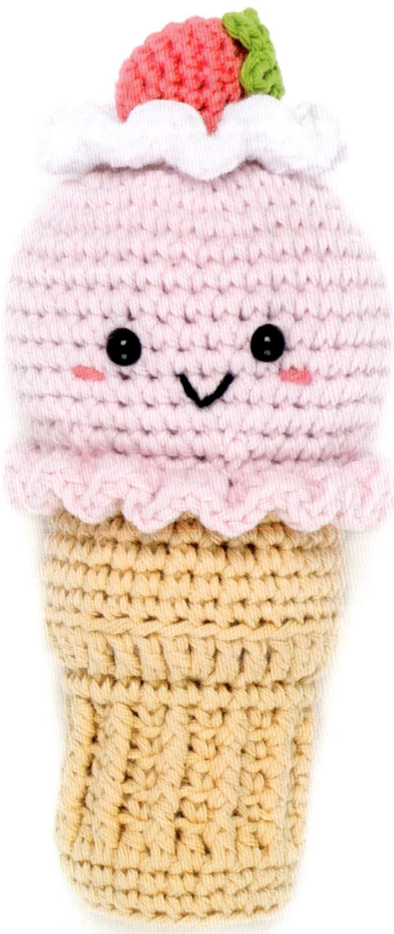

Material

- 2 Häkelnadeln, 2,75 mm und 3,25 mm
- 100 % Baumwollgarn, LL 85 m/50 g: je 50 g in Hellrosa, Hellbraun und Weiß
- 100 % Baumwollgarn, LL 125 m/50 g: je 50 g in Pink und Grün
- Sicherheitsaugen, 7 mm Ø
- Garnreste in Pink und Schwarz
- Füllwatte
- Wollnadel
- Maschenmarkierer

Fertige Größe

16,5 cm hoch, 7,5 cm breit

Maschenprobe

5 fM und 6 R = 2,5 cm (dickeres Garn)

6 fM und 7 R = 2,5 cm (dünneres Garn)

EIS

1. Rd: mit Häkelnadel **3,25 mm** in **Hellrosa** (dickes Garn) 6 fM in einen magischen Ring [6]

2. Rd: 2 fM in jede M [12]

3. Rd: (1 fM, 2 fM in die nächste M) 6x [18]

4. Rd: (2 fM, 2 fM in die nächste M) 6x [24]

5. Rd: (3 fM, 2 fM in die nächste M) 6x [30]

6. Rd: (4 fM, 2 fM in die nächste M) 6x [36]

7. Rd: (5 fM, 2 fM in die nächste M) 6x [42]

8.–14. Rd: fM in jede M [42]

Zwischen der **11. und 12.** mit einem Abstand von 5 M die Sicherheitsaugen anbringen.
Mit dem Ausstopfen beginnen.

15. Rd: (5 fM, 2 fM zus) 6x [36]

16. Rd: (4 fM, 2 fM zus) 6x [30]

17. Rd: in vMg arbeiten, 1 Lm (2 hStb in die nächste M, 4 hStb in die nächste M) 15x [90]

Arbeit beenden und Fadenenden vernähen.

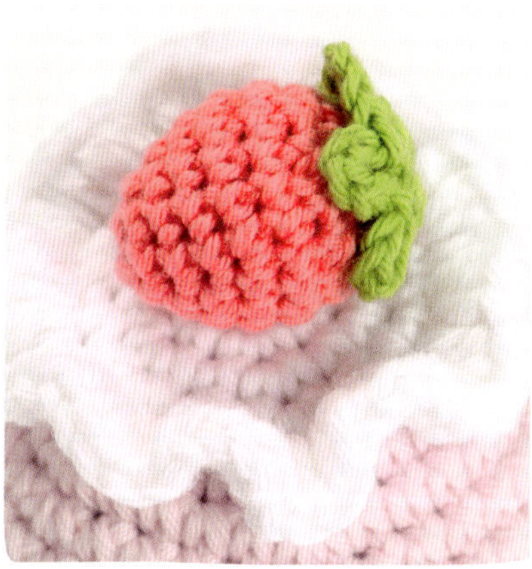

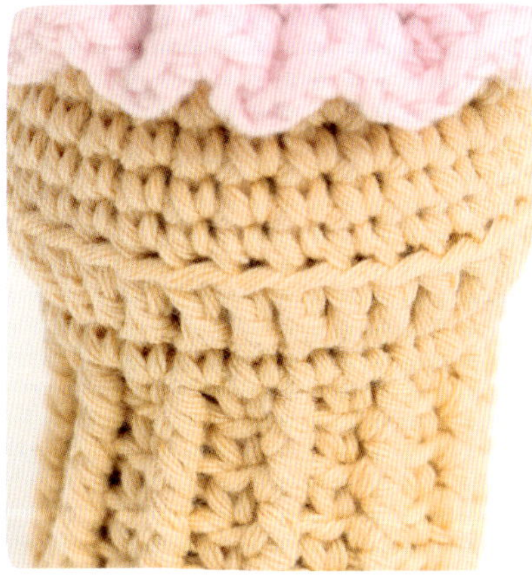

HÖRNCHEN

1. Rd: mit Häkelnadel **3,25 mm** in **Hellbraun** (dickes Garn) 6 fM in einen magischen Ring [6]

2. Rd: 2 fM in jede M [12]

3. Rd: (1 fM, 2 fM in die nächste M) 6x [18]

4. Rd: (2 fM, 2 fM in die nächste M) 6x [24]

5. Rd: in hMg arbeiten, fM in jede M, mit Km in die 1. M verbinden [24]

6. Rd: 1 Lm, fM in jede M, mit Km in die 1. M verbinden [24]

7. Rd: 1 Lm, hStb in jede M, mit Km in die 1. M verbinden [24]

8.-11. Rd: 1 Lm, (hvReliefStb, in hMg arbeiten, 1 fM) 12x, mit Km in die 1. M verbinden [24]

12. Rd: 1 Lm, fM in jede M, mit Km in die 1. M verbinden [24]

13. Rd: in vMg arbeiten, 3 Lm, 2 Stb in dieselbe M mit der 1. Lm, 3 Stb, (2 Stb in die nächste M, 3 Stb) 5x, mit Km in die 1. M verbinden [30]

14. Rd: in hMg arbeiten, 1 Lm, fM in jede M, mit Km in die 1. M verbinden [30]

15.-18. Rd: 1 Lm, fM in jede M, mit Km in die 1. M verbinden [30]

Faden zum Zusammennähen lang abschneiden. Hörnchen und Eis ausstopfen. Beide Teile zusammennähen, dafür in die hinteren Maschenglieder der **17. Rd** des Eis' und in beide Maschenglieder der **18. Rd** des Hörnchens einstechen (siehe Ausarbeiten: Zwei Teile zusammennähen).

Den Mund und die Wangen in **Schwarz** und **Pink** aufsticken (siehe Ausarbeiten: Gesicht aufsticken).

Mit dem Ausformen beginnen und dafür die Nadel von der unteren Mitte zur oberen Mitte führen. Wieder nach unten führen und knapp neben der Mitte ausstechen. Dann unten in der Mitte einstechen und wieder nach oben in die Mitte führen. Den Faden anziehen, sodass unten auf der Unterseite des Hörnchens eine Vertiefung entsteht. Faden abschneiden und vernähen.

SAHNE

1. Rd: mit Häkelnadel **3,25 mm** in **Weiß** (dickes Garn) 6 fM in einen magischen Ring [6]

2. Rd: 2 fM in jede M [12]

3. Rd: (1 fM, 2 fM in die nächste M) 6x [18]

4. Rd: (2 fM, 2 fM in die nächste M) 6x [24]

5. Rd: 3 hStb in jede M [72]

Unsichtbares Ende arbeiten (siehe Beenden: Unsichtbares Ende) und alle Fadenenden vernähen.
Die Sahne oben auf dem Eis anbringen.

ERDBEERE

1. Rd: mit Häkelnadel **2,75 mm** in **Pink** (dünnes Garn) 6 fM in einen magischen Ring [6]

2. Rd: (1 fM, 2 fM in die nächste M) 6x [9]

3. Rd: (2 fM, 2 fM in die nächste M) 6x [12]

4. Rd: (3 fM, 2 fM in die nächste M) 6x [15]

5. Rd: (4 fM, 2 fM in die nächste M) 6x [18]

6. Rd: fM in jede M [18]

7. Rd: (1 fM, 2 fM zus) 6x [12]

Ausstopfen.

8. Rd: (2 fM zus) 6x [6]

Den Faden lang abschneiden, in eine Wollnadel fädeln und durch die vMg die Öffnung schließen. Alle Fadenenden vernähen. Mittig auf der Sahne anbringen.

STIEL

Mit Häkelnadel **2,75 mm** in **Grün** (dünnes Garn) 4 Lm, mit Km in die 1. M zu einem Ring schließen

1. Rd: (6 Lm, Km in den Ring) 6x

Arbeit beenden, Fadenenden vernähen und den Stiel an der Erdbeere anbringen.

MÜSLISCHALE MIT FRUIT LOOPS

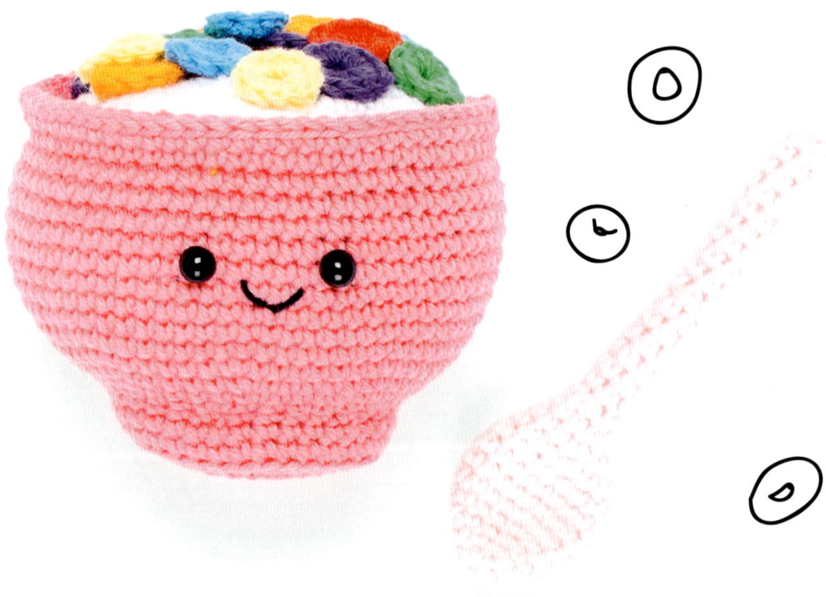

Material

- Häkelnadel 2,75 mm
- 100 % Baumwollgarn, LL 125 m/50 g: je 50 g in Pink, Weiß, Hellrosa und ein paar Reste in Rot, Orange, Gelb, Grün, Blau und Violett
- Sicherheitsaugen, 7 mm Ø
- Garnreste in Schwarz
- Füllwatte
- Wollnadel
- Maschenmarkierer

Fertige Größe

8 cm hoch, 10 cm breit

Maschenprobe

6 fM und 7 R = 2,5 cm

MILCH

1. Rd: in **Weiß** 6 fM in einen magischen Ring [6]

2. Rd: 2 fM in jede M [12]

3. Rd: (1 fM, 2 fM in die nächste M) 6x [18]

4. Rd: (2 fM, 2 fM in die nächste M) 6x [24]

5. Rd: (3 fM, 2 fM in die nächste M) 6x [30]

6. Rd: (4 fM, 2 fM in die nächste M) 6x [36]

7. Rd: (5 fM, 2 fM in die nächste M) 6x [42]

8. Rd: (6 fM, 2 fM in die nächste M) 6x [48]

9. Rd: (5 fM, 2 fM in die nächste M) 8x [56]

10. Rd: (6 fM, 2 fM in die nächste M) 8x [64]

11. Rd: fM in jede M [64]

Unsichtbares Ende arbeiten (siehe Beenden: Unsichtbares Ende) und alle Fadenenden vernähen.

SCHALE

1. Rd: in **Pink** 6 fM in einen magischen Ring [6]

2. Rd: 2 fM in jede M [12]

3. Rd: (1 fM, 2 fM in die nächste M) 6x [18]

4. Rd: (2 fM, 2 fM in die nächste M) 6x [24]

5. Rd: (3 fM, 2 fM in die nächste M) 6x [30]

6. Rd: (4 fM, 2 fM in die nächste M) 6x [36]

7. Rd: in hMg arbeiten, fM in jede M [36]

8. Rd: fM in jede M [36]

9. Rd: (2 fM zus, 4 fM) 6x [30]

10. Rd: (2 fM, 2 fM in die nächste M) 10x [40]

11. Rd: (4 fM, 2 fM in die nächste M) 8x [48]

12. Rd: (5 fM, 2 fM in die nächste M) 8x [56]

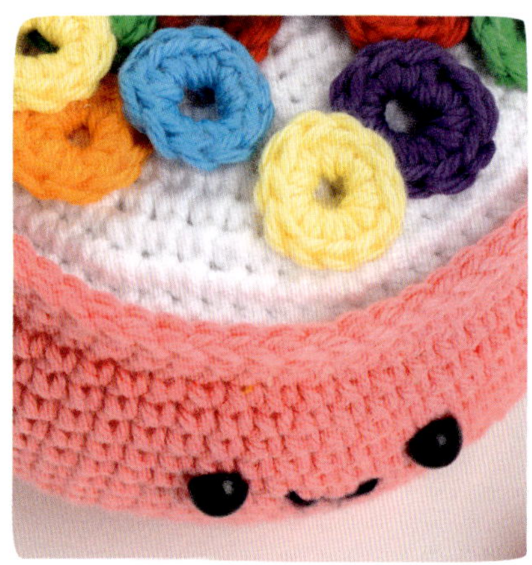

13. Rd: (6 fM, 2 fM in die nächste M) 8x [64]

14.-23. Rd: fM in jede M [64]

Zwischen der **18. und 19. Rd** mit einem Abstand von 5 M die Sicherheitsaugen anbringen. Ausstopfen.

24. Rd: die Milch in die Schale legen und die Maschen der **23. Rd** der Schale und der **11. Rd** der Milch aneinander ausrichten. Mit dem **pinken** Faden der Schale die Teile mit fM in jeweils beide Maschenglieder zusammenhäkeln (siehe Ausarbeiten: Zwei Teile zusammenhäkeln), mit Km in die 1. M verbinden [64]

25. Rd: 1 Lm, fM in jede M, mit Km in die 1. M verbinden [64]

26. Rd: fM in jede M [64]

Unsichtbares Ende arbeiten und Fadenenden vernähen.

Den Mund in **Schwarz** aufsticken (siehe Ausarbeiten: Gesicht aufsticken).

FRUIT LOOPS (8X HÄKELN)

In **Rot** 6 Lm, mit Km in die 1. M zu einem Ring verbinden.

1. Rd: 10 fM in den Ring, mit Km in die 1. M zu einem Ring verbinden [10]

Arbeit beenden und Fadenenden vernähen. Aus den folgenden Farben jeweils drei Fruit Loops anfertigen: **Rot**, **Orange**, **Gelb**, **Grün**, **Blau** und **Violett**. An der Milch befestigen.

LÖFFEL

1. Rd: in **Hellrosa** 6 fM in einen magischen Ring [6]

2. Rd: (1 fM, 2 fM in die nächste M) 3x [9]

3. Rd: (2 fM, 2 fM in die nächste M) 3x [12]

4. Rd: (3 fM, 2 fM in die nächste M) 3x [15]

5. Rd: (4 fM, 2 fM in die nächste M) 3x [18]

6.-8. Rd: fM in jede M [18]

9. Rd: (4 fM, 2 fM zus) 3x [15]

10. Rd: (3 fM, 2 fM zus) 3x [12]

11. Rd: fM in jede M [12]

12. Rd: (2 fM, 2 fM zus) 3x [9]

13. Rd: (1 fM, 2 fM zus) 3x [6]

14.-28. Rd: fM in jede M [6]

Nur den Griff ausstopfen. Arbeit beenden und Fadenenden vernähen.

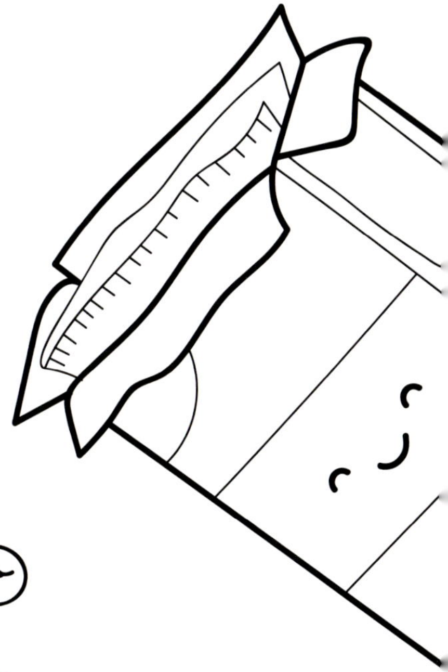

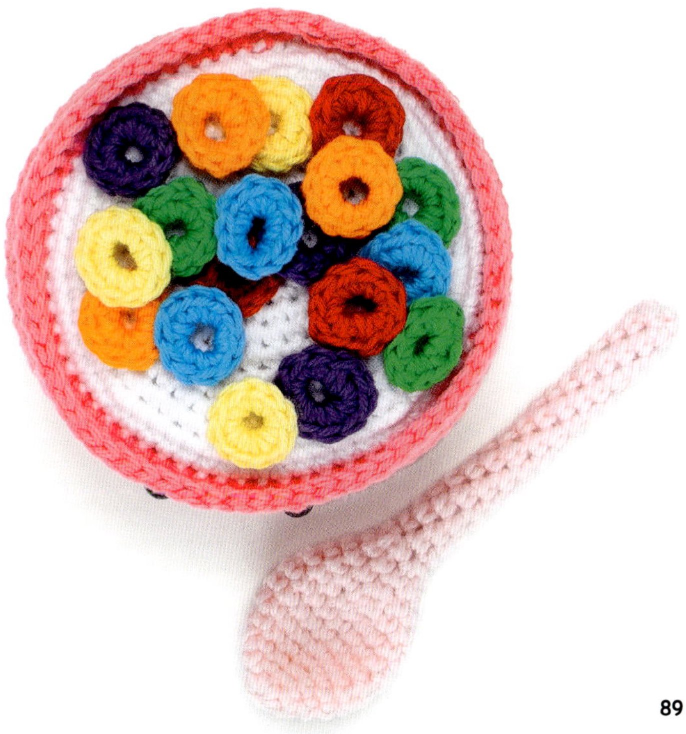

MELONENEIS AM STIEL

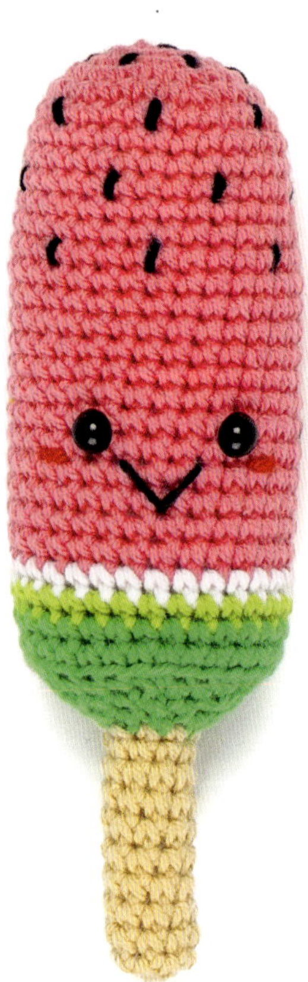

Material

- Häkelnadel 2,75 mm
- 100 % Baumwollgarn, LL 125 m/50 g: je 50 g in Pink, Hellgrün, Grasgrün, Weiß, Hellbraun und Schwarz
- Sicherheitsaugen, 7 mm Ø
- Garnreste in Rot und Schwarz
- Füllwatte
- Wollnadel
- Maschenmarkierer

Fertige Größe

14 cm hoch, 5 cm breit

Maschenprobe

6 fM und 7 R = 2,5 cm

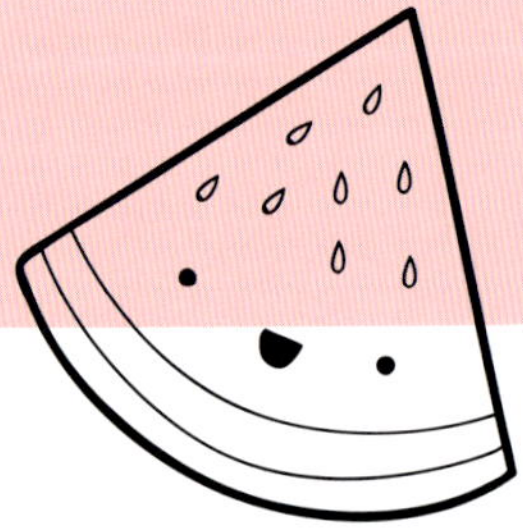

MELONENEIS AM STIEL

1. Rd: in **Pink** 6 fM in einen magischen Ring [6]

2. Rd: 2 fM in jede M [12]

3. Rd: (1 fM, 2 fM in die nächste M) 6x [18]

4. Rd: (2 fM, 2 fM in die nächste M) 6x [24]

5. Rd: (3 fM, 2 fM in die nächste M) 6x [30]

6.–24. Rd: fM in jede M [30]

25. Rd: zu **Weiß** wechseln, fM in jede M [30]

26. Rd: zu **Hellgrün** wechseln, fM in jede M [30]

27. Rd: zu **Grasgrün** wechseln, fM in jede M [30]

28. Rd: fM in jede M [30]

Zwischen der **19. und 20. Rd** mit einem Abstand von 4 M die Sicherheitsaugen anbringen. Mit dem Ausstopfen beginnen.

29. Rd: in hMg arbeiten, (3 fM, 2 fM zus) 6x [24]

30. Rd: (2 fM, 2 fM zus) 6x [18]

31. Rd: (1 fM, 2 fM zus) 6x [12]

32. Rd: zu Hellbraun wechseln, (2 fM, 2 fM zus) 3x [9]

33.–41. Rd: fM in jede M [9]

Fertig ausstopfen. Den Faden lang abschneiden. Mit einer Wollnadel den Endfaden durch die vMg vernähen und die Öffnung schließen. Fadenenden vernähen.

In **Schwarz** und **Rot** den Mund und die Wangen aufsticken (siehe: Ausarbeiten, Gesicht aufsticken). Die Kerne in **Schwarz** aufsticken.

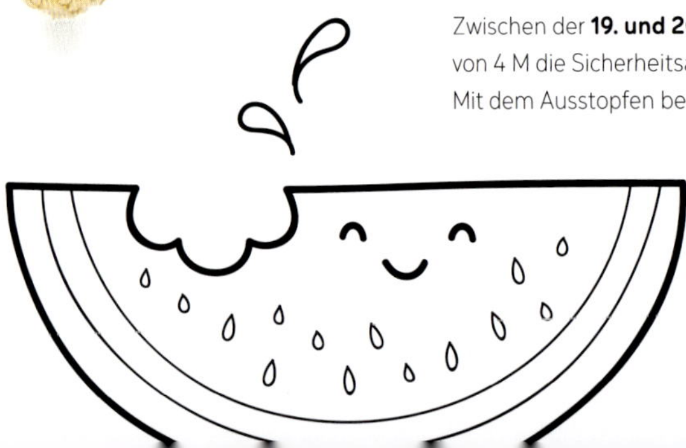

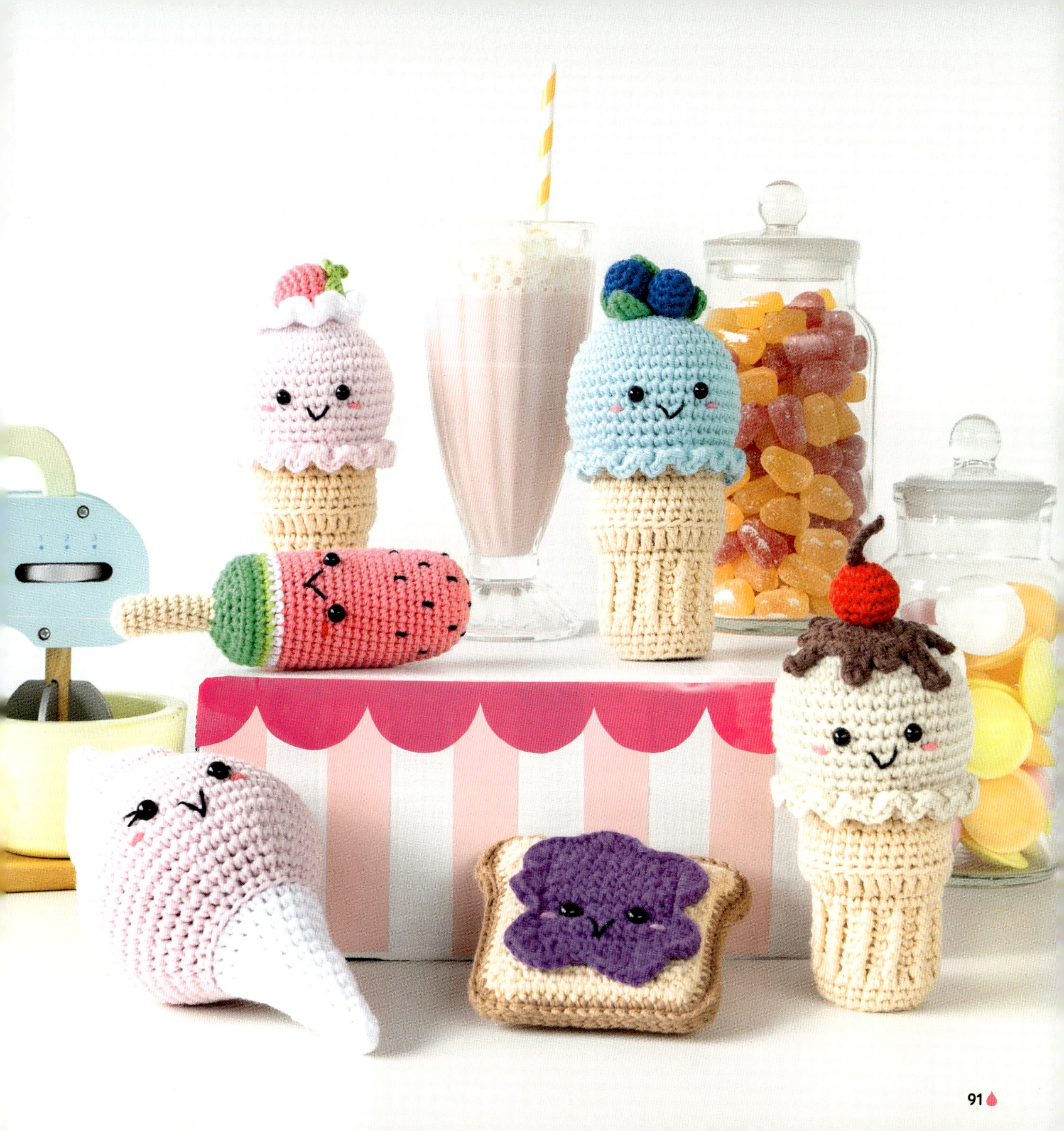

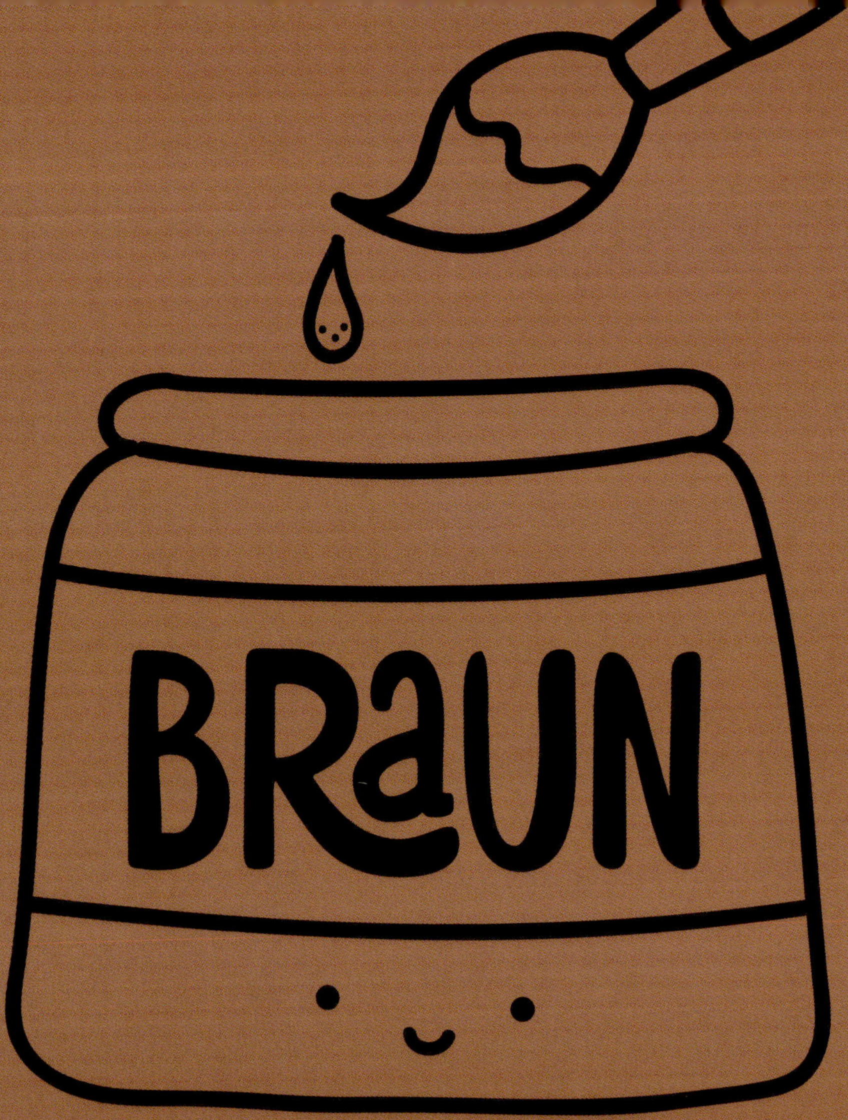

Braun ist eine ernsthafte Farbe. Sie ist die Farbe der Erde und vermittelt Unterstützung, Stabilität, Trost und Struktur. In der Farbpsychologie steht Braun für Ehrlichkeit und wird den hart Arbeitenden und Fleißigen zugeordnet, die fest mit beiden Füßen auf dem Boden stehen.

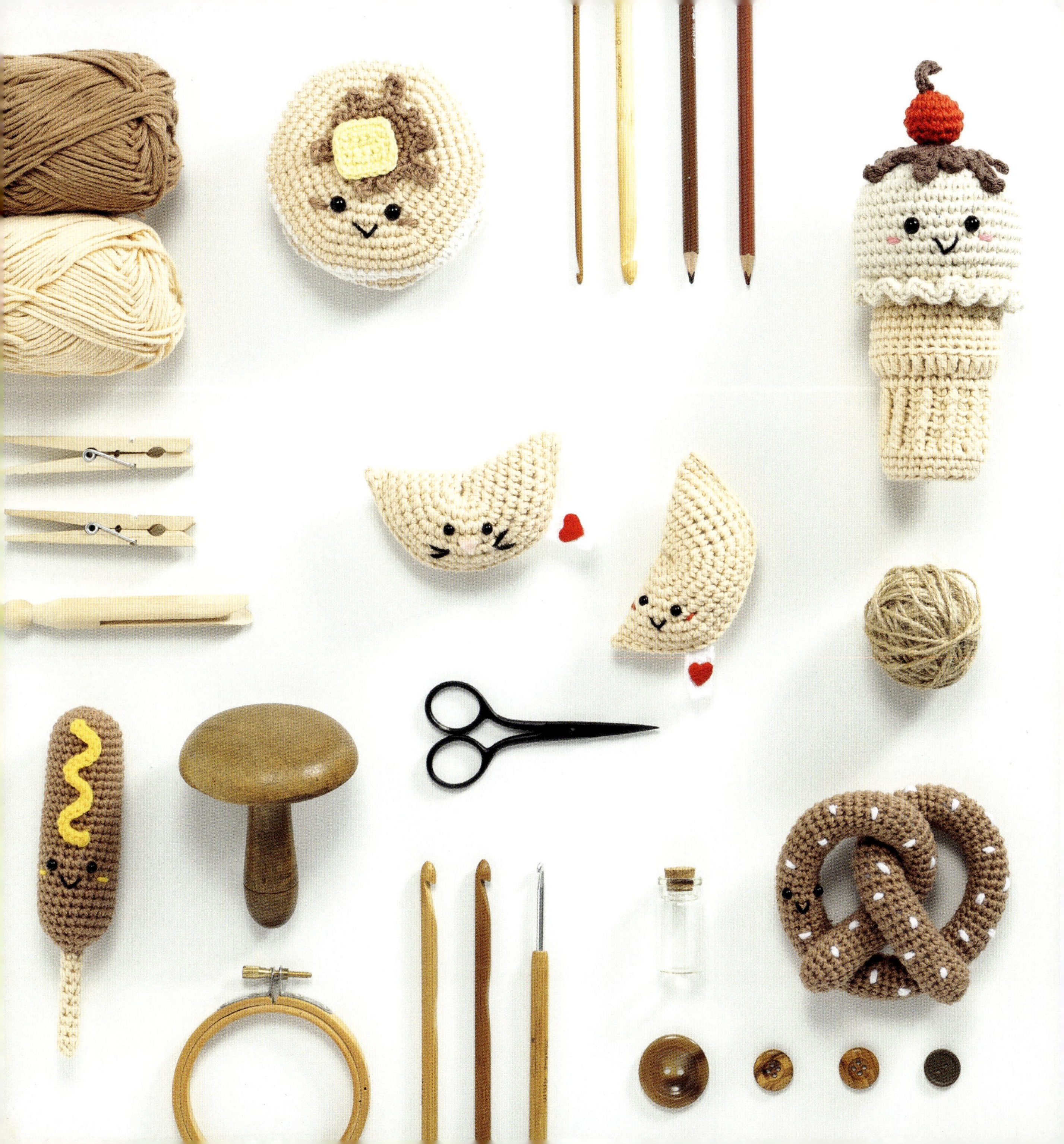

WÜRSTCHEN IM SCHLAFROCK

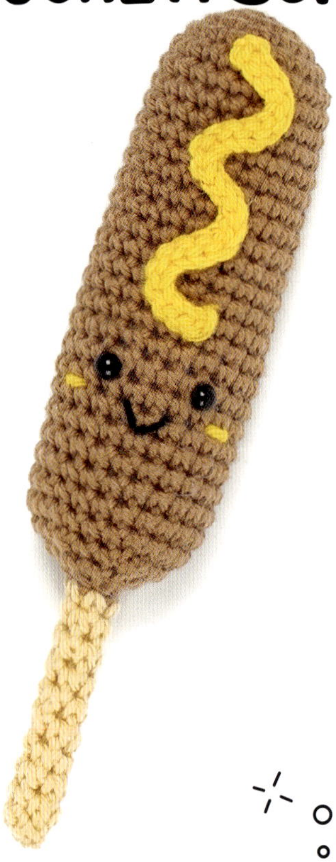

Material

- Häkelnadel 2,75 mm
- 100 % Baumwollgarn, LL 125 m/50 g: je 50 g in Dunkelbraun, Hellbraun und Gelb
- Sicherheitsaugen, 5 mm Ø
- Garnreste in Gelb und Schwarz
- Füllwatte
- Holzstäbchen
- Wollnadel
- Maschenmarkierer

Fertige Größe

15 cm hoch, 4 cm breit

Maschenprobe

6 fM und 7 R = 2,5 cm

WÜRSTCHEN

1. Rd: in **Dunkelbraun** 6 fM in einen magischen Ring [6]

2. Rd: 2 fM in jede M [12]

3. Rd: (1 fM, 2 fM in die nächste M) 6x [18]

4. Rd: (2 fM, 2 fM in die nächste M) 6x [24]

5.-27. Rd: fM in jede M [24]

Zwischen der **20. und 21. Rd** mit einem Abstand von 3 M die Sicherheitsaugen anbringen. Mit dem Ausstopfen beginnen.

28. Rd: (2 fM, 2 fM zus) 6x [18]

29. Rd: (1 fM, 2 fM zus) 6x [12]

30. Rd: (2 fM zus) 6x [6]

Fertig ausstopfen.

31. Rd: zu **Hellbraun** wechseln, fM in jede M [6]

32.-40. Rd: fM in jede M [6]

Ein Holzstäbchen in das Würstchen stecken. Den Faden lang abschneiden, in eine Wollnadel fädeln, und die Öffnung durch die vMg schließen. Fadenenden vernähen.

In **Schwarz** und **Gelb** den Mund und die Wangen aufsticken (siehe: Ausarbeiten, Gesicht aufsticken).

SENF

In **Gelb** 25 Lm

1. R: in hintere Schlingen arbeiten (siehe Besondere Maschenarten: Hintere Schlinge), Km in die 2. M von der Nadel, Km in jede M.

Arbeit beenden und Fadenenden vernähen. Auf dem Würstchen anbringen.

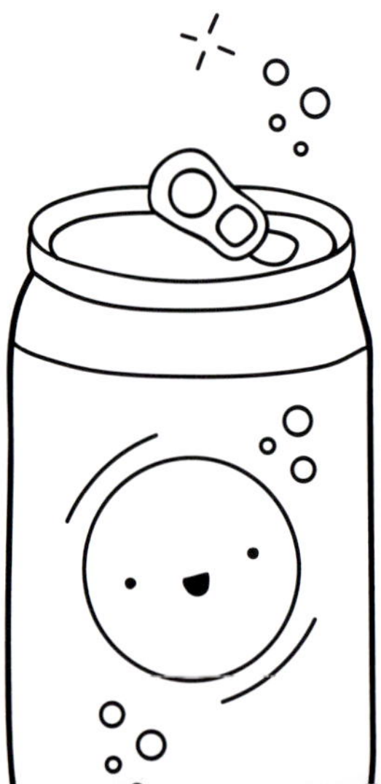

BREZEL

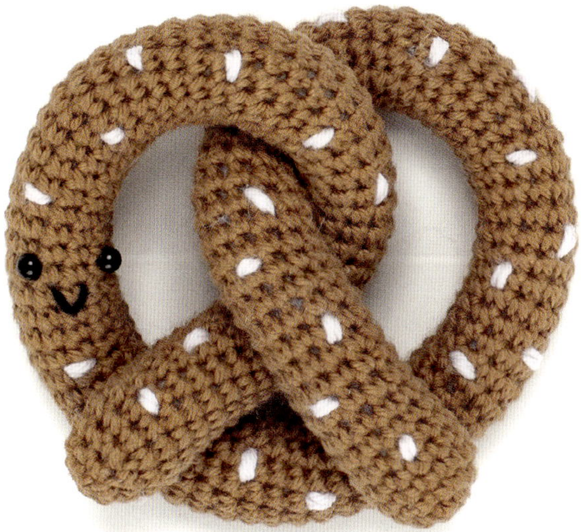

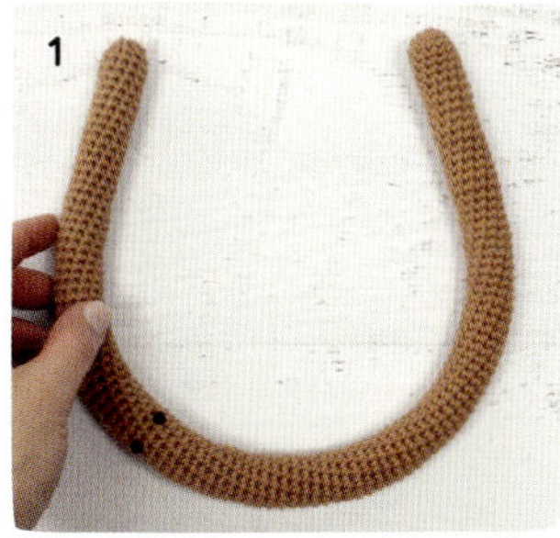

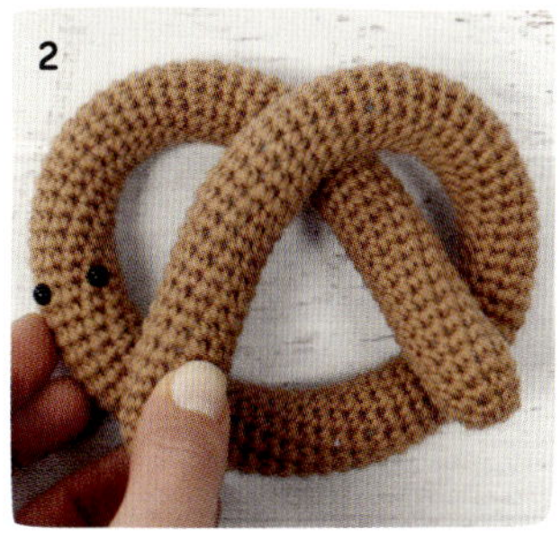

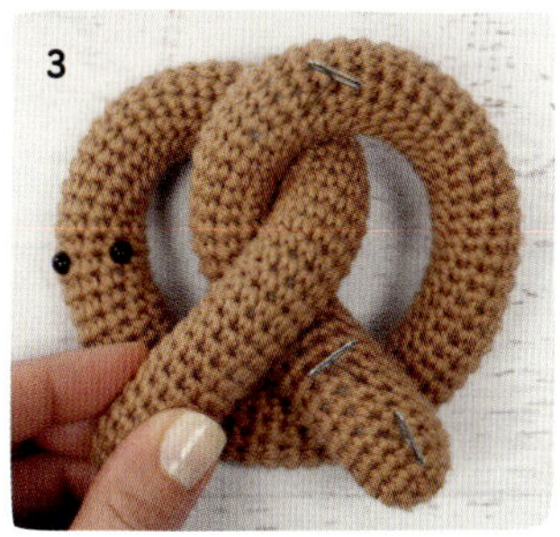

Material

- Häkelnadel 2,75 mm
- 100 % Baumwollgarn, LL 125 m/50 g: je 50 g in Dunkelbraun und Weiß
- Sicherheitsaugen, 5 mm Ø
- Garnreste in Weiß und Schwarz
- Füllwatte
- Stecknadeln
- Wollnadel
- Maschenmarkierer

Fertige Größe

10 cm hoch, 11,5 cm breit

Maschenprobe

6 fM und 7 R = 2,5 cm

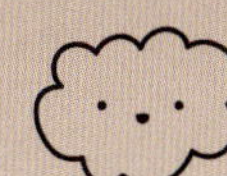

BREZEL

1. Rd: in **Dunkelbraun** 6 fM in einen magischen Ring [6]

2. Rd: 2 fM in jede M [12]

3.-77. Rd: fM in jede M [12]

Zwischen der **74. und 75. Rd** mit einem Abstand von 2 M die Sicherheitsaugen anbringen. Mit dem Ausstopfen beginnen.

Der Stiel einer 11,5 mm Häkelnadel kann hier hilfreich sein.

78.-116. Rd: fM in jede M [12]

117. Rd: (2 fM zus, 2 fM) 3x [9]

118. Rd: (fM zus, 1 fM) 3x [6]

Fertig ausstopfen. Den Faden lang abschneiden. Mit einer Wollnadel den Endfaden durch die vMg vernähen und die Öffnung schließen. Fadenenden vernähen. Die Brezel zunächst zu einem „U" formen (1). Dann die Enden übereinanderlegen (2). Beide Enden verdrehen und auf der Unterseite des „U" mit Stecknadeln feststecken (3).

Mit weiteren Nadeln fixieren und dann die Enden mit Heißkleber befestigen oder mit Nadel und Faden annähen.

In **Schwarz** und **Weiß** den Mund und die Salzkörner aufsticken (siehe: Ausarbeiten, Gesicht aufsticken).

GLÜCKSKEKS

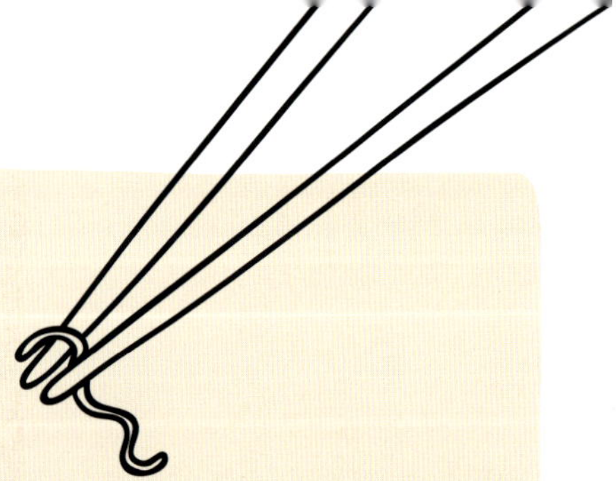

Material

- 2 Häkelnadeln, 2,75 mm und 3,25 mm
- 100 % Baumwollgarn, LL 85 m/50 g: 50 g in Hellbraun
- 100 % Baumwollgarn, LL 125 m/50 g: 50 g in Weiß
- Sicherheitsaugen, 5 mm Ø
- Garnreste in Rot und Schwarz
- Füllwatte
- Filzreste in Rot und Rosa
- Wollnadel
- Maschenmarkierer

Fertige Größe

7,5 cm hoch, 4,5 cm breit

Maschenprobe

5 fM und 6 R = 2,5 cm (dickeres Garn)

6 fM und 7 R = 2,5 cm (dünneres Garn)

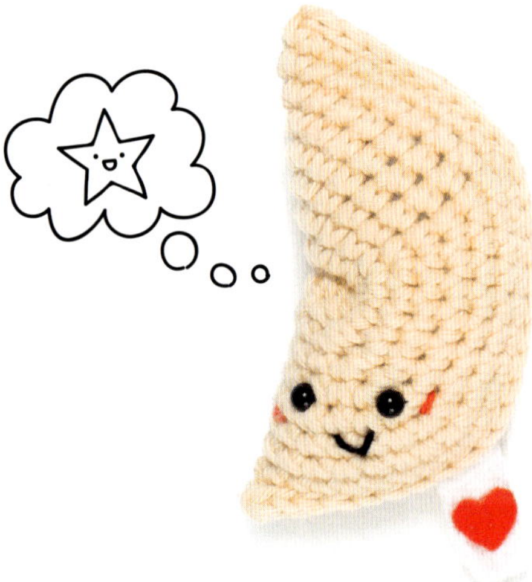

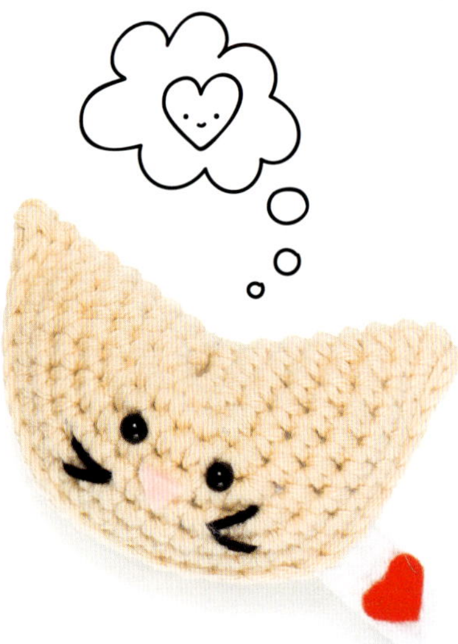

KEKS

Den Anfangsfaden 15 cm lang stehen lassen.

1. Rd: mit Häkelnadel **3,25 mm** in **Hellbraun** (dickes Garn) 6 fM in einen magischen Ring [6]

2. Rd: 2 fM in jede M [12]

3. Rd: (1 fM, 2 fM in die nächste M) 6x [18]

4. Rd: (2 fM, 2 fM in die nächste M) 6x [24]

5. Rd: (3 fM, 2 fM in die nächste M) 6x [30]

6. Rd: (4 fM, 2 fM in die nächste M) 6x [36]

7. Rd: (5 fM, 2 fM in die nächste M) 6x [42]

8. Rd: (6 fM, 2 fM in die nächste M) 6x [48]

9. Rd: (7 fM, 2 fM in die nächste M) 6x [54]

10. Rd: (8 fM, 2 fM in die nächste M) 6x [60]

Den Faden nicht abschneiden.

Den gehäkelten Kreis rechts auf rechts mittig falten. Den Anfangsfaden in eine Wollnadel fädeln und knapp neben der Mitte an der Bruchkante fünf bis sechs feste Stiche durchnähen (1).

Den Keks wenden, sodass die rechte Seite außen liegt (2).

Zwischen der **6. und 7. Rd** mit einem Abstand von 2 M die Sicherheitsaugen anbringen (3).

Die Augen liegen dabei auf einer Keksseite; für die Katzen-Version die Augen jedoch mittig platzieren.

GLÜCKSBOTSCHAFT

Mit Häkelnadel **2,75 mm** in **Weiß** (dünnes Garn) 11 Lm.

1. R: in hintere Schlingen arbeiten (siehe Besondere Maschenarten: Hintere Schlinge), Km in die 2. M von der Nadel, 9 fM, wenden

2. R: 1 Lm, 10 fM, wenden [10].

3. R: 1 Lm, 10 fM, wenden [10].

Arbeit beenden und Fadenenden vernähen.

AUSARBEITEN

Die Glücksbotschaft in den Keks legen, dabei soll sie zur Hälfte herausschauen. Die beiden Kekshälften mit Km zusammenhäkeln und dabei an der Glücksbotschaft die Häkelnadel einfach durchstechen (4 und 5).

Weiter mit Km um den Keks arbeiten und dabei ausstopfen. Unsichtbares Ende arbeiten (siehe Beenden: Unsichtbares Ende) und alle Fadenenden vernähen.

In **Schwarz** und **Rot** den Mund und die Wangen oder für die Katze Barthaare aufsticken (siehe: Ausarbeiten, Gesicht aufsticken).

Aus rotem Filz ein kleines Herz ausschneiden und auf der Glücksbotschaft anbringen. Aus rosa Filz ein kleines Dreieck für die Nase der Katze ausschneiden und anbringen.

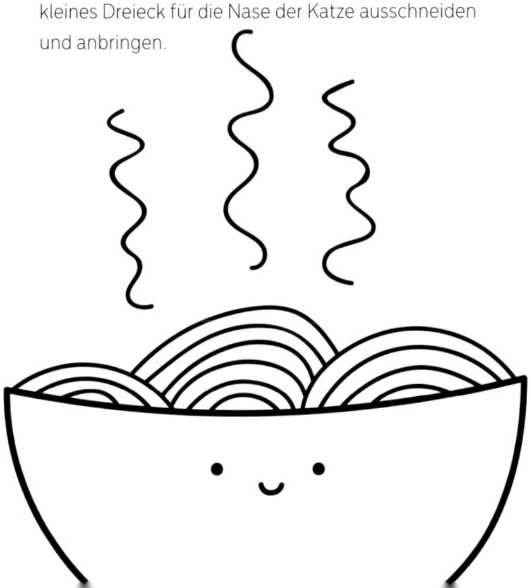

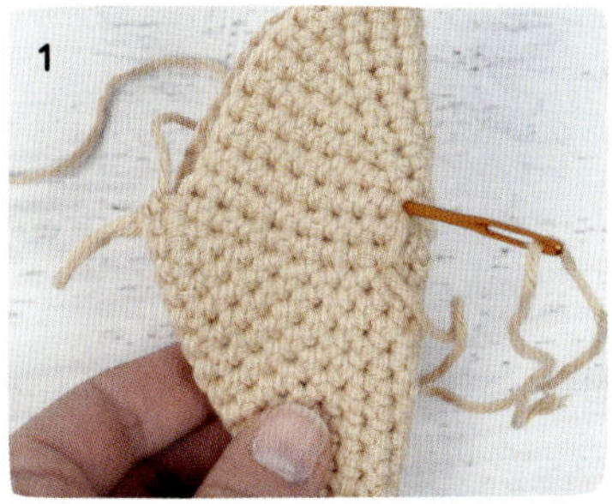

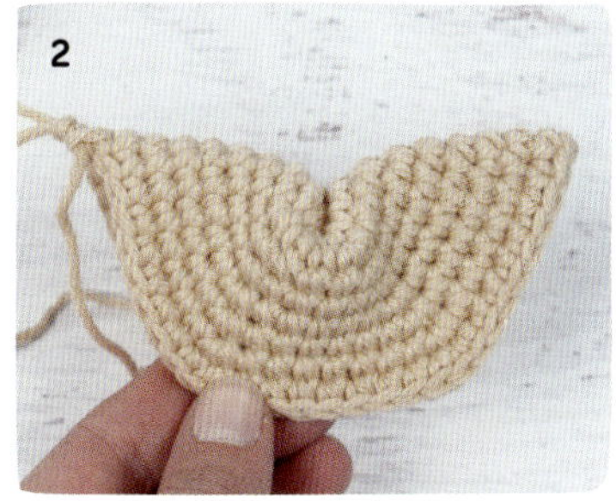

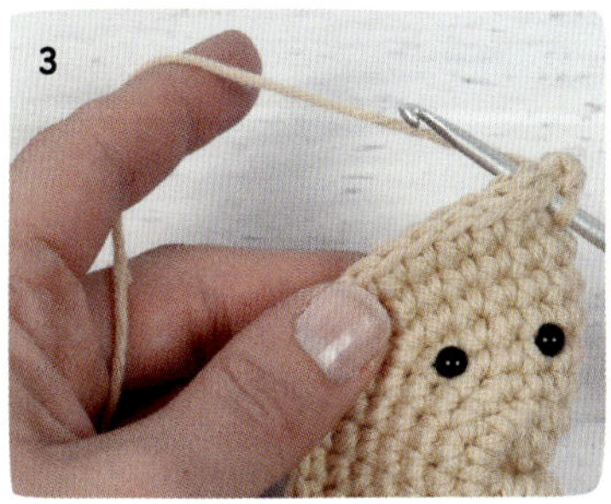

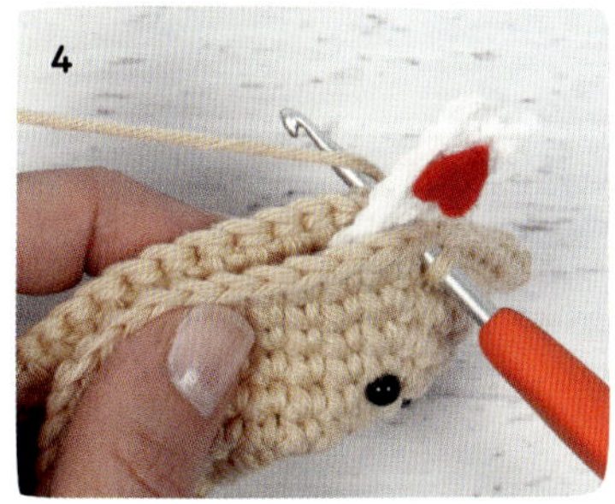

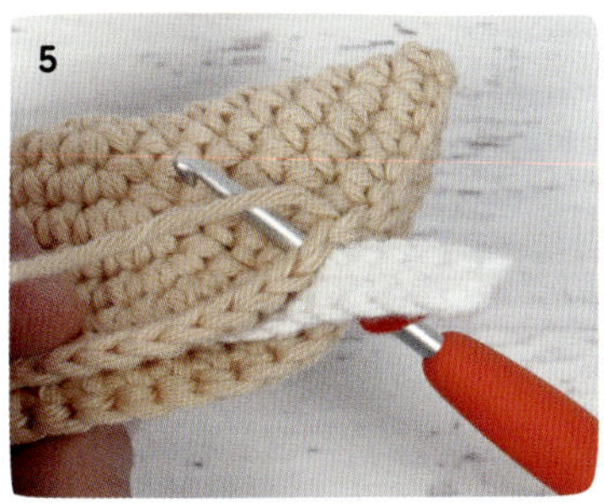

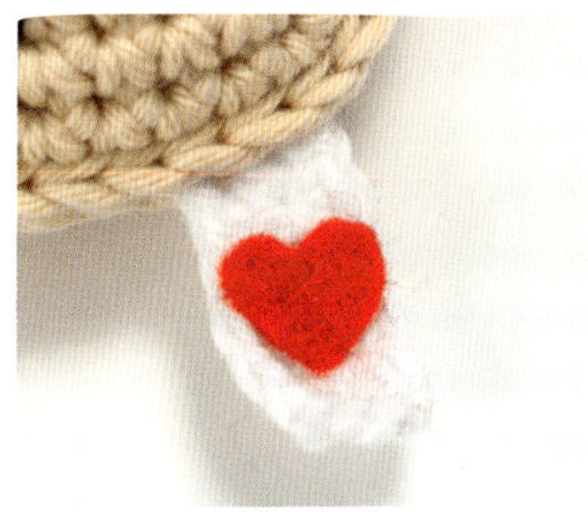

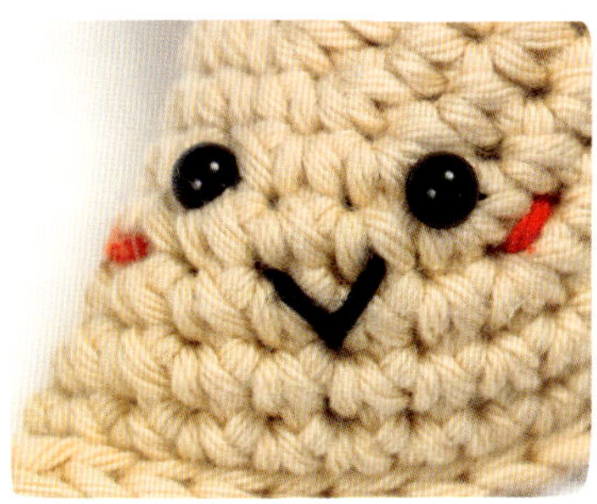

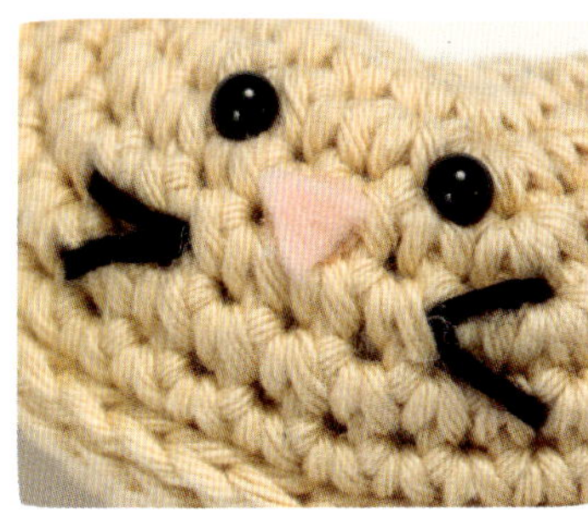

PFANNKUCHEN

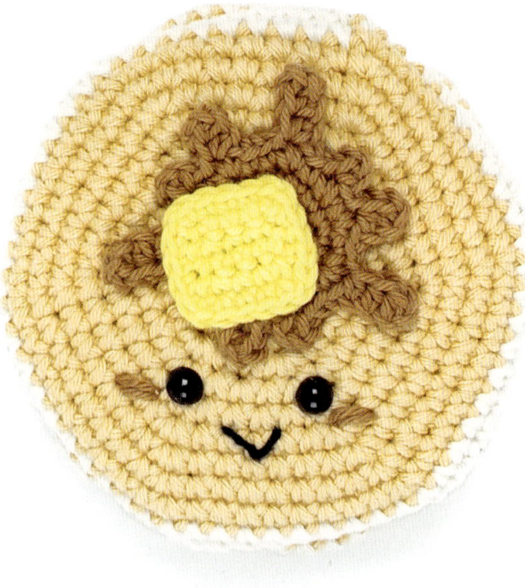

Material

- 2 Häkelnadeln, 2,75 mm und 3,25 mm
- 100 % Baumwollgarn, LL 85 m/50 g: je 50 g in Cremeweiß und Hellbraun
- 100 % Baumwollgarn, LL 125 m/50 g: je 50 g in Dunkelbraun und Gelb
- Sicherheitsaugen, 7 mm Ø
- Garnreste in Dunkelbraun und Schwarz
- Füllwatte
- Wollnadel
- Maschenmarkierer

Fertige Größe

10 cm hoch, 10 cm breit

Maschenprobe

5 fM und 6 R = 2,5 cm (dickeres Garn)

6 fM und 7 R = 2,5 cm (dünneres Garn)

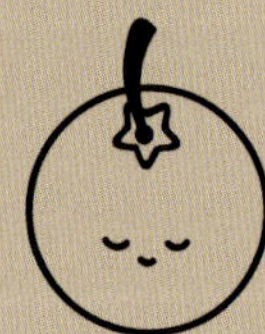

PFANNKUCHEN (2X HÄKELN)

1. Rd: mit Häkelnadel **3,25 mm** in **Hellbraun** (dickes Garn) 6 fM in einen magischen Ring [6]

2. Rd: 2 fM in jede M [12]

3. Rd: (1 fM, 2 fM in die nächste M) 6x [18]

4. Rd: (2 fM, 2 fM in die nächste M) 6x [24]

5. Rd: (3 fM, 2 fM in die nächste M) 6x [30]

6. Rd: (4 fM, 2 fM in die nächste M) 6x [36]

7. Rd: (5 fM, 2 fM in die nächste M) 6x [42]

8. Rd: (6 fM, 2 fM in die nächste M) 6x [48]

9. Rd: (7 fM, 2 fM in die nächste M) 6x [54]

10. Rd: (8 fM, 2 fM in die nächste M) 6x [60]

11. Rd: zu **Cremeweiß** (dickes Garn) wechseln, fM in jede M [60]

12. Rd: fM in jede M [60]

13. Rd: zu **Hellbraun** wechseln, (8 fM, 2 fM zus) 6x [54]

14. Rd: (7 fM, 2 fM zus) 6x [48]

15. Rd: (6 fM, 2 fM zus) 6x [42

Zwischen der **5. und 6. Rd** mit einem Abstand von 4 M die Sicherheitsaugen anbringen. Mit dem Ausstopfen beginnen.

16. Rd: (5 fM, 2 fM zus) 6x [36]

17. Rd: (4 fM, 2 fM zus) 6x [30]

18. Rd: (3 fM, 2 fM zus) 6x [24]

19. Rd: (2 fM, 2 fM zus) 6x [18]

20. Rd: (1 fM, 2 fM zus) 6x [12]

21. Rd: (2 fM zus) 6x [6]

Fertig ausstopfen. Den Faden lang abschneiden, in eine Wollnadel fädeln, und die Öffnung durch die vMg schließen. Fadenenden vernähen.

In **Schwarz** und **Dunkelbraun** den Mund und die Wangen aufsticken (siehe: Ausarbeiten, Gesicht aufsticken).

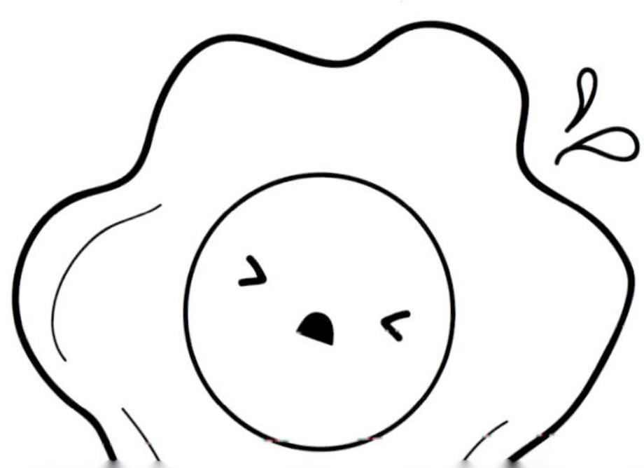

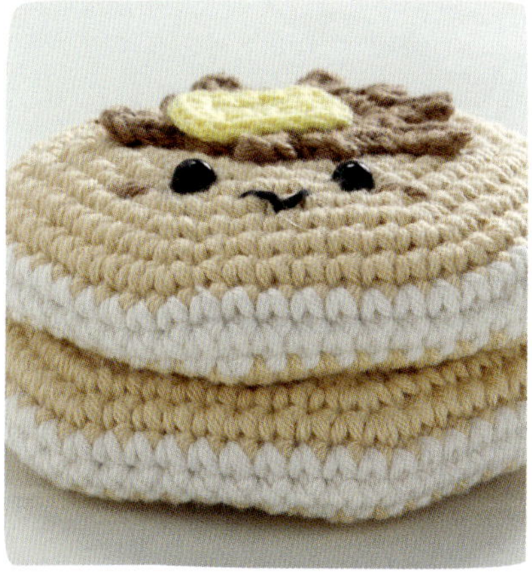

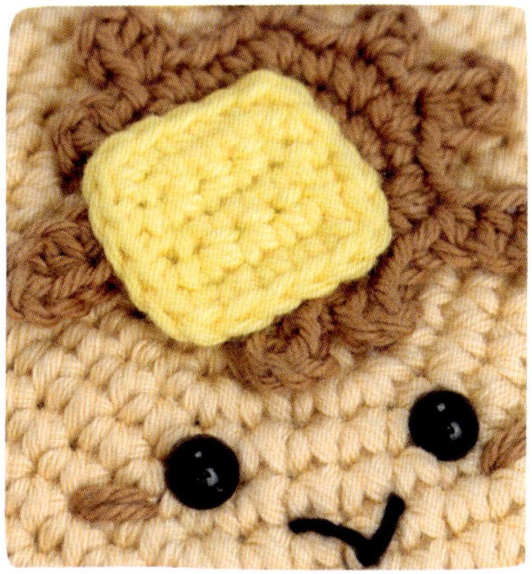

ZUM DAHINSCHMELZEN ...

Verschiedene Garnierungen nach anderen Anleitungen aus diesem Buch hinzufügen. Blaubeeren, Erdbeeren oder Kirschen aus den Anleitungen für Eis sind zum Beispiel leckere Ergänzungen.

SIRUP

1. Rd: mit Häkelnadel **2,75 mm** in **Dunkelbraun** (dünnes Garn) 6 fM in einen magischen Ring [6]

2. Rd: 2 fM in jede M [12]

3. Rd: (1 fM, 2 in die nächste M) 6x [18]

4. Rd: (1 fM, 3 Lm, hStb in die 2. M von der Nadel, hStb in die nächste Lm, fM in dieselbe M mit der 1. Lm, 1 fM, 2 Lm, hStb in die 2. Lm von der Nadel, fM in dieselbe M mit der 1. Lm, 2 fM, 4 Lm, hStb in die 2. Lm von der Nadel, hStb in die nächsten 2 Lm, fM in dieselbe M mit der 1. Lm, 2 fM) 3x

Unsichtbares Ende arbeiten (siehe Beenden: Unsichtbares Ende) und alle Fadenenden vernähen. Oberhalb der Augen auf dem Pfannkuchen anbringen.

BUTTER

Mit Häkelnadel **2,75 mm** in **Gelb** (dünnes Garn) 5 Lm.

1. R: fM in die 2. Lm von der Nadel, 3 fM, wenden [4]

2.–4. R: 1 Lm, fM in jede M, wenden [4]

5. Rd: um das Quadrat herum 4 fM auf jeder Seite und 1 Lm an jeder Ecke [20]

Unsichtbares Ende arbeiten (siehe Beenden: Unsichtbares Ende) und alle Fadenenden vernähen. Auf dem Sirup anbringen.

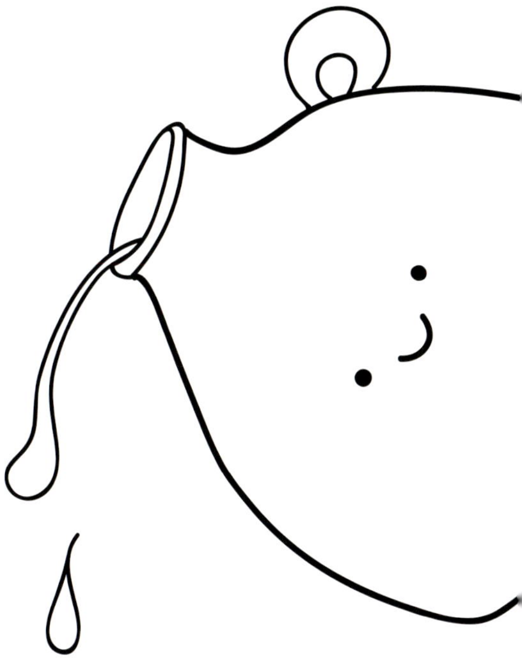

VANILLEEIS IM HÖRNCHEN

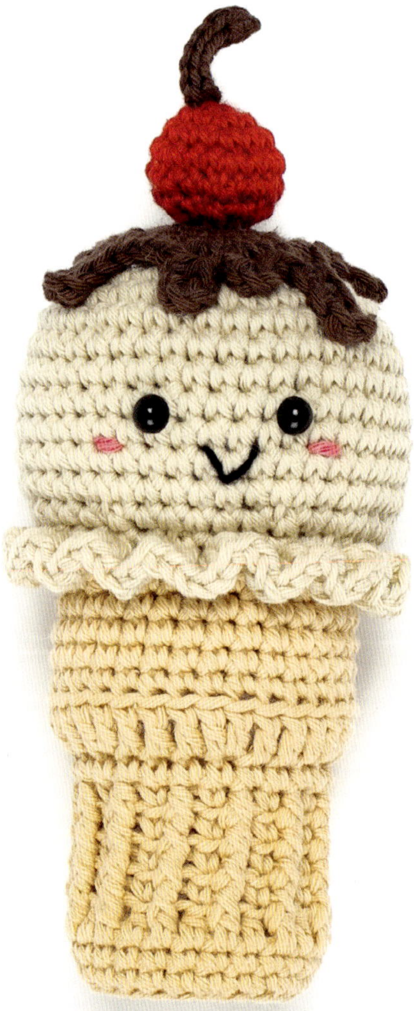

Material

- 2 Häkelnadeln, 2,75 mm und 3,25 mm
- 100 % Baumwollgarn, LL 85 m/50 g: je 50 g in Cremeweiß, Hellbraun und Dunkelbraun
- 100 % Baumwollgarn, LL 125 m/50 g: je 50 g in Dunkelbraun und Rot
- Sicherheitsaugen, 7 mm Ø
- Garnreste in Rosa und Schwarz
- Füllwatte
- Wollnadel
- Maschenmarkierer

Fertige Größe

18 cm hoch, 7,5 cm breit

Maschenprobe

5 fM und 6 R = 2,5 cm (dickeres Garn)

6 fM und 7 R = 2,5 cm (dünneres Garn)

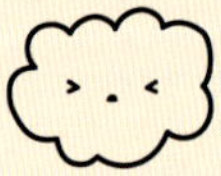

EIS

1. Rd: mit Häkelnadel **3,25 mm** in **Cremeweiß** (dickes Garn) 6 fM in einen magischen Ring [6]

2. Rd: 2 fM in jede M [12]

3. Rd: (1 fM, 2 fM in die nächste M) 6x [18]

4. Rd: (2 fM, 2 fM in die nächste M) 6x [24]

5. Rd: (3 fM, 2 fM in die nächste M) 6x [30]

6. Rd: (4 fM, 2 fM in die nächste M) 6x [36]

7. Rd: (5 fM, 2 fM in die nächste M) 6x [42]

8.–14. Rd: fM in jede M [42]

Zwischen der **11. und 12. Rd** mit einem Abstand von 4 M die Sicherheitsaugen anbringen. Mit dem Ausstopfen beginnen.

15. Rd: (5 fM, 2 fM zus) 6x [36]

16. Rd: (4 fM, 2 fM zus) 6x [30]

17. Rd: in vMg arbeiten, 1 Lm, (2 hStb in die nächste M, 4 hStb in die nächste M) 15x [90]

Arbeit beenden und Fadenenden vernähen.

HÖRNCHEN

1. Rd: mit Häkelnadel **3,25 mm** in **Hellbraun** (dickes Garn) 6 fM in einen magischen Ring [6]

2. Rd: 2 fM in jede M [12]

3. Rd: (1 fM, 2 fM in die nächste M) 6x [18]

4. Rd: (2 fM, 2 fM in die nächste M) 6x [24]

5. Rd: in hMg arbeiten, fM in jede M, mit Km in die 1. M verbinden [24]

6. Rd: 1 Lm, fM in jede M, mit Km in die 1. M verbinden [24]

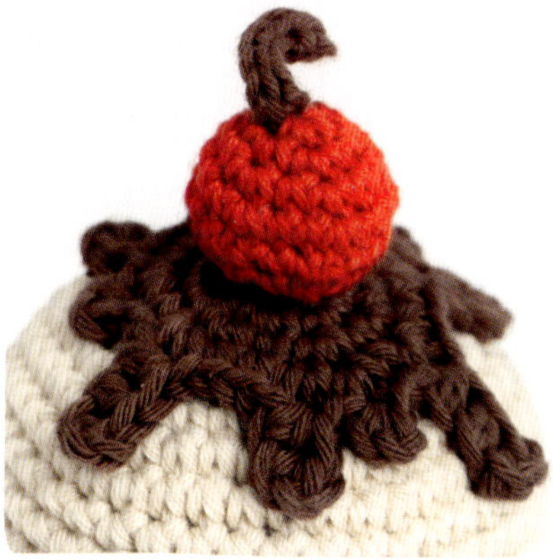

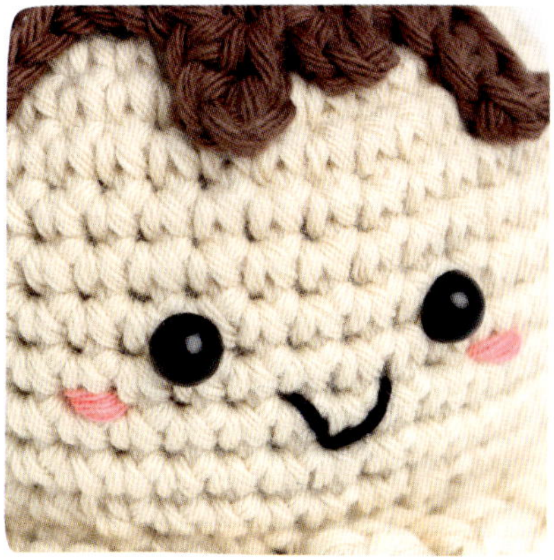

DU BIST SO SÜß

Wenn man dieses Eishörnchen für den Valentinstag häkelt und verschenkt, kann man ganz bestimmt Herzen zum Schmelzen bringen!

7. Rd: 1 Lm, hStb in jede M, mit Km in die 1. M verbinden [24]

8.-11. Rd: 1 Lm, (hvReliefStb, in hMg arbeiten, 1 fM) 12x, mit Km in die 1. M verbinden [24]

12. Rd: 1 Lm, fM in jede M, mit Km in die 1. M verbinden [24]

13. Rd: in vMg arbeiten, 3 Lm, 2 Stb in dieselbe M, 3 Stb, (2 Stb in die nächste M, 3 Stb) 5x, mit Km in die 1. M verbinden [30]

14. Rd: in hMg arbeiten, 1 Lm, fM in jede M, mit Km in die 1. M verbinden [30]

15.-18. Rd: 1 Lm, fM in jede M, mit Km in die 1. M verbinden [30]

Faden zum Zusammennähen lang abschneiden. Hörnchen und Eis ausstopfen. Beide Teile zusammennähen, dafür in die hinteren Maschenglieder der **17. Rd** des Eis' und beide Maschenglieder der **18. Rd** des Hörnchens einstechen (siehe Ausarbeiten: Zwei Teile zusammennähen).

Den Mund und die Wangen in **Schwarz** und **Rosa** aufsticken (siehe Ausarbeiten: Gesicht aufsticken).

Mit dem Ausformen beginnen und dafür die Nadel von der unteren Mitte zur oberen Mitte führen. Wieder nach unten führen und knapp neben der Mitte ausstechen. Dann unten in der Mitte einstechen und wieder nach oben in die Mitte führen. Den Faden anziehen, sodass unten auf der Unterseite des Hörnchens eine Vertiefung entsteht. Faden verwahren und abschneiden.

SCHOKOLADE

1. Rd: mit Häkelnadel **3,25 mm** in **Dunkelbraun** (dickes Garn) 6 fM in einen magischen Ring [6]

2. Rd: 2 fM in jede M [12]

3. Rd: (1 fM, 2 fM in die nächste M) 6x [18]

4. Rd: (1 fM, 3 Lm, hStb in die 2. Lm von der Nadel, hStb in die nächste Lm, fM in dieselbe M mit der 1. Lm, 1 fM, 2 Lm, hStb in die 2. M von der Nadel, fM in dieselbe M mit der 1. Lm , 2 fM, 4 Lm, hStb in die 2. M von der Nadel, hStb in die nächsten 2 Lm, fM in dieselbe M mit der 1. Lm, 2 fM) 3x

Unsichtbares Ende arbeiten (siehe Beenden: Unsichtbares Ende) und alle Fadenenden vernähen. Oben auf dem Eis anbringen.

KIRSCHE

1. Rd: mit Häkelnadel **2,75 mm** in **Rot** (dünnes Garn) 6 fM in einen magischen Ring [6]

2. Rd: 2 fM in jede M [12]

3. Rd: (1 fM, 2 fM in die nächste M) 6x [18]

4. Rd: (2 fM, 2 fM in die nächste M) 6x [24]

5. Rd: (2 fM, 2 fM zus) 6x [18]

6. Rd: (1 fM, 2 fM zus) 6x [12]

Ausstopfen.

7. Rd: (2 fM zus) 6x [6]

Den Faden lang abschneiden, in eine Wollnadel fädeln, und die Öffnung durch die vMg schließen. Fadenenden vernähen. Die Kirsche mittig auf der Schokolade anbringen.

STIEL

Mit Häkelnadel **2,75 mm** in **Dunkelbraun** (dünnes Garn) 8 Lm.

1. Rd: in hintere Schlingen arbeiten (siehe Besondere Maschenarten: Hintere Schlinge), fM in die 2. M von der Nadel, 6 Km [7]

Arbeit beenden und Fadenenden vernähen. Den Stiel oben an der Kirsche anbringen.

TECHNIKEN

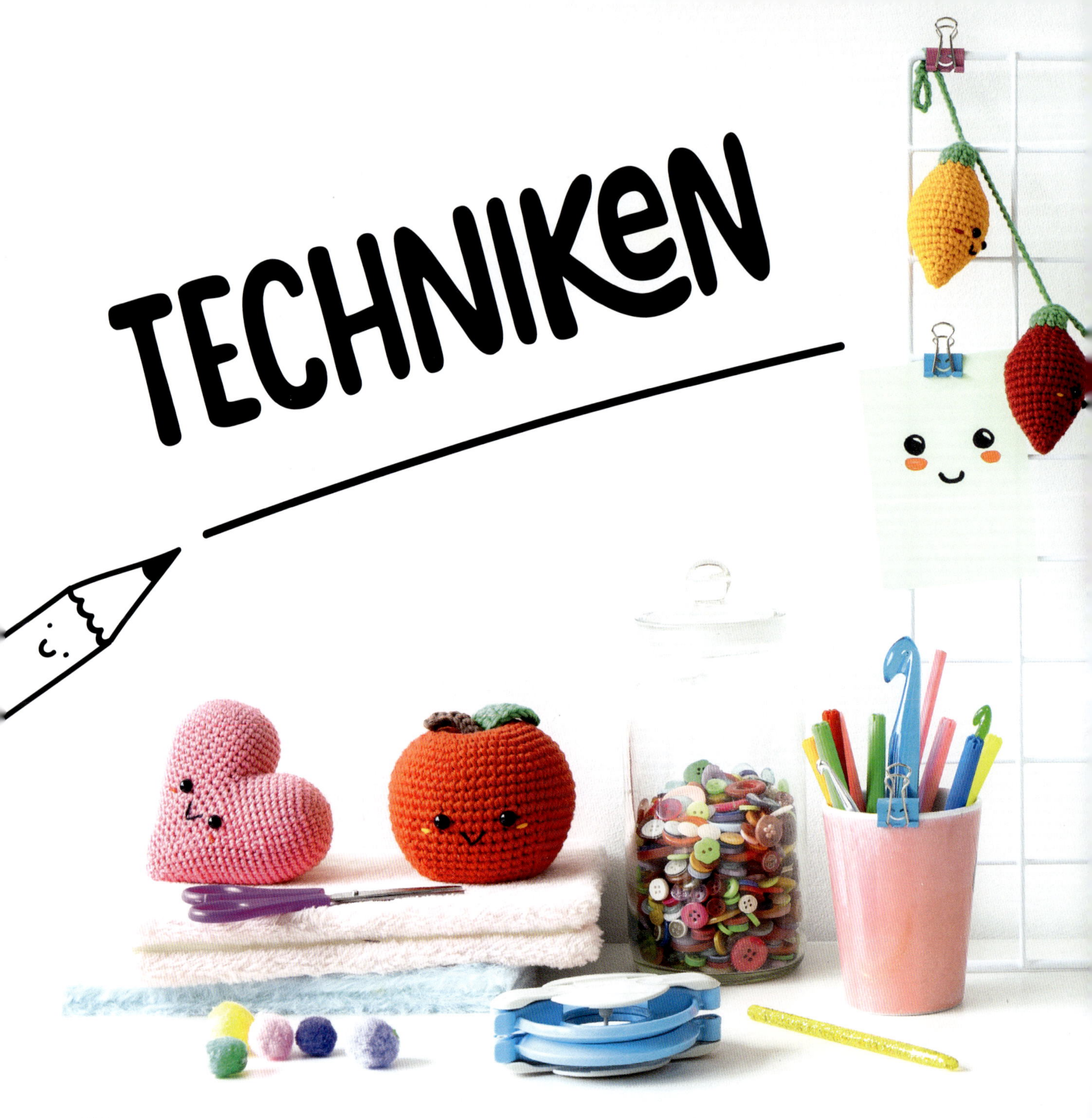

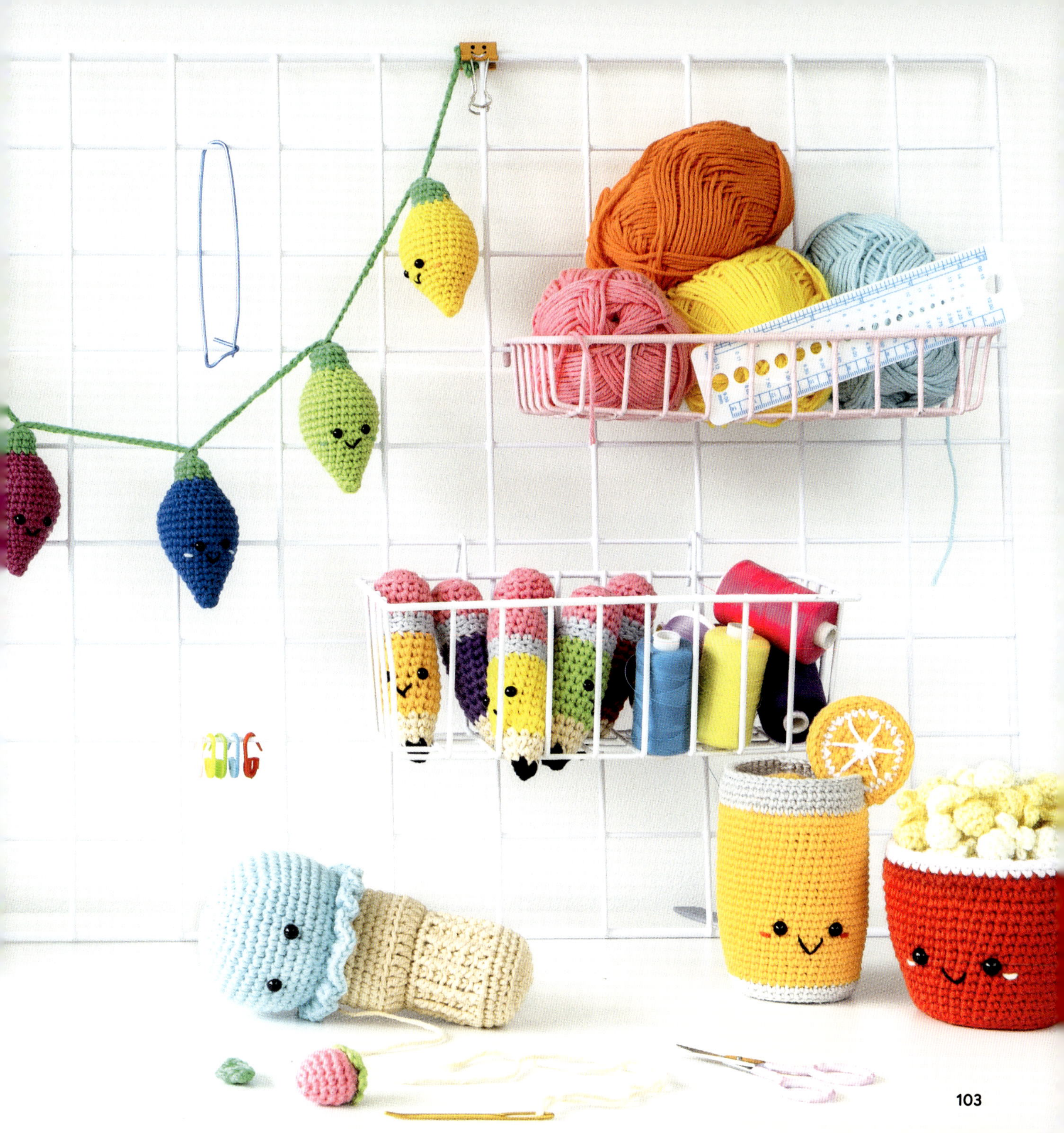

NÜTZLICHE INFORMATIONEN

Zeichenerklärung

- Anfangspunkt
- Magischer Ring
- Luftmasche
- Kettmasche
- feste Masche
- halbes Stäbchen
- Stäbchen
- Doppelstäbchen
- vorderes Maschenglied
- hinteres Maschenglied
- feste Masche zunehmen

Abkürzungen

- 2 fM zus = 2 feste Maschen zusammenhäkeln
- 2 hStb zus = 2 halbe Stäbchen zusammenhäkeln
- 2 Stb zus = 2 Stäbchen zusammenhäkeln
- 3 Stb Noppe = Noppe aus 3 Stäbchen
- 5 Stb Noppe = Noppe aus 5 Stäbchen
- DStb = Doppelstäbchen
- fM = feste Masche(n)
- hMg = hintere(s) Maschenglied(er)
- hStb = halbe(s) Stäbchen
- hvRStb = halbe(s) vordere(s) Reliefstäbchen
- Km = Kettmasche(n)
- LL = Lauflänge
- Lm = Luftmasche(n)
- M = Masche(n)
- R = Reihe(n)
- Rd = Runde(n)
- Stb = Stäbchen
- U = Umschlag/Umschläge
- vMg = vordere(s) Maschenglied(er)

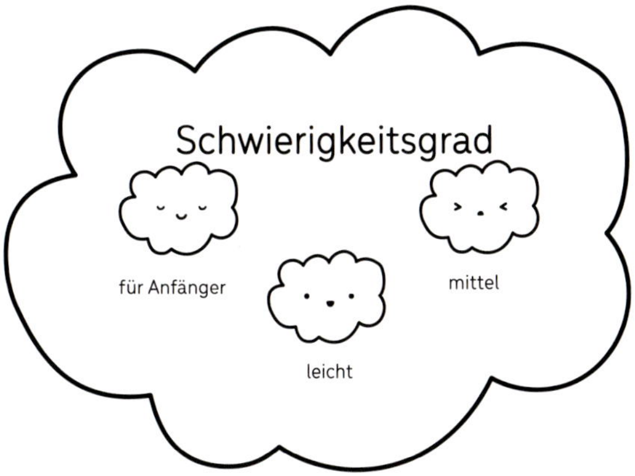

Anleitungen lesen

- Im ganzen Buch werden Abkürzungen verwendet, bitte diese in der Liste nachschlagen.
- Es wird fast immer in Spiralrunden gehäkelt; wenn in Kreisrunden gearbeitet wird, wird das eigens erklärt.
- Wird etwas in Reihen gehäkelt, steht zu Beginn „R" anstatt „Rd".
- Wiederholungen innerhalb einer Runde stehen in Klammern, die Anzahl der Wiederholungen dahinter. Zum Beispiel **(2 fM, 2 fM in die nächste M) 6x**. Das bedeutet, in die beiden ersten Maschen je 1 feste Masche häkeln, dann 2 feste Maschen in die dritte Masche (oder eine Zunahme) häkeln und anschließend diesen Ablauf noch 5x wiederholen.
- Werden mehrere Maschen in eine Masche gehäkelt, werden sie mit + verbunden. Zum Beispiel **(Km + 2 Lm + 1 Stb + 2 Lm + Km) 4x**. Das bedeutet, in die nächste Masche eine Kettmasche, 2 Luftmaschen, 1 Stäbchen, 2 Luftmaschen und eine Kettmaschen häkeln und dies noch 3x wiederholen.
- Am Ende jeder Zeile wird die Maschenzahl in eckigen Klammern angegeben. So bedeutet etwa **[24]**, das am Ende einer Runde oder Reihe 24 Maschen vorliegen sollen.

Muster abwandeln

Am einfachsten lässt sich ein Amigurumi verändern, wenn man eine andere Garnstärke als angegeben verwendet.

Wenn man zum Beispiel ein großes Herzkissen häkeln möchte, kann man ein dickes Garn nehmen, sodass das Amigurumi größer wird. Die Proportionen bleiben dabei erhalten. Oder wenn man einen kleinen Schlüsselanhänger mit Stift anfertigen möchte, kann man ein dünneres Garn und eine kleinere Häkelnadel nehmen. Das schöne an den Amigurumi ist, dass die Proportionen gleich bleiben, wenn man nur die Garnstärke ändert und eine entsprechende Häkelnadel verwendet!

Wenn man eine andere Garnstärke nimmt, muss man auch eine andere Häkelnadel verwenden. Lieber stets eine etwas kleinere Häkelnadel als auf der Banderole des Garns empfohlen nehmen. So werden die Stiche fest und es entstehen keine Löcher, wenn man die Arbeit ausstopft.

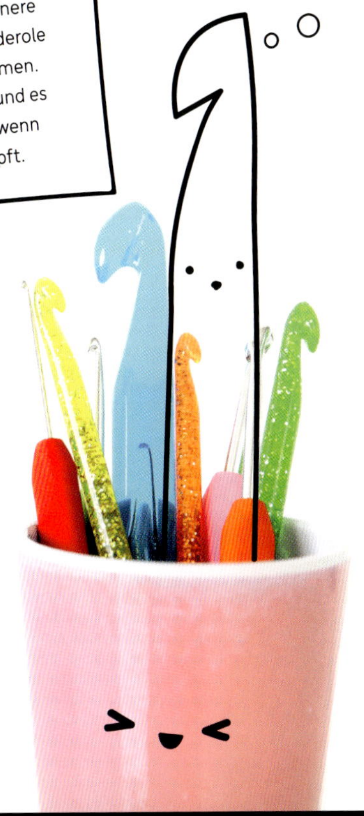

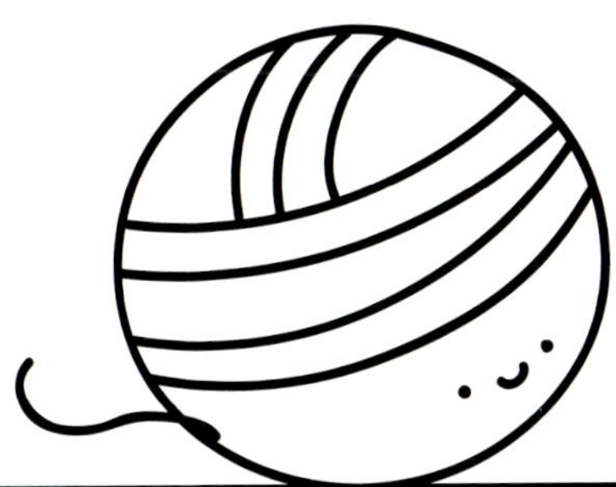

GRUNDTECHNIKEN

Magischer Ring

Das Fadenende hängen lassen, den Faden zu einem Ring legen und mit zwei Fingern festhalten (1).

Die Häkelnadel in den Ring führen und den Arbeitsfaden durchziehen (2), mit einer Luftmasche sichern und um den Ring herumhäkeln (3). Zum Schluss das Fadenende anziehen und den Ring so sichern.

Anfangsschlaufe

Den Faden zu einem Ring legen und das Fadenende hängen lassen. Die Häkelnadel oder Finger durch die Schlaufe ziehen und den Arbeitsfaden durchholen (4). Festziehen.

Luftmasche (Lm)

Den Faden über die Nadel legen und durch die Schlaufe ziehen (5).

Kettmasche (Km)

Die Nadel in die Masche führen, den Faden darüberlegen und durch die Masche ziehen (6).

Feste Masche (fM)

Die Nadel in die Masche führen, den Faden darüberlegen und durch die Masche ziehen. Es liegen nun zwei Maschen auf der Nadel (7). Den Faden nochmals über die Nadel legen und durch beide Maschen auf der Nadel ziehen (8).

Halbes Stäbchen (hStb)

Den Faden über die Nadel legen und die Nadel in die Masche führen (9). Einen Umschlag um die Nadel legen und durchziehen. Nochmals einen Umschlag um die Nadel legen und durch alle drei Maschen ziehen (10).

Stäbchen (Stb)

Den Faden über die Nadel legen und die Nadel in die Masche führen (11). Einen Umschlag um die Nadel legen und durch die Masche ziehen, sodass drei Schlaufen auf der Nadel liegen (12). Noch einen Umschlag um die Nadel legen und durch die ersten beiden Schlaufen auf der Nadel ziehen, sodass noch zwei Schlaufen daraufliegen. Wieder einen Umschlag um die Nadel legen und durch beide Schlaufen ziehen.

Doppelstäbchen (DStb)

Den Faden über die Nadel legen und die Nadel in die Masche führen (13). Einen Umschlag um die Nadel legen und durch die Masche ziehen. Wieder einen Umschlag um die Nadel legen und durch die ersten beiden Schlaufen auf der Nadel ziehen, sodass drei Schlaufen daraufliegen (14). Noch einen Umschlag um die Nadel legen und durch die ersten beiden Schlaufen ziehen, sodass noch zwei Schlaufen daraufliegen. Wieder einen Umschlag um die Nadel legen und durch diese Schlaufen ziehen.

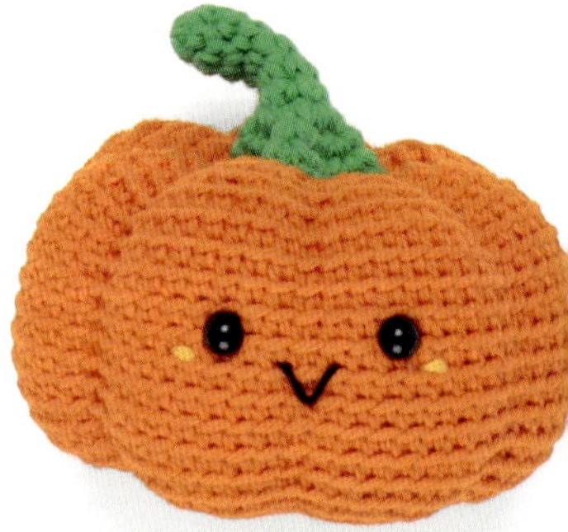

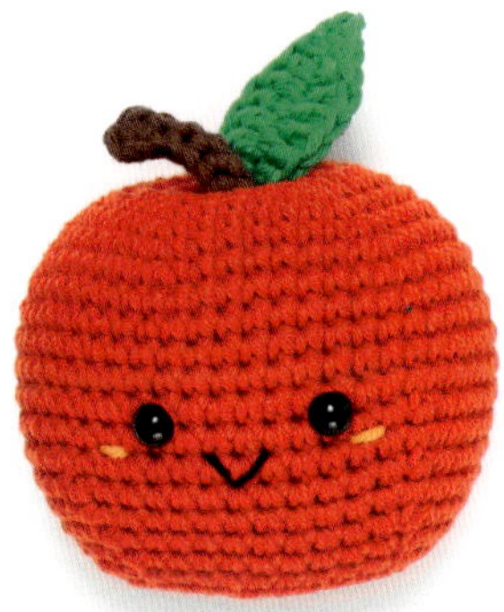

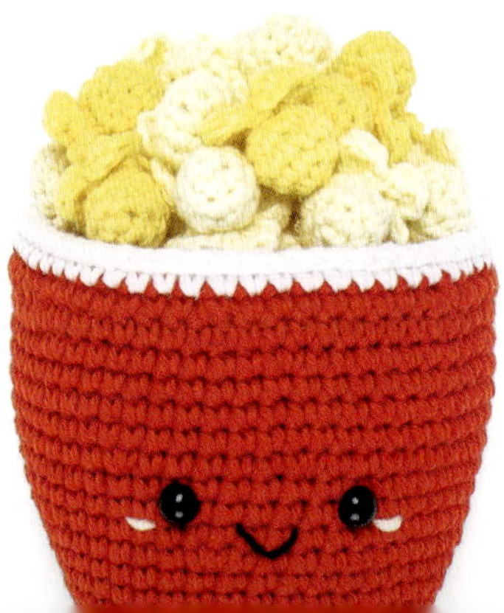

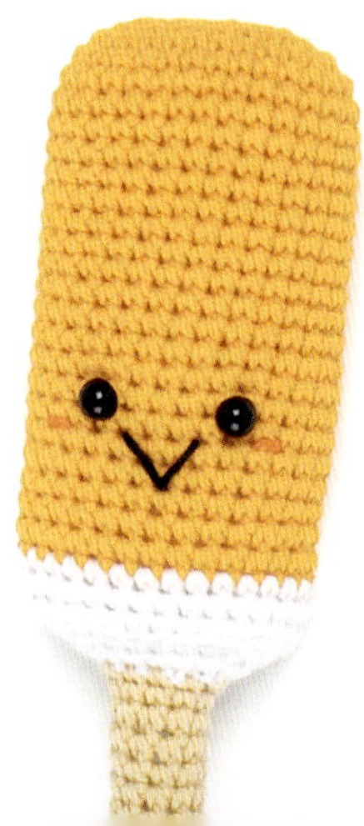

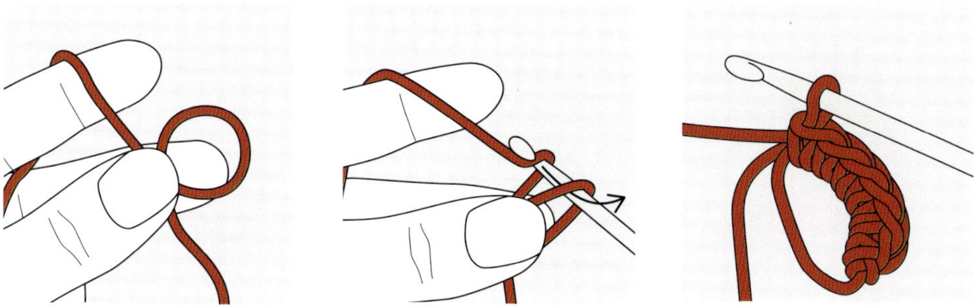

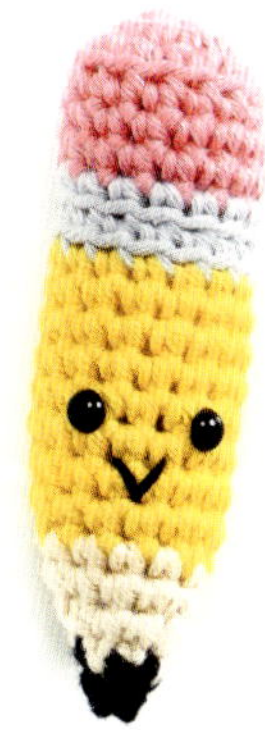

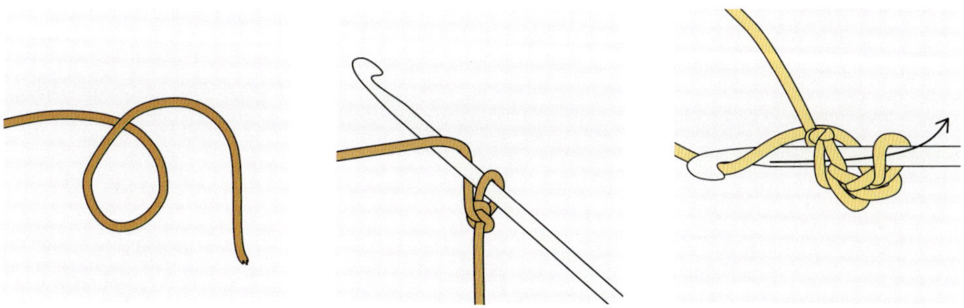

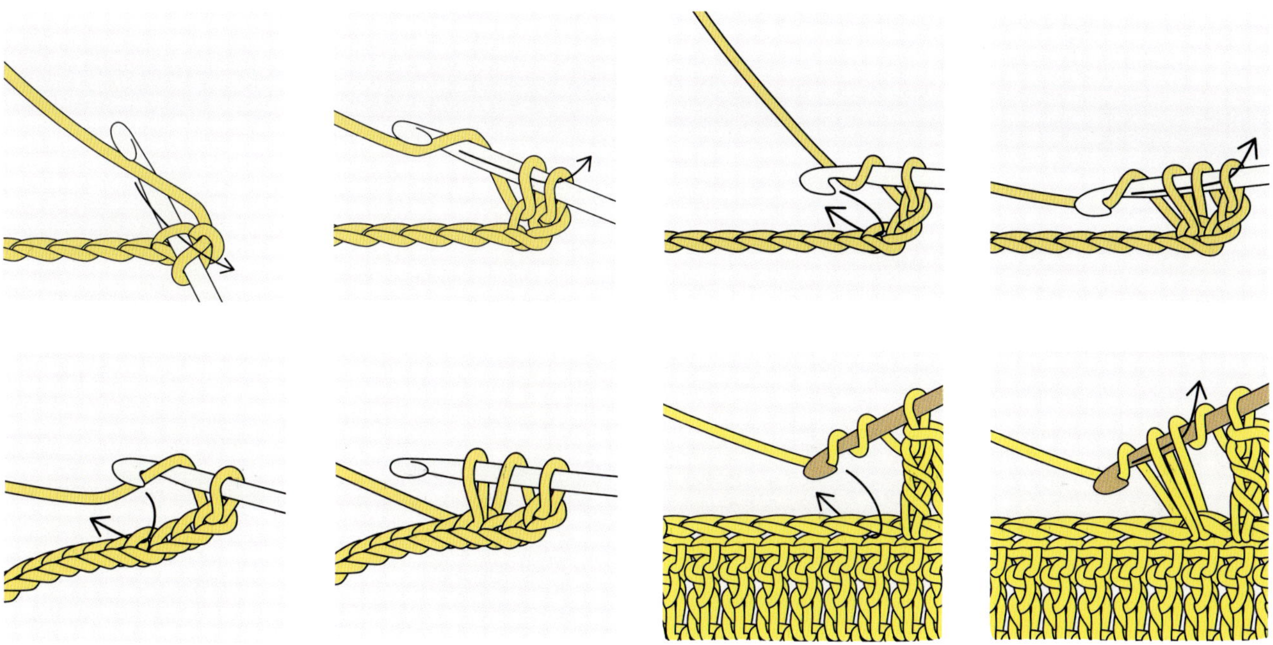

MASCHEN ABNEHMEN

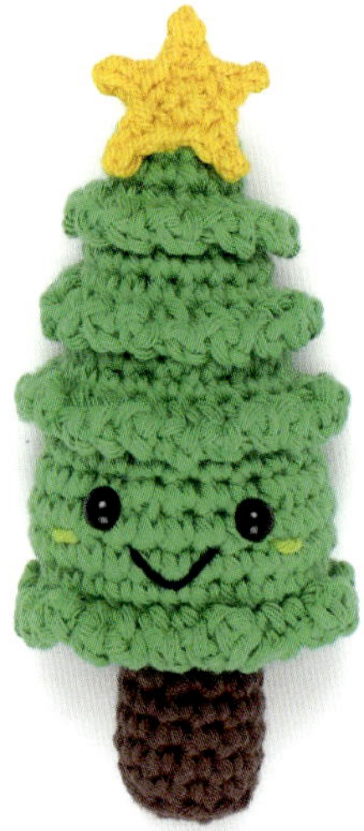

Unsichtbare Abnahme mit festen Maschen

Wenn man einfach zwei Maschen zusammenhäkelt, können bei dreidimensionalen Stücken kleine Löcher entstehen. Bei unsichtbaren Abnahmen mit festen Maschen wirkt die Arbeit gleichmäßiger.

Die Nadel in das vordere Maschenglied der ersten Masche führen und dann direkt in das vordere Maschenglied der zweiten Masche. Einen Umschlag um die Nadel legen (1) und den Faden durch beide vorderen Maschenglieder auf der Nadel ziehen. Jetzt liegen zwei Schlaufen auf der Nadel. Wieder einen Umschlag um die Nadel legen, den Faden durch beide Schlaufen ziehen und so die Kettmasche beenden (2).

Auf diese Weise kann man auch halbe Stäbchen oder Stäbchen zusammenhäkeln.

Feste Maschen zusammenhäkeln (2 fM zus)

Die Häkelnadel in die erste Masche führen, den Faden um die Nadel legen und durchziehen. Jetzt liegen zwei Schlaufen auf der Nadel (3). Die Nadel in die zweite Masche führen, den Faden um die Nadel legen und durchziehen, sodass jetzt drei Schlaufen auf der Nadel liegen (4). Einen Umschlag um die Nadel legen und durch alle drei Schlaufen auf der Nadel ziehen.

Halbe Stäbchen zusammenhäkeln (2 hStb zus)

Den Faden um die Nadel legen und diese in die erste Masche führen (5). Einen Umschlag um die Nadel legen und durch die Masche führen, sodass drei Schlaufen auf der Nadel liegen (6). Die Nadel in die zweite Masche führen (7). Wieder einen Umschlag um die Nadel legen und durch die Masche ziehen, sodass vier Schlaufen auf der Nadel liegen (8). Noch einen Umschlag um die Nadel legen und durch alle vier Schlaufen ziehen.

Stäbchen zusammenhäkeln (2 Stb zus)

Den Faden um die Nadel legen und diese in die erste Masche führen (9). Einen Umschlag um die Nadel legen und durch die Masche führen, sodass drei Schlaufen auf der Nadel liegen (10). Einen Umschlag um die Nadel legen und durch die ersten beiden Schlaufen ziehen, sodass zwei Schlaufen auf der Nadel liegen (11). Wieder einen Umschlag um die Nadel legen und diese in die zweite Masche führen (12). Noch einen Umschlag um die Nadel legen und durch die Masche ziehen, sodass vier Schlaufen auf der Nadel liegen (13). Wiederum einen Umschlag um die Nadel legen und durch die beiden ersten Schlaufen ziehen, sodass drei Schlaufen auf der Nadel liegen (14). Einen weiteren Umschlag um die Nadel legen und durch alle drei Schlaufen auf der Nadel ziehen.

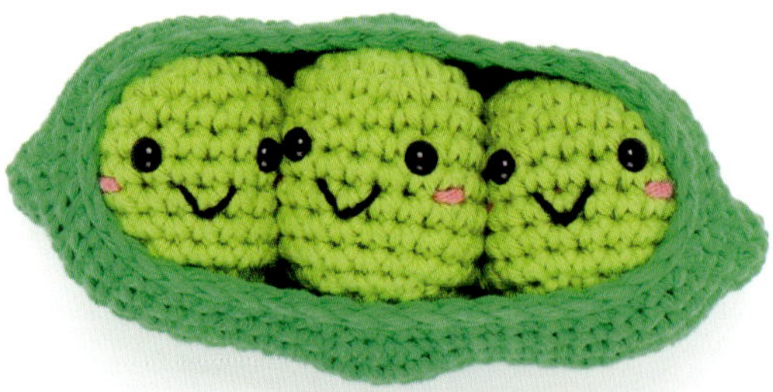

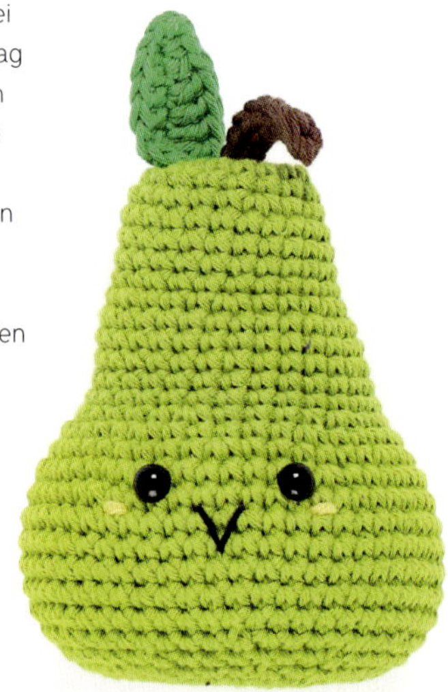

1
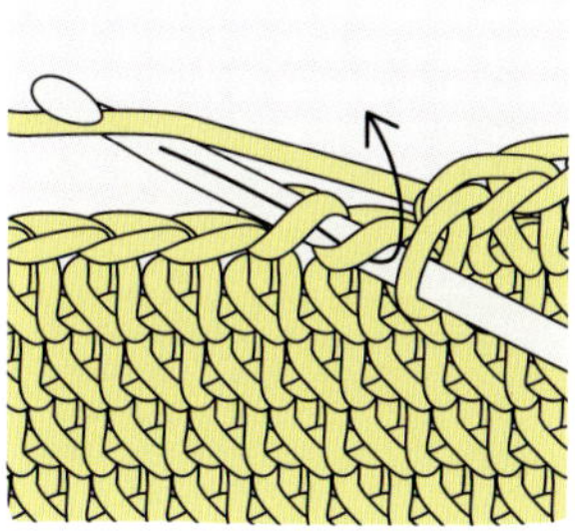
2
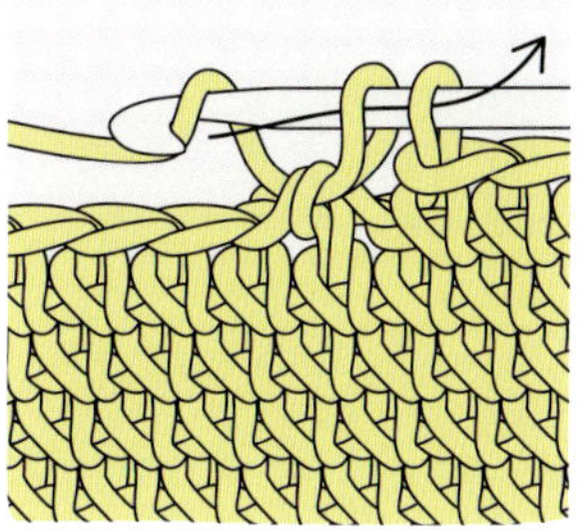
3
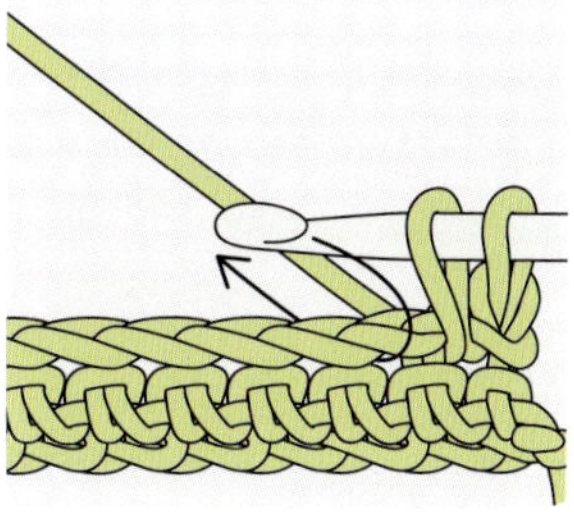
4
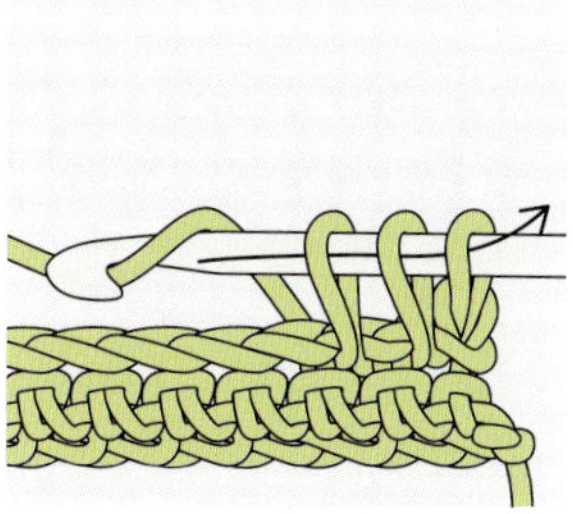
5
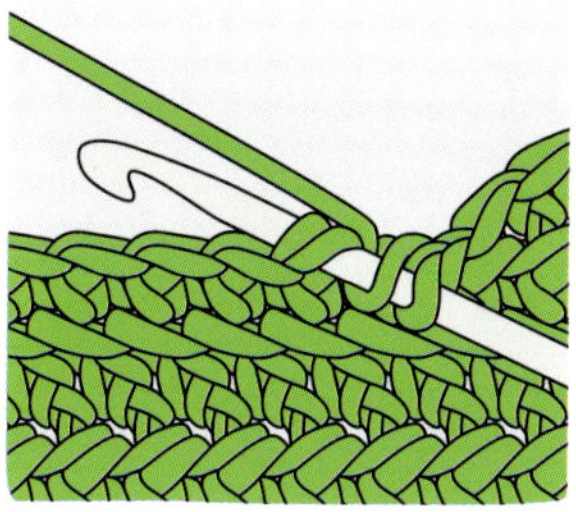
6
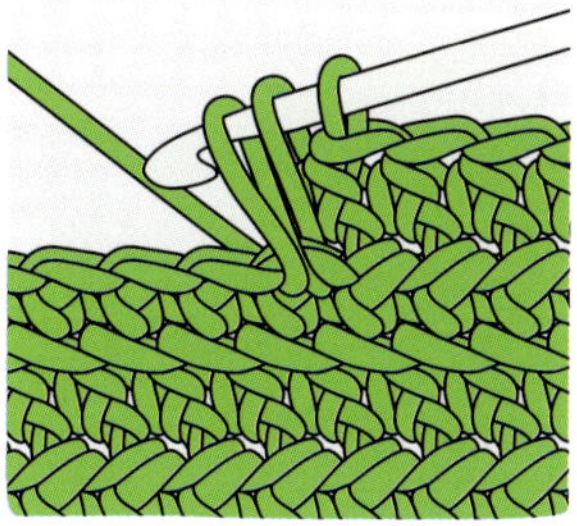
7
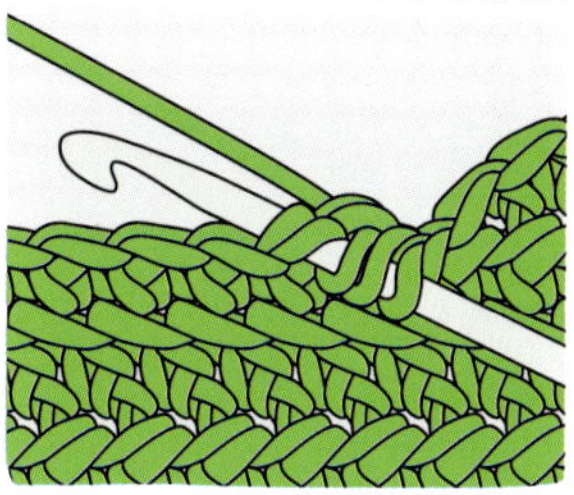
8
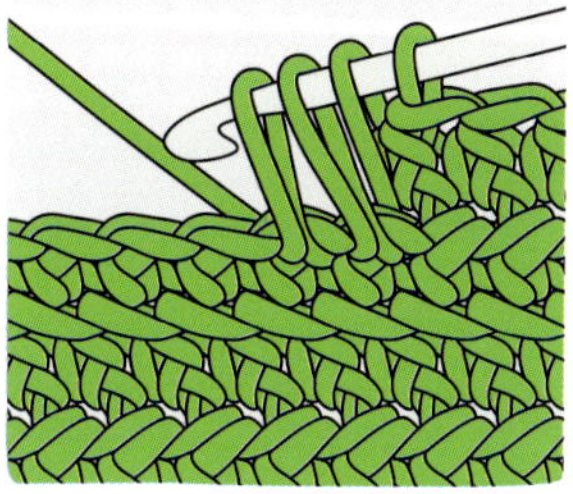
9
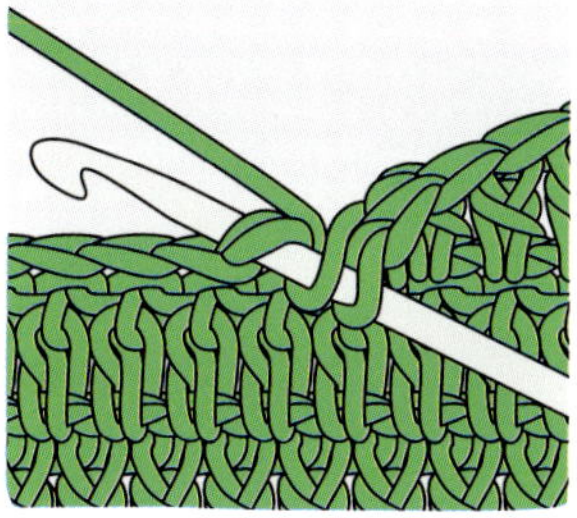
10
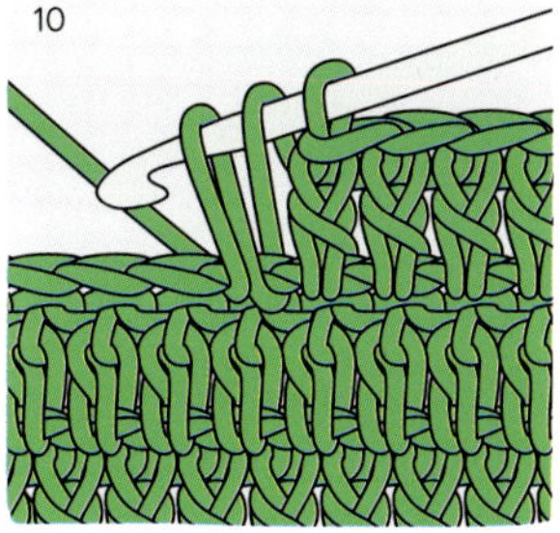
11
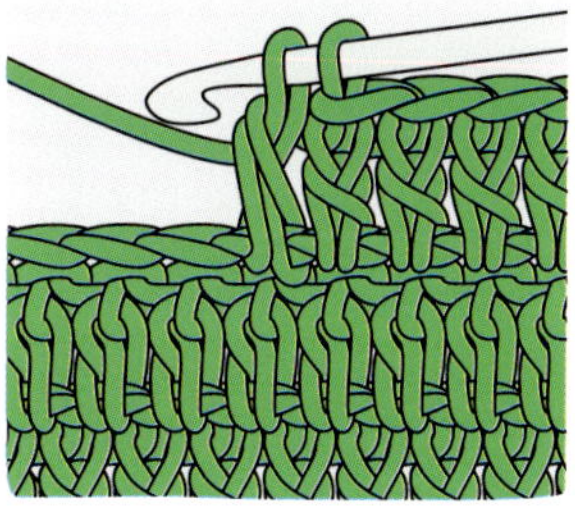
12
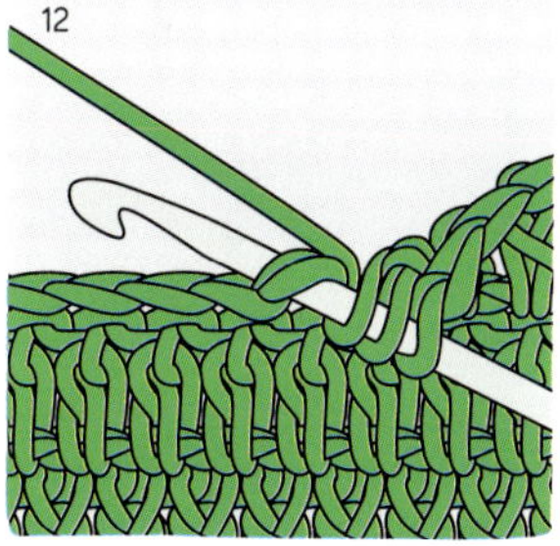
13
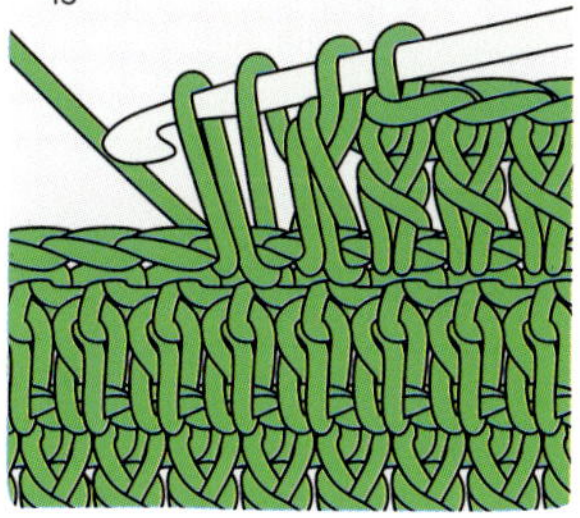
14
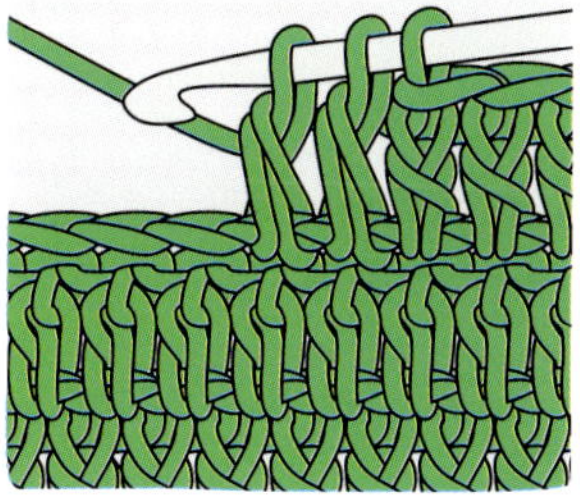
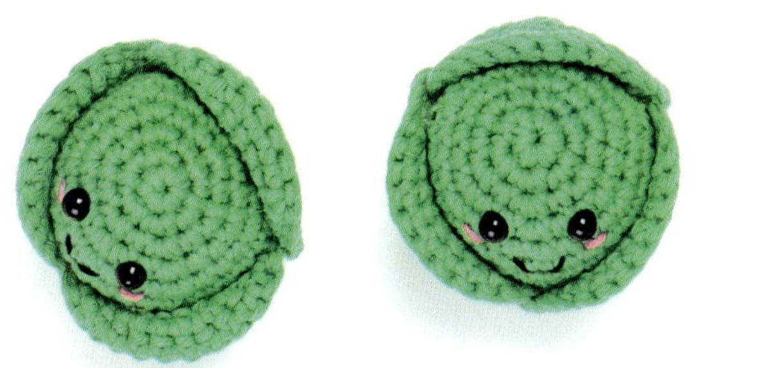

BESONDERE MASCHENARTEN

Noppe aus 5 Stäbchen (Noppe 5 Stb)

Den Faden um die Nadel legen und diese in die Masche führen. Einen Umschlag um die Nadel legen und durch die Masche ziehen, noch einen Umschlag um die Nadel legen und den Faden durch die beiden ersten Schlaufen auf der Nadel ziehen. Es liegen jetzt zwei Schlaufen auf der Nadel.

Einen Umschlag um die Nadel legen und diese in dieselbe Masche führen. Einen Umschlag um die Nadel legen und den Faden durch die beiden ersten Schlaufen auf der Nadel ziehen. Es liegen jetzt drei Schlaufen auf der Nadel.

Den letzten Schritt wiederholen, bis sechs Schlaufen auf der Nadel liegen (1). Einen Umschlag um die Nadel legen und den Faden durch alle sechs Schlaufen ziehen. Die Masche mit einer Luftmasche beenden (2).

Noppe aus 3 Stäbchen (Noppe 3 Stb)

Diese wird genauso wie die Noppe aus 5 Stäbchen gearbeitet, nur arbeitet man dabei lediglich drei Stäbchen statt fünf. So hat man beim letzten Schritt vier Schlaufen auf der Nadel, durch die der Faden gezogen wird.

Halbes vorderes Reliefstäbchen (hvReliefStb)

Den Faden um die Nadel legen und diese von vorne nach hinten in den (aufrechten Teil vom) Maschenkörper einstechen (3). Einen Umschlag um die Nadel legen und durchziehen, sodass nun drei Schlaufen auf der Nadel liegen (4). Wieder einen Umschlag um die Nadel legen und den Faden durch alle drei Schlaufen ziehen (5).

Rechte Seite / linke Seite der Häkelarbeit

Beim Häkeln in Runden ist es wichtig, die beiden Seiten der Arbeit zu unterscheiden. Vor allem, wenn man in die vorderen oder hinteren Maschenglieder einstechen soll.

Auf der rechten oder Vorderseite sind kleine „Vs" zu erkennen (6). Auf der linken oder Rückseite sieht man horizontale Linien oder kleine Balken (7).

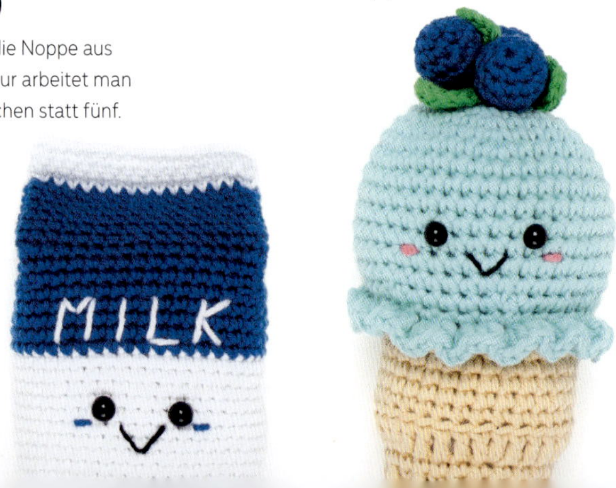

Vorderes Maschenglied (vMg)

Das vordere Maschenglied zeigt zu einem hin. Wenn in der Anleitung steht, man solle nur in die vorderen Maschenglieder (vMg) arbeiten, sticht man nur in diese ein (8).

Hinteres Maschenglied (hMg)

Das hintere Maschenglied liegt weiter von einem entfernt. Wenn in der Anleitung steht, man solle nur in die hinteren Maschenglieder (hMg) arbeiten, sticht man nur in diese ein (9).

Hintere Schlinge

Die hintere Schlinge kann man auf der „falschen Seite" der Häkelarbeit finden, sie liegt direkt unter dem hinteren Maschenglied einer Masche (10 und 11).

Hintere Schlinge einer Luftmaschenkette

Auf der Vorder- oder rechten Seite der Luftmaschenkette sehen die Maschen wie verschlungene „Vs" aus (12). Auf der Rück- oder linken Seite erscheinen sie wellig.

Beim Häkeln in hinteren Schlingen einer Luftmaschenkette wirkt der Abschluss sauberer (13).

1

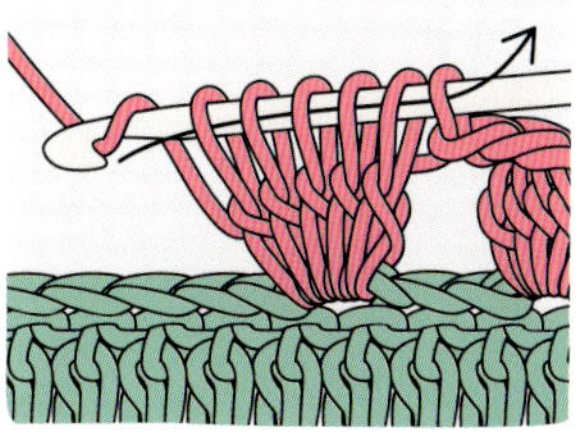

2

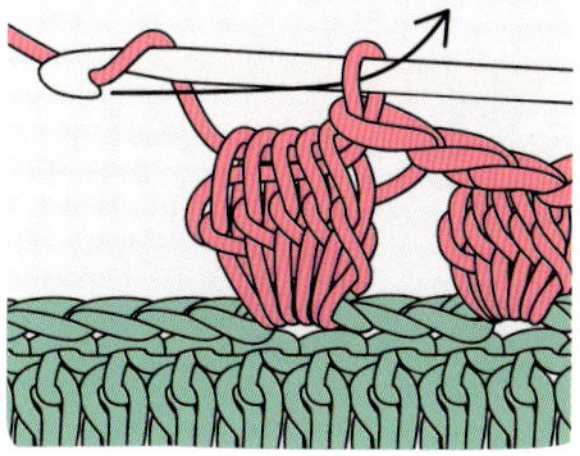

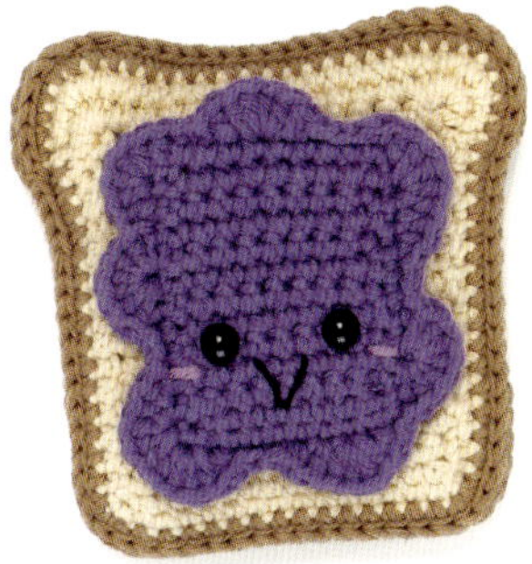

3

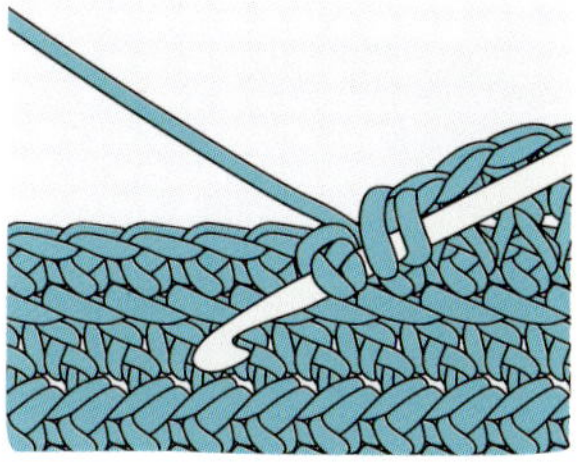

4

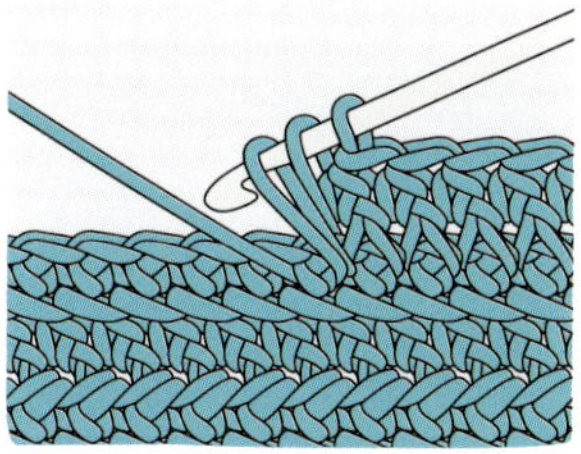

5

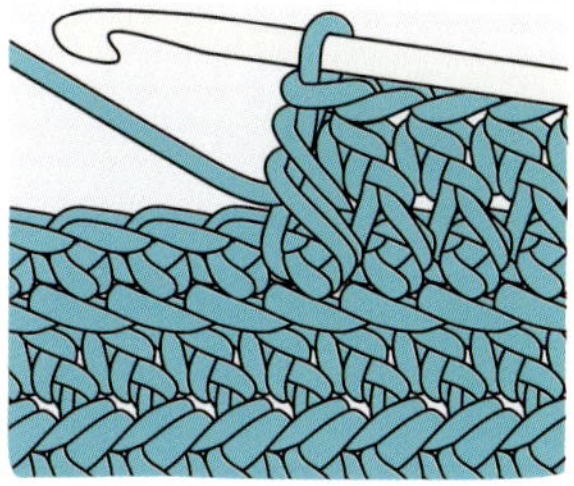

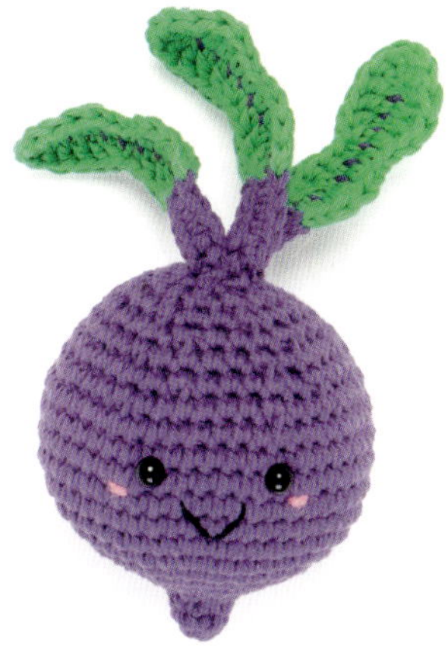

6

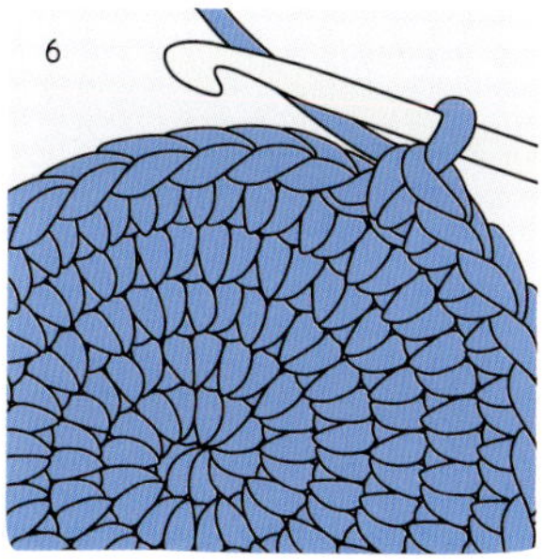

7

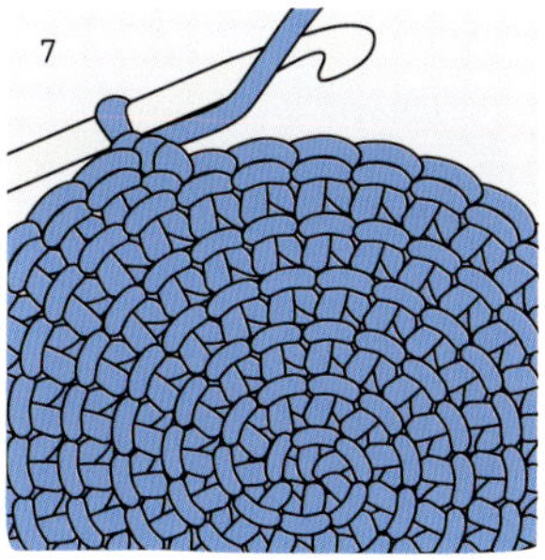

8

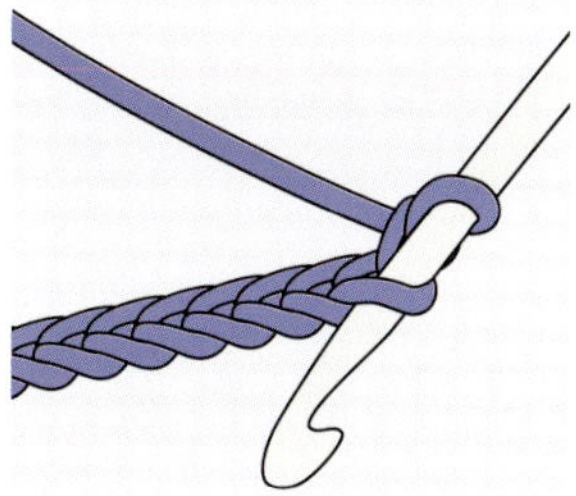

9

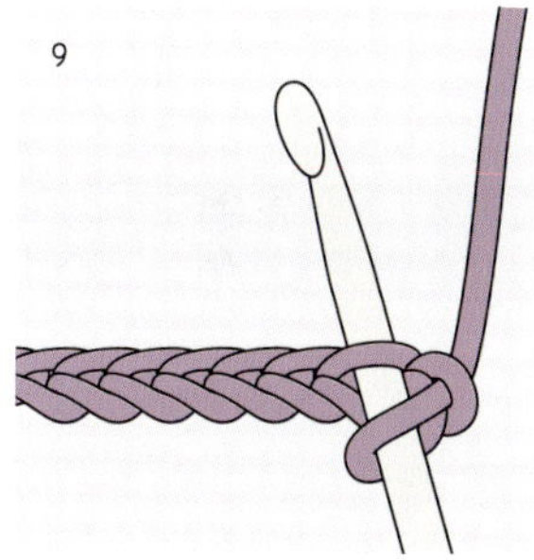

10

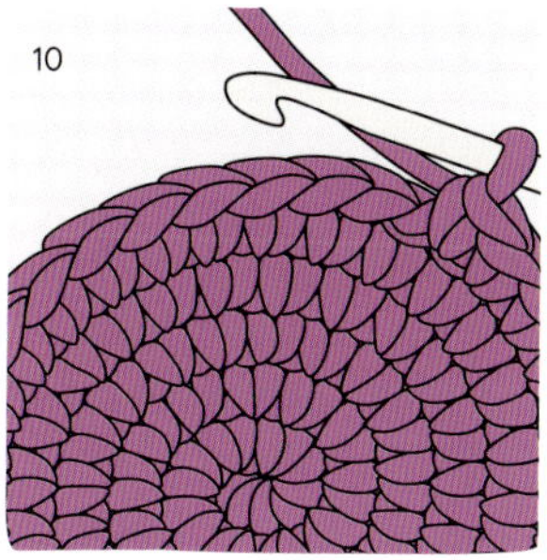

11

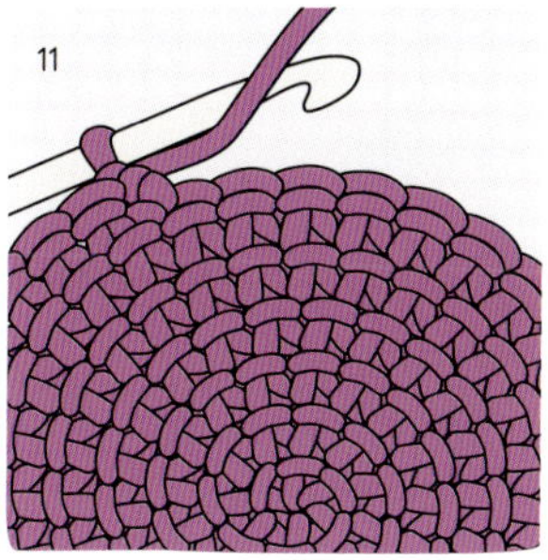

12

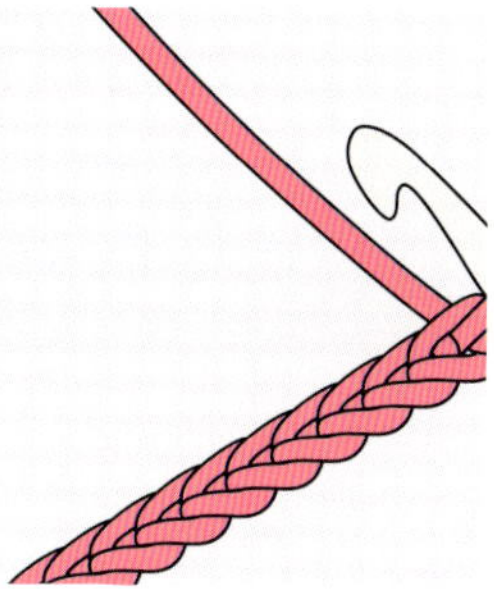

13

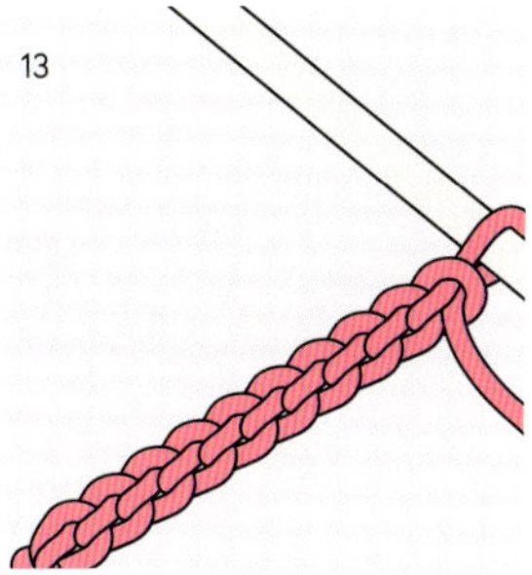

MIT VERSCHIEDENEN FARBEN ARBEITEN

Farbwechsel

In diesem Buch wird die Farbe immer beim letzten Schritt der vorherigen Masche gewechselt. Diese wie gewohnt beginnen, aber wenn der letzte Faden durchgezogen wird, dafür die neue Farbe verwenden (1).
Den alten Faden fallen lassen und bei der nächsten Masche mit der neuen Farbe weiterarbeiten (2 und 3).

Mit neuem Faden weiterarbeiten

Die Nadel in die angegebene Masche führen, den Faden um die Nadel legen und durchziehen. Einen Umschlag um die Nadel legen und durchziehen (4).

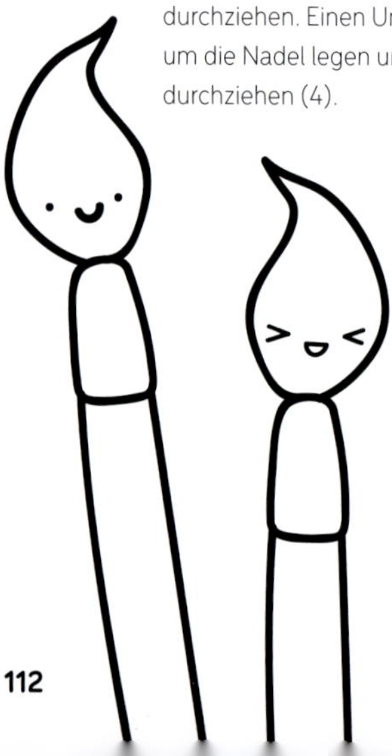

Faden mitführen/In zwei Farben arbeiten

Den Faden mitnehmen bedeutet, dass man ihn bei einem Farbwechsel nicht abschneidet und wieder neu ansetzt. Diese Technik ist bei dem Muster des Heißluftballons nützlich, weil alle paar Maschen ein Farbwechsel gemacht wird.

Dafür gibt es verschiedene Methoden, hier wird der Faden immer auf der linken Seite mitgeführt. Dafür den nicht benutzten Faden hinten über die Maschen der vorherigen Runde legen. Dann mit der neuen Farbe die Maschen häkeln und den alten Faden dabei einschließen.
So entsteht auf der rechten Seite ein sauberes Maschenbild, der mitgeführte Faden schimmert dabei auf der linken Seite durch die Maschen durch.

> Mit einem Trick kann man nahtlos die Farben wechseln. Dafür die Farbe im letzten Schritt der vorherigen Masche wechseln (siehe „Farbwechsel" oben).

ARBEIT BEENDEN

Beenden

Den Faden abschneiden und das Ende durch die letzte Schlaufe auf der Nadel ziehen.

Unsichtbares Ende

Mit einem unsichtbaren Ende erhält die Arbeit ein sauberes Aussehen. Den Faden abschneiden und das Ende durch die letzte Masche ziehen. Das Fadenende in eine Wollnadel fädeln und diese von vorne nach hinten in die danebenliegende Masche stechen. Dann die Nadel nach hinten in dieselbe Masche führen, aus der das Fadenende kommt, jedoch nur in das hintere Maschenglied, und vorsichtig durchziehen (5). Den Faden auf die linke Seite ziehen und abschneiden (6).

Fadenenden einarbeiten

Bei dreidimensionalen Arbeiten kann man bei einem Farbwechsel den Anfangsfaden der neuen Farbe einarbeiten und den Restfaden der vorherigen Farbe mitnehmen. Dafür beide Fadenenden auf die Oberkante der nächsten zu häkelnden Maschen legen und in die nächsten fünf bis sechs Maschen häkeln.

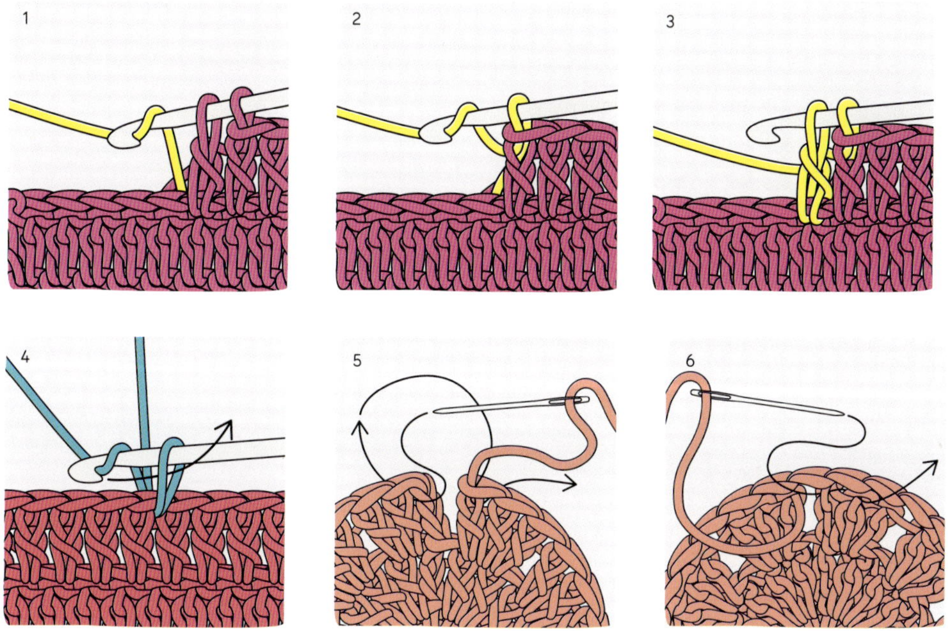
1
2
3
4
5
6

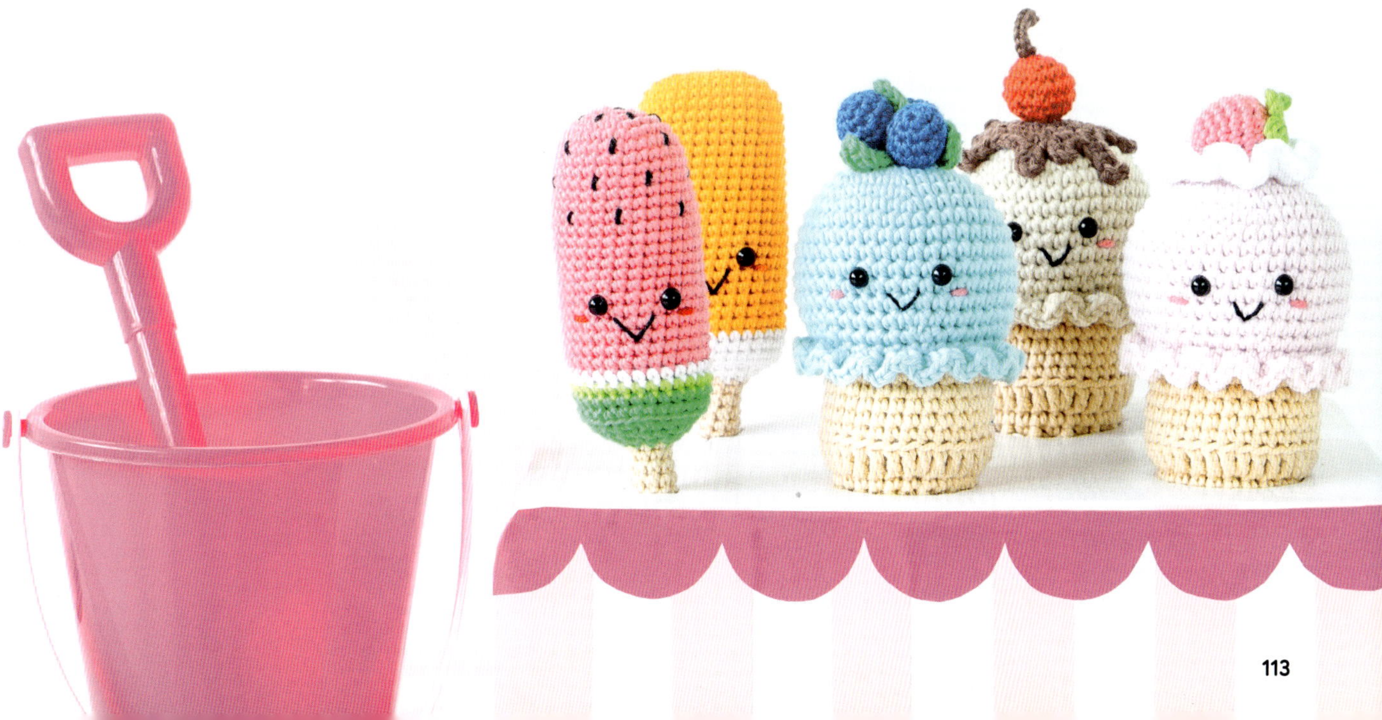

AUSARBEITEN

Sicherheitsaugen anbringen

Sicherheitshinweis: Keine Sicherheitsaugen verwenden, wenn die Arbeit für ein Kind unter drei Jahren gedacht ist.
Dann die Augen lieber mit schwarzem Garn aufsticken.

Bei den Anleitungen wird immer angegeben, in welcher Reihe oder Runde die Augen angebracht werden und wie groß der Abstand dazwischen sein soll. Am besten prüft man erst die Platzierung, bevor man sie auf der Rückseite mit der zugehörigen Scheibe fixiert, weil sie später nicht mehr entfernt werden können.

Ausstopfen

Mein Rezept ist, eine Häkelarbeit fest auszustopfen, aber nur so, dass die Füllung nicht zwischen den Maschen durchscheint.

Loch durch vordere Maschenglieder schließen

Den Faden abschneiden, das Ende durch die letzte Masche ziehen und in eine Wollnadel fädeln. Diese von innen nach außen nur durch die vorderen Maschenglieder der letzten Maschen führen (1 und 2). Vorsichtig ziehen und das Loch schließen (3). Die Nadel durch die Mitte der soeben geschlossenen Maschen nach außen führen (4). Den Faden dicht am Amigurumi verknoten und den Knoten nach innen schieben. Überschüssigen Faden abschneiden.

Dieselbe Technik beim Schließen durch die hinteren Maschenglieder anwenden. Dann die Nadel wie beschrieben einfach in die hinteren statt in die vorderen Maschenglieder führen.

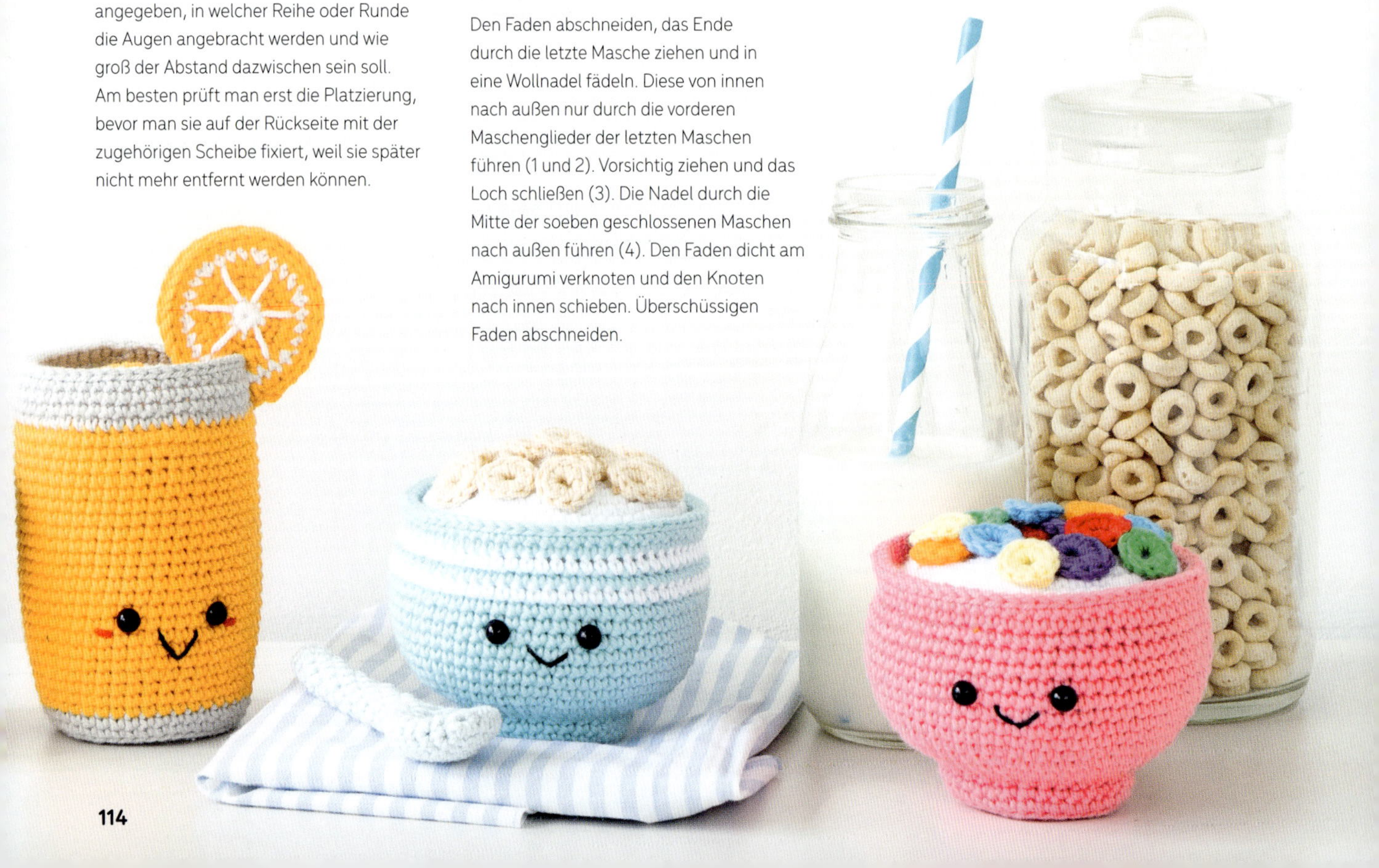

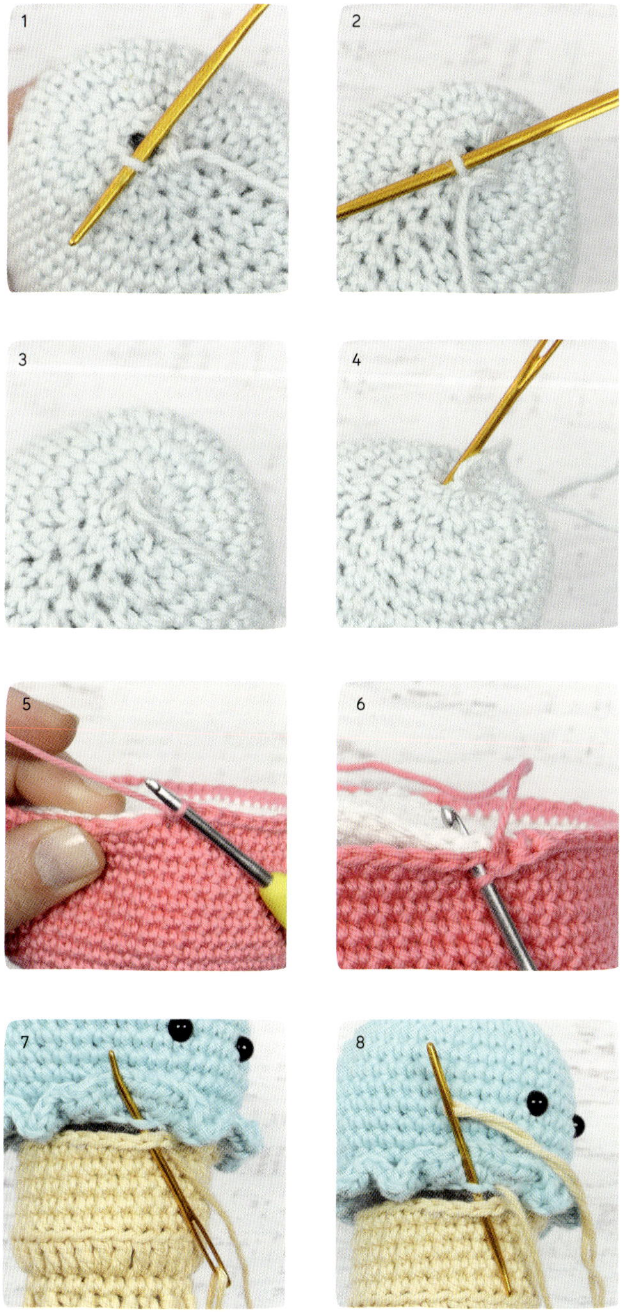

Zwei Teile zusammenhäkeln

Die Reihen beider Teile, die zusammengehäkelt werden sollen, aneinanderlegen, dabei eine Reihe über die andere legen (5). Mit dem Endfaden des einen Teils feste Maschen häkeln und die Teile so verbinden, dabei in beide Schlaufen beider Teile einstechen.

Zwei Teile zusammennähen

Zunächst die hintere Mitte beider Teile aneinander ausrichten. Das Fadenende oder einen neuen Faden in der Farbe von einem der beiden Teile in einen Wollnadel fädeln.

Rundum von oben nach unten und dann umgekehrt nähen, dabei möglichst immer in beide Maschenglieder einer Masche einstechen, außer wenn es in der Anleitung anders beschrieben wird (7 und 8). Nach jedem Stich den Faden vorsichtig anziehen, damit eine saubere Naht aus kleinen Stichen entsteht.

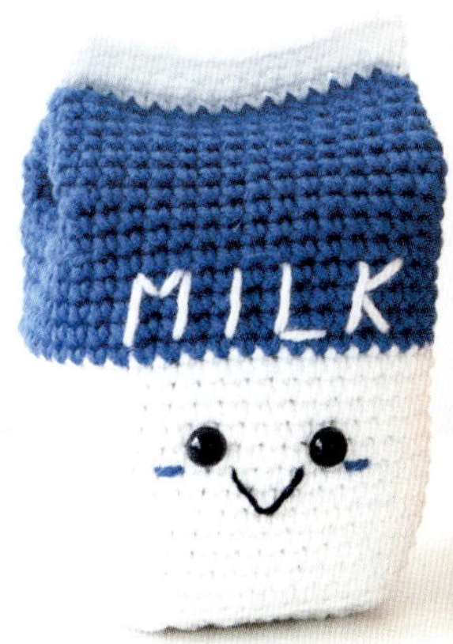

Ausformen (nur oberen Teil)

Durch das Ausformen können diese Kawaii-Figuren auf einer planen Fläche aufrecht stehen. Wenn nicht anders angegeben, soll dabei eine Vertiefung an der Unterseite des Amigurimi, nicht ober oben entstehen.

Zunächst die Nadel von der unteren Mitte des Häkelstücks zur oberen Mitte führen (1 und 2). Die Nadel wieder nach unten knapp neben die Mitte führen (3 und 4) und dann wieder von der unteren zur oberen Mitte (5). Den Faden anziehen, sodass unten eine Vertiefung entsteht (6). Oben darf sich keine Vertiefung bilden (7). Die Nadel wieder nach unten zur Mitte führen, das Fadenende dort mit zwei, drei Knoten sichern und vernähen.

Ausformen (oben und unten)

Bei manchen Anleitungen soll das Häkelstück oben und unten geformt werden, etwa beim Apfel oder der Birne. Diese Amigurumi sollen oben und unten eine Vertiefung erhalten. Die Anleitung für die Ausformung verändert sich nicht, außer beim Ein- und Ausstechen der Nadel. Anstatt immer an derselben Stelle einzustechen, sticht man stets knapp neben die Mitte, sodass beim Anziehen des Fadens die Vertiefung entsteht.

Faden bei dreidimensionalen Arbeiten versäubern

Das Fadenende in eine Wollnadel einfädeln und mittig durch das Häkelstück führen. Dicht am Amigurumi verknoten und den Knoten nach innen schieben. Überschüssigen Faden abschneiden.

Gesicht aufsticken

Schwarzes Garn in eine Wollnadel fädeln und von hinten an beliebiger Stelle in das Amigurumi führen. Vorne ein „V" für den Mund sticken. Dieser sollte mittig zwischen den Augen, aber eine Reihe unter ihnen platziert werden, und etwa so hoch sein wie diese (8 und 9).

Einen Faden in der Farbe für die Wangen von hinten nach vorne führen (10). Die Wangen auf beiden Seiten der Augen eine Reihe darunter sticken, etwa in der Breite der Augen (11).

Wenn beide Wangen fertig sind, die Nadel durch das Häkelstück nach hinten führen. Den Faden dicht am Amigurumi verknoten und den Knoten nach innen schieben. Überschüssigen Faden abschneiden.

Für die Wimpern empfehle ich, Nähgarn und Nähnadel zu verwenden und das Garn doppelt zu nehmen. So kann man dichter an den Sicherheitsaugen arbeiten und die Nadel an beliebiger Stelle einstechen.

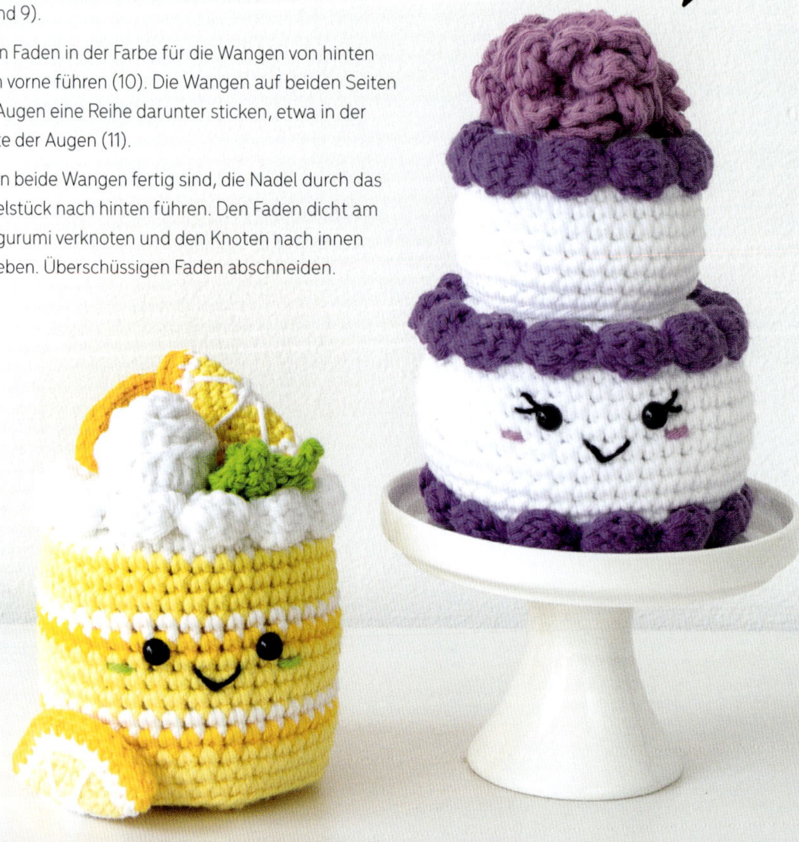

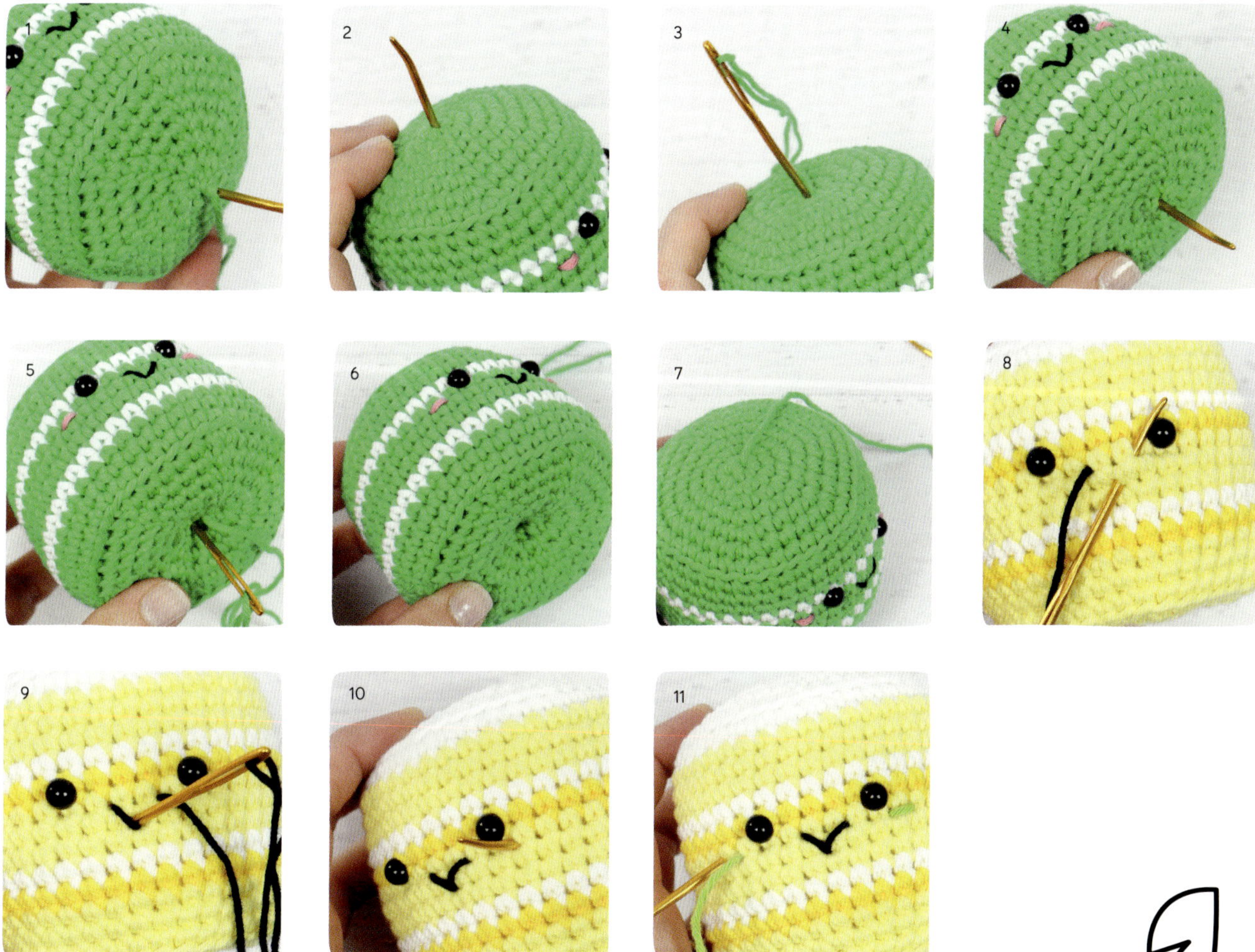
1
2
3
4
5
6
7
8
9
10
11

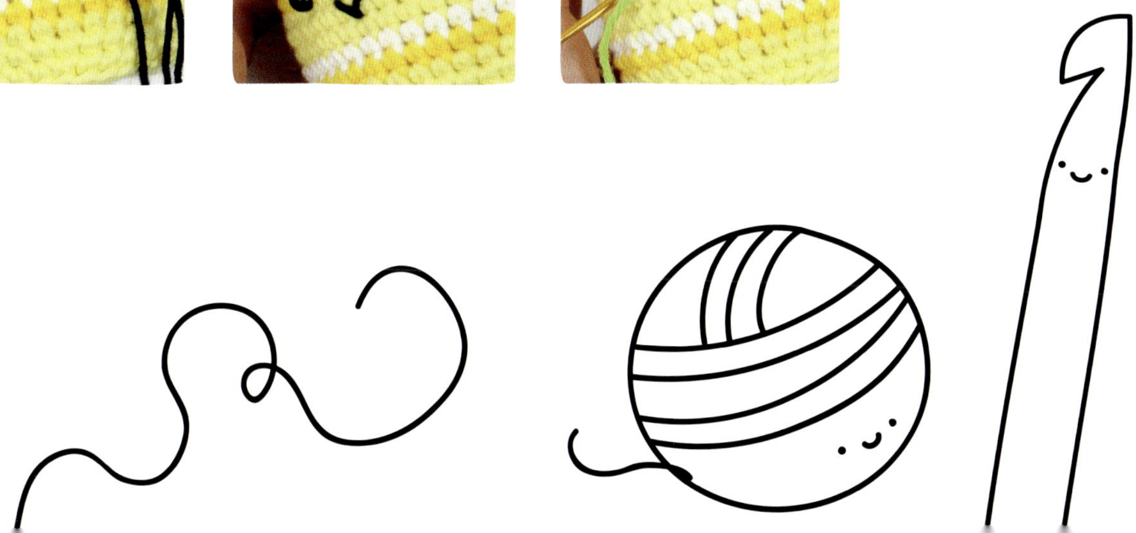

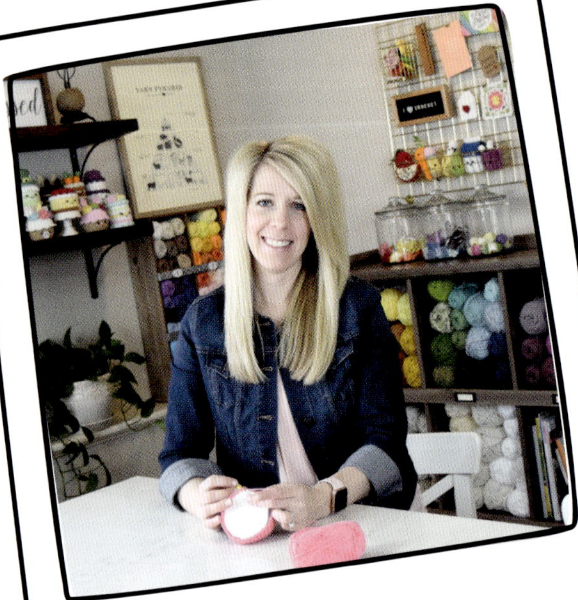

#kawaiicrochet

ÜBER DIE AUTORIN

Melissa Bradley ist Häkelexpertin und Liebhaberin bunter Farben und liebt alles Handgemachte. Sie hat einen Bachelor in Innenarchitektur und ist ausgebildete Floristin. Nach der Geburt ihres dritten Kindes entstand ihre Hingabe zu einem neuem Kreativwerkstoff: dem Garn. Wenn sie gerade keine Häkelnadel in der Hand hat, kann man sie beim Backen oder der Gartenarbeit finden. Melissa lebt mit ihrem Mann und drei Kindern in Utah (USA). Ihre Anleitungen veröffentlicht sie auf Etsy, Ravelry und LoveCrafts. Ihre Häkelkreationen kann man täglich auf Instagram@yarnblossomboutique verfolgen.

DANKSAGUNG

Zuallererst schulde ich meiner Familie tiefe Dankbarkeit. Meinem geduldigen Mann für seine Liebe und Unterstützung bei diesem aufregenden Unternehmen und meinen süßen Kindern, die mich bei jedem Projekt immer inspiriert haben und weiterhin inspirieren. Ebenso möchte ich meinen Eltern danken, die meine größten Fans zu sein scheinen.

Ich möchten dem netten, talentierten Team von David und Charles danken, besonders Ame Verso, dass sie immer an mich geglaubt und meiner Kreativität vertraut haben. Dafür bin ich unglaublich dankbar!

Für das großzügig überlassene Garn von Paintbox danke ich Helen Hollyhead von LoveCrafts.

Ebenso möchte ich schon jetzt allen Lesern dieses Buchs Danke sagen. Ohne deren Unterstützung und Liebe zum Häkeln wäre es nicht möglich gewesen.

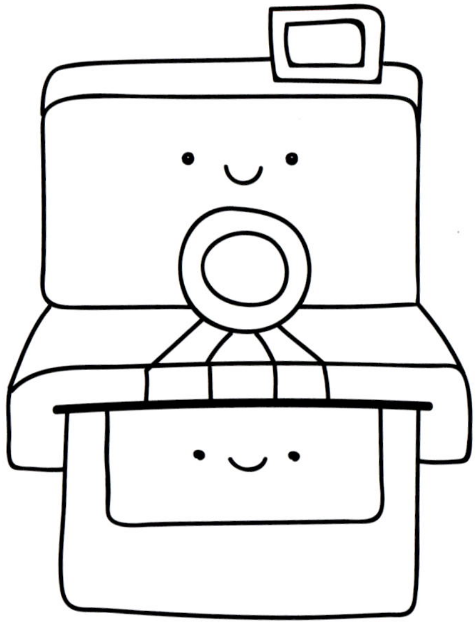

REGISTER

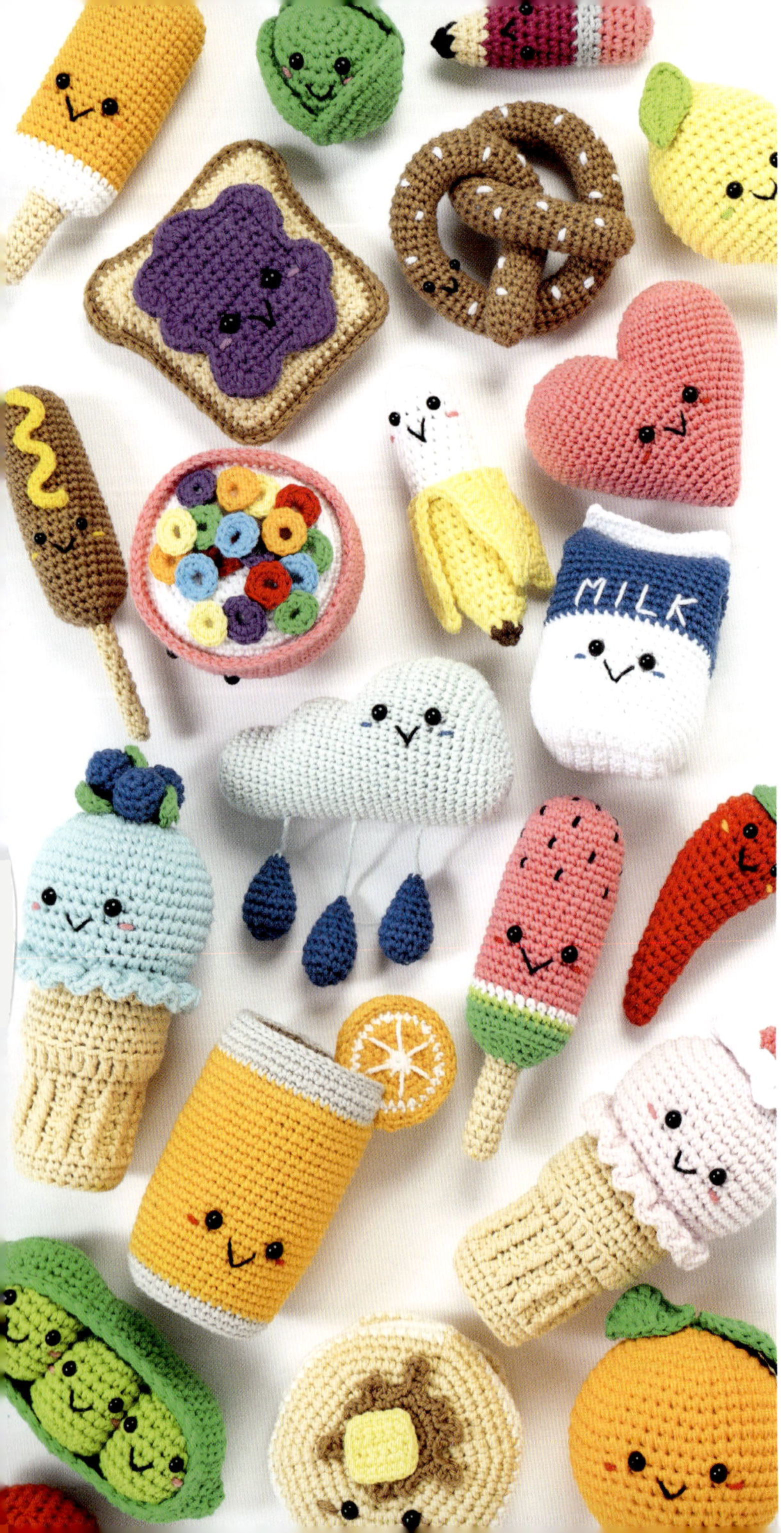

IMPRESSUM

Originalausgabe Kawaii Crochet erschienen bei: © 2019, David and Charles Ltd, 1 Emperor Way, Exeter Business Park, Exeter, EX1 3QS, UK

Text und Designs © Melissa Bradley

Projektmanagement: Ame Verso / Verantwortlicher Redakteur: Jeni Hennah / Redakteur: Carol Ibbetson / Design: Anna Wade / Fotografie: Jason Jenkins Produktionsleitung: Beverley Richardson / Künstlerische Leitung: Prudence Rogers / Technische Illustrationen: Kuo Kang Chen / Künstlerische Illustrationen: Anna Wade und Emma Teagle

Für die deutsche Ausgabe:
Produktmanagement: Antonia Kalthoff
Übersetzung: Dr. Katrin Korch, www.literatur-und-mehr.de
Lektorat: A. Reuß
Satz: Martin Jablonka
Umschlaggestaltung: Regina Degenkolbe

2. Auflage 2024

© 2020 Christophorus Verlag in der Christian Verlag GmbH,
Infanteriestraße 11a, 80797 München

ISBN 978 3 8410 6608 4

Die Deutsche Nationalbibliothek verzeichnet diese Publikation in der Deutschen Nationalbibliografie; detaillierte bibliografische Daten sind im Internet über http://dnb.d-nb.de abrufbar.

In diesem Buch wird aus Gründen der besseren Lesbarkeit das generische Maskulinum verwendet. Weibliche und anderweitige Geschlechteridentitäten werden dabei ausdrücklich mitgemeint, soweit es für die Aussage erforderlich ist.

★★★★★

Sind Sie mit diesem Titel zufrieden? Dann würden wir uns über Ihre Weiterempfehlung freuen. Erzählen Sie es im Freundeskreis, berichten Sie Ihrem Buchhändler oder bewerten Sie bei Onlinekauf. Und wenn Sie Kritik, Korrekturen, Aktualisierungen haben, freuen wir uns über Ihre Nachricht an:
Christian Verlag, Postfach 40 02 09,
D-80702 München oder per E-Mail an lektorat@verlagshaus.de.

Unser komplettes Programm finden Sie unter www.christian-verlag.de